पद्मावत

मानुस पेम भएउ बैकुंठी

पुरुषोत्तम अग्रवाल

प्रस्तावना और रेखांकन

देवदत्त पटनायक

अनुवाद

परितोष मालवीय

राजकमल पेपरबैक्स

मूल कृति 'Padmavat - An Epic Love Story' का अनुवाद
First Published in English by Rupa Publications India Pvt. Ltd. in 2018

राजकमल पेपरबैक्स में
पहला संस्करण : 2022
दूसरा संस्करण : 2023

राजकमल पेपरबैक्स : उत्कृष्ट साहित्य के जनसुलभ संस्करण

राजकमल प्रकाशन प्रा.लि.
1-बी, नेताजी सुभाष मार्ग, दरियागंज
नई दिल्ली-110 002
द्वारा प्रकाशित

शाखाएँ : अशोक राजपथ, साइंस कॉलेज के सामने, पटना-800 006
पहली मंजिल, दरबारी बिल्डिंग, महात्मा गांधी मार्ग, प्रयागराज-211 001
1, अनमोल सोराबजी संतुक लेन, धोबी तलाव, मरीन लाइंस, मुम्बई-400 002
वेबसाइट : www.rajkamalprakashan.com
ई-मेल : info@rajkamalprakashan.com

विकास कंप्यूटर्स एंड प्रिंटर्स
ट्रॉनिका सिटी-201 102
द्वारा मुद्रित

मूल्य : ₹299

PADMAVAT : Manus Pem Bhaeu Baikunthi
by Purushottam Agrawal
Translated by Paritosh Malviya

ISBN : 978-93-93768-71-1

ऋतम्भरा, ऋत्विक और
उनकी पीढ़ी के लिए

क्रम

निवेदन

लगभग एक सदी पहले, 1924 में आचार्य रामचन्द्र शुक्ल ने *पद्मावत* का पहला सुसम्पादित संस्करण प्रकाशित किया था। उनकी लिखी विस्तृत भूमिका इन शब्दों से आरम्भ होती है :

"सौ वर्ष पूर्व कबीरदास हिन्दू और मुसलमान दोनों के कट्टरपंथ को फटकार चुके थे। पंडितों और मुल्लाओं की तो नहीं कह सकते पर साधारण जनता 'राम और रहीम' की एकता मान चुकी थी। साधुओं और फकीरों को दोनों दीन के लोग आदर और मान की दृष्टि से देखते थे। साधु और फकीर भी सर्वप्रिय वे ही हो सकते थे जो भेदभाव से परे दिखाई पड़ते थे। बहुत दिनों तक एक साथ रहते-रहते हिन्दू और मुसलमान एक-दूसरे के सामने अपना हृदय खोलने लग गए थे, जिससे मनुष्यता के सामान्य भावों के प्रवाह में मग्न होने और मग्न करने का समय आ गया था। जनता की प्रवृत्ति भेद से अभेद की ओर हो चली थी। मुसलमान हिन्दुओं की रामकहानी सुनने को तैयार हो गए थे और हिन्दू मुसलमानों की दास्तान हमजा। नल और दमयन्ती की कथा हिन्दू जानने लगे थे और लैला-मजनूँ की हिन्दू। ईश्वर तक पहुँचने वाला मार्ग ढूँढ़ने की सलाह भी दोनों कभी-कभी साथ बैठकर करते थे। इधर भक्तिमार्ग के आचार्य और महात्मा भगवत्प्रेम को सर्वोपरि ठहरा चुके थे और उधर सूफी महात्मा मुसलमानों को 'इश्क हक़ीक़ी' का सबक पढ़ाते आ रहे थे।"

ये मार्मिक शब्द जिस समय के बारे में लिखे जा रहे थे, उसके साथ ही उस समय पर भी ध्यान देना जरूरी है जिस समय में ये लिखे जा रहे थे। चौरी-चौरा कांड के बाद गांधी जी असहयोग आन्दोलन वापस ले चुके थे। खिलाफत आन्दोलन बिखर चुका था। यह समय इस विफलता के बाद की हताशा और आरोप-प्रत्यारोप का समय था। वातावरण में साम्प्रदायिक तनाव

भरा हुआ था। हिंसक घटनाएँ हो रही थीं। साझी भारतीय राष्ट्रीयता के विचार को हिन्दू और मुस्लिम दोनों किस्म की साम्प्रदायिकताएँ चुनौती दे रही थीं। विनायक दामोदर सावरकर ने 1923 में *हिन्दुत्व के मूल तत्त्व* (*एसेंशियल्स ऑफ हिन्दुत्व*) नामक पुस्तक लिखी थी, इसी का परिवर्धित रूप कुछ बरस बाद *हिन्दुत्व* नाम से प्रकाशित हुआ। इस पुस्तक को आज तक 'हिन्दुत्ववादी' राजनीति का आधार-ग्रंथ माना जाता है।

सावरकर 1923 में प्रतिपादित कर रहे थे कि 'हिन्दू राष्ट्र' में केवल उन्हीं को स्वीकार किया जा सकता है जो भारत में ही उपजे किसी धर्म-मत के अनुयायी हों; और 1924 में आचार्य रामचन्द्र शुक्ल 'साधारण जनता' के बीच मान्य 'राम और रहीम की एकता' पर बल दे रहे थे। साम्प्रदायिक राजनीति भेदों पर, अन्तरों पर बल दे रही थी, और शुक्ल जी याद दिला रहे थे कि जायसी के समय तक, "जनता की प्रवृत्ति भेद से अभेद की ओर हो चली थी।" शुक्ल जी जायसी का केवल ऐतिहासिक ही नहीं, समकालिक महत्त्व भी पहचान रहे थे।

हिन्दू-मुस्लिम तनाव भारतीय इतिहास की सचाई है, उससे मुँह चुराना मूर्खता है। लेकिन, इस तनाव के साथ ही, सारे भेदों-विभेदों के बावजूद विकसित हुई साझी संस्कृति के विकास को नकारना इस मूर्खता से ज्यादा खतरनाक है। आरम्भिक आधुनिक काल में विकसित हुई साझी संस्कृति में निहित जिस अभेद की बात शुक्ल जी कर रहे थे, मलिक मुहम्मद जायसी उसके श्रेष्ठ प्रतीक भी हैं, प्रवक्ता भी।

लेकिन, जायसी कुछ भी होने के पहले हिन्दी के श्रेष्ठतम कवियों में से एक हैं। उस दौर के अन्य कवियों से इस माने में अलग भी कि वे अपने कवि होने को लेकर सचेत ही नहीं, आग्रहशील भी हैं। *पद्मावत* के आरम्भ में ही हमें मालूम पड़ जाता है कि हम उस 'एक नैन मुहम्मद कवि गुनी' की रचना से गुजरने जा रहे हैं, जिसे पाठक/श्रोता को 'विमोहित' कर लेने की अपनी क्षमता पर विश्वास है। अन्त में हमें मालूम पड़ता है कि कवि ने यह 'कहानी' किसी अलौकिक पुण्य-लाभ की आशा से नहीं, बल्कि इस उम्मीद के साथ सुनाई है कि इसे सुनने वाले पद्मिनी रानी, रतनसेन, हीरामन, नागमती, राघवचेतन और अलाउद्दीन के साथ उसे भी याद कर लेंगे, "हम सँवरै दुइ बोल...।"

शुक्ल जी ने भूमिका में यह भी नोट किया है, "उत्तर भारत में विशेषत: पद्मिनी रानी और हीरामन सुए की कहानी अब तक प्राय: उसी रूप में कही जाती है जिस रूप में जायसी ने उसका वर्णन किया है। जायसी इतिहासविज्ञ थे, इससे उन्होंने रतनसेन, अलाउद्दीन आदि नाम दिए हैं,पर कहानी कहने वाले नाम नहीं लेते हैं; केवल यही कहते हैं कि एक राजा था, दिल्ली का एक बादशाह था, इत्यादि। यह कहानी बीच-बीच में गा-गाकर कही जाती है।"[1]

पद्मावत अपने रचे जाने के कुछ ही समय के भीतर आम लोगों के बीच ही नहीं, भद्रलोक में भी लोकप्रिय हो उठा था। सन् 1650 तक तो इसका बांग्ला अनुवाद भी हो चुका था। हिन्दी साहित्य की विश्वविद्यालयीन शिक्षा के एकदम शुरुआती दौर से ही *पद्मावत* का महत्त्व निर्विवाद रहा है। असल में शुक्ल जी द्वारा इसके सम्पादन का तात्कालिक कारण एम.ए. के छात्रों को प्रामाणिक पाठ और विशद आलोचना उपलब्ध कराना ही था। तब से *पद्मावत* हिन्दी के स्नातक और स्नातकोत्तर पाठ्यक्रम में अनिवार्य रूप से उपस्थित रहा है। शुक्ल जी के संस्करण के बाद डॉ. माताप्रसाद गुप्त ने सोलह पांडुलिपियों के तुलनात्मक अध्ययन के आधार पर *पद्मावत* का और भी अधिक सुसम्पादित संस्करण प्रकाशित किया। डॉ. वासुदेवशरण अग्रवाल ने *पद्मावत* पर अनूठी 'संजीवनी टीका' लिखी जो इस रचना के सौन्दर्य को व्यापक ऐतिहासिक-सांस्कृतिक सन्दर्भ में स्थापित करती है।

रोचक बात है कि डॉ. गुप्त और डॉ. अग्रवाल के बाद हिन्दी के एकेडमिक या रचना जगत में, लम्बे अरसे तक जायसी या *पद्मावत* पर कोई बहुत महत्त्वपूर्ण काम नहीं हुआ। 1983 में विजयदेव नारायण साही की विचारोत्तेजक पुस्तक *जायसी* के प्रकाशन के बाद जरूर जायसी और *पद्मावत* पर कुछ सार्थक चर्चा हुई। आगे चलकर, 2012 में टॉमस ब्रूजन ने अंग्रेजी में *दि रूबी इन दि डस्ट* शीर्षक से अपना महत्त्वपूर्ण शोध प्रकाशित किया। जायसी के रचना-संसार पर समग्रता में विचार करने वाला, अत्यन्त महत्त्वपूर्ण काम प्रो. मुजीब रिज़वी का है, जो उन्होंने पिछली सदी के आठवें दशक में किया था, लेकिन जो प्रकाशित उनके निधनोपरान्त 2019 में हुआ, *सब लिखनी कै लिखु संसारा : पद्मावत और जायसी की दुनिया* शीर्षक से।

---

1. जायसी ग्रंथावली, लोकभारती, इलाहाबाद, 2009, पृ. 45

पाठ्यक्रमों में निरन्तर मौजूद रहने के बावजूद, यह वास्तविकता है कि इक्कीसवीं सदी के भारत के हिन्दी क्षेत्र की सामूहिक स्मृति में *पद्मावत* के लिए कोई जगह बाकी नहीं बची। यह कड़वी सचाई बहुत साफ तौर से 2018 में संजय लीला भंसाली की फिल्म पर हुए विवाद और उत्पात के समय फिर से रेखांकित हुई। जायसी के *पद्मावत* पर आधारित होने का दावा करने वाली इस 'भव्य' और भौंडी फिल्म में हीरामन का नाम-निशान तक नहीं था, जबकि शुक्ल जी के समय तक यह कहानी लोक-स्मृति में पद्मावती रानी और हीरामन तोते की कहानी के रूप में ही कही और सुनी जाती थी। सचाई यह है, जैसा कि आप आगे के पृष्ठों में पढ़ेंगे, *पद्मावत* केवल पद्मावती और रतनसेन के प्रेम की ही नहीं, पद्मावती और हीरामन की विलक्षण मित्रता की भी कहानी है।

इस फिल्म पर हुए विवाद में से अधिकांश के खोखलेपन ने एक बार फिर से रेखांकित कर दिया कि जायसी समकालीन हिन्दी लोकवृत्त में भी और साहित्यिक अकादमिक विमर्श में भी, उस तरह उपस्थित नहीं हैं जैसे कि कबीर, तुलसी, मीरा या सूरदास। यह बात तब और भी खटकती है जब हम प्रो. मुजीब रिज़वी के ये शब्द पढ़ते हैं, "शब्दों के लेशमात्र हेर-फेर से नवीनार्थ बोध और चमत्कारोत्पादक अभिव्यंजना के जायसी सक्षम शिल्पकार हैं। इस दृष्टि से वह हिन्दी भाषा और साहित्य के प्रथम सफल प्रयोगशील आचार्य कवि हैं।"[1]

जायसी आस्थावान मुसलमान थे, और साधनारत सूफी। सूफी परम्परा में उनका बहुत सम्मान है, तज़किरों में उन्हें मुहाकिक ए हिन्द (भारतीय सत्य-साधक) कहा गया है। अपने आस्थापथ पर दृढ़ रहते हुए जायसी 'विधना' तक पहुँचने के उतने मार्गों का होना भी स्वीकार करते हैं जितने कि गगन में तारे, या मानवदेह पर रोम हैं। 'सहिष्णुता' से कई कदम आगे, यह बात 'स्वीकृति' की है; जोकि भारतीय इस्लाम की अपनी विशेषता है। यह इस्लाम का एक विशिष्ट रूप था और है। यह उस राह की एक मंजिल है, ईश्वर तक पहुँचने के लिए जिसकी खोज हिन्दू और मुसलमान दोनों ने 'साथ बैठकर' की है।

1. *सब लिखनी कै लिखु संसारा : पद्मावत और जायसी की दुनिया*, राजकमल प्रकाशन, नई दिल्ली, 2019, पृ. 214

जायसी का स्वयं सूफी होना और बात है, *पद्मावत* का सूफी साधना-रूपक होना और बात। *पद्मावत* की अपनी संरचना से ऐसा नहीं लगता कि इसकी रचना लौकिक कथा के जरिए कवि पाठकों/श्रोताओं को सूफी साधना समझाने के इरादे से की गई है।

इसका यह अर्थ भी नहीं कि *पद्मावत* की निर्मिति में सूफी संवेदना और सोच के योग को नकार दिया जाए। आखिर, रचनाकार जायसी के मानस में मौजूद संवेदना सूत्रों से उनकी रचना असम्पृक्त कैसे रह सकती थी? मार्के की बात यह है कि जायसी की संवेदना में इस्लामी परम्परा के ज्ञान और सूफी आस्था के साथ हिन्दू मान्यताओं, पुराण-कथाओं और अवध के लोक-जीवन की गहरी जानकारी और जीवन्त सम्पृक्ति भी मौजूद है।

जायसी के काव्य-मानस की समृद्धि के कारण उनका रचनाजगत खासकर, *पद्मावत* गहरा काव्यानुभव ही नहीं, आरम्भिक आधुनिक काल के भारतीय समाज और मानस की विचारोत्तेजक समझ भी देता है। साहित्य-रसिकों के साथ ही इतिहास और संस्कृति के जिज्ञासुओं के लिए भी *पद्मावत* सचमुच नन्दन-कानन है। इसके समृद्ध सांस्कृतिक महत्त्व का अनुमान डॉ. वासुदेवशरण अग्रवाल की संजीवनी व्याख्या और मुजीब रिजवी की किताब से गुजरते हुए होता है।

कबीर और जायसी से लेकर मीर और ग़ालिब तक का समय, भारतीय इतिहास में 'जबदी हुई मनोवृत्ति' वाला, ऐतिहासिक जड़ता से परिभाषित होने वाला, 'मध्य-काल' नहीं, बल्कि भारतीय परम्परा में आंगिक रूप से प्रस्फुटित हो रही आरम्भिक आधुनिकता का काल है।

यह जो छोटी-सी पुस्तक आपके हाथ में है, जायसी या *पद्मावत* का विशद अध्ययन होने का दावा नहीं करती। यह जायसी की कविता के नशे में बरसों से डूबे एक पाठक द्वारा अपनी सर्वाधिक प्रिय रचनाओं में से एक का पाठ है, जिसमें समकालीन पाठकों को, खासकर नौजवानों को शामिल करने की

कोशिश निहित है। यह पुस्तक 2018 में लिखी जरूर गई थी, लेकिन मेरे मन में मौजूद तब से ही थी, जब से मैंने जेएनयू में एम.ए. के छात्रों को *पद्मावत* पढ़ाना शुरू किया। मुझे सन्तोष है कि *पद्मावत : एन एपिक लव स्टोरी* आम पाठकों के बीच भी बहुत लोकप्रिय हुई और इसने अग्रणी विद्वानों और रचनाकारों की सराहना भी अर्जित की।

अब यह हिन्दी पाठकों के सामने आ रही है, इस अवसर पर मैं हिन्दी पाठकों का, खासकर साहित्य के विद्यार्थियों का ध्यान दो बातों की ओर खींचना चाहता हूँ।

अपनी भूमिका में शुक्ल जी लिखते हैं, "इतिहास और भूगोल दोनों में हमारे देश के पुराने लोग कच्चे होते थे। अपने देश के ही भिन्न-भिन्न प्रदेशों और स्थानों को यदि ठीक-ठीक जानकारी किसी को हो तो उसे बहुत समझना चाहिए। अपने देश के बाहर की बात जानना तो कई सौ वर्षों से भारतवासी छोड़े हुए थे। सिंहलद्वीप, लंका आदि के नाम ही जायसी के समय में याद रह गए थे। अत: जायसी को यदि सिंहल की ठीक-ठीक स्थिति का पता न हो, तो कोई आश्चर्य नहीं।"[1]

आश्चर्य यह है कि उपरोक्त कथन के तुरन्त बाद ही, शुक्ल जी चित्तौड़ से सिंहल जाने के जायसी द्वारा बताए गए रास्ते का वर्णन करते हैं, और इस उचित निष्कर्ष पर पहुँचते हैं कि "जायसी ने चित्तौड़ से कलिंग तक जाने का जो मार्ग लिखा है, वह यों ही ऊटपटाँग नहीं है। उत्तरोत्तर पड़ने वाले प्रदेशों का क्रम ठीक है।"[2]

यानी जायसी कम-से-कम भूगोल में कच्चे नहीं थे। असल में तो वे अपने मन में सिंहल और लंका के बीच अन्तर के बारे में भी एकदम स्पष्ट थे, और अपनी रचना में इस अन्तर को बारम्बार रेखांकित भी करते हैं। आप इस पुस्तक में देखेंगे कि *पद्मावत* में जायसी अपनी रचना-योजना और सर्जनात्मक योजना के साथ इतिहास, भूगोल के ज्ञान का बहुत ही प्रभावी तालमेल बिठाते हैं। ओड़िशा तक रतनसेन की यात्रा वास्तविक भूगोल की है, उसकी मदद करने वाला गजपति वंश का ओड़िशा नरेश वास्तविक ऐतिहासिक पात्र है। ओड़िशा के बाद यह यात्रा भारतीय जनमानस में सपने

1. पूर्वोद्धृत, पृ. 151
2. वही, पृ. 153

की तरह बैठे सिंहलद्वीप की हो जाती है—जिसके मार्ग में सात समुद्र पड़ते हैं, और जो जायसी बारम्बार बताते हैं कि लंका नहीं है।

सिंहलद्वीप वास्तविक भूगोल के बाहर है, और पद्मिनी समेत वहाँ के निवासी वास्तविक इतिहास के। रचना के लिए वास्तविक इतिहास और भूगोल भी मूल्यवान हैं, और वे सब भी जो इनके बाहर हैं।

पुराने लोगों की सीमाएँ तो खैर थीं ही, नये लोगों के मन में सिंहल= लंका और अश्वेत = असुन्दर का समीकरण ऐसा बैठा हुआ था कि शुक्ल जी ऐसी असंवेदनशील टिप्पणी कर बैठते हैं, "दुनिया जानती है कि सिंहलद्वीप के लोग (तमिल और सिंहली दोनों) कैसे काले-कलूटे होते हैं। यहाँ पर पद्मिनियों का पाया जाना गोरखपंथी साधुओं की कल्पना है।"[1]

दूसरी बात, रतनसेन द्वारा अलाउद्दीन को दिए गए भोज से सम्बन्धित है। जायसी ने इस भोज का जैसा विशद वर्णन किया है, उसे भोजन-सामग्री और पाक-कला के ऊबाऊ विस्तार की तरह पढ़ना उचित नहीं है। उस सारे विस्तार की परिणति जायसी पानी की महिमा का बखान करते हैं। यह बखान एक बार फिर जायसी की गहरी सोच और काव्य-क्षमता को रेखांकित करता है।

बहरहाल, किताब आपके हाथ में है। आशा है कि अपने प्रिय काव्य से संवाद का मेरा यह प्रयास आपके मन को छू सकेगा।

इस हिन्दी अनुवाद को आप तक पहुँचाने के लिए राजकमल प्रकाशन का आभार।

श्री परितोष मालवीय द्वारा किए गए अनुवाद में मैंने यथोचित सुधार कर दिए हैं।

—पुरुषोत्तम अग्रवाल

नई दिल्ली,
14 अप्रैल, 2022

1. वही, पृ. 44

आलसी मन के लिए प्रेम और सौन्दर्य

देवदत्त पटनायक

चित्तौड़ की रानी पद्मिनी तथ्य है या कल्पना? जवाब इस बात पर निर्भर करता है कि कौन पूछ रहा है।

निश्चित रूप से राजपूतों के लिए पद्मिनी तथ्य है, विशेषकर जिसके लिए सामाजिक सन्दर्भों में अस्मिता या पहचान महत्त्वपूर्ण है। इस बहस से विमुख इतिहासकार के लिए पद्मिनी के कल्पना मात्र होने की सबसे अधिक सम्भावना है। यह कहानी को मिथक बनाता है : समाज के व्यक्ति के लिए सच, बाहरी व्यक्ति के लिए झूठ, ठीक उसी तरह जैसे आस्तिक के लिए ईश्वर सच है और नास्तिक के लिए झूठ। यदि तथ्य सभी के लिए सत्य है और काल्पनिक कथा किसी के लिए सत्य नहीं, तो किसी-किसी के लिए मिथक सत्य है। उनके लिए यह एक व्यक्तिपरक सत्य की तरह है जो उन्हें पीढ़ियों द्वारा विरासत में मिला है एवं जिसने वंश/कुल, जाति, वर्ग और समुदाय में प्रचलित कहानियों, प्रतीकों और अनुष्ठानों द्वारा आकार ग्रहण

किया है। व्यक्तिपरक सत्य लोगों को एक साथ जोड़े रखने के लिए एक गोंद के रूप में कार्य करता है। उनकी वैधता पर सवाल उठाने से पूरा समूह धमकी जैसा अनुभव करता है।

पद्मिनी की कहानी एक विशेष प्रकार का मिथक है। यह कथा चौदहवीं शताब्दी के चित्तौड़ के इतिहास और भूगोल के साथ दृढ़ता से गुँथी हुई है, जो विशुद्ध मिथकों से बहुत अलग है, जैसे कि ईसाई मान्यताओं में अब्राहम की कहानी, जिसमें वर्णित ईडन के कालक्रम और स्थान को निर्धारित नहीं किया जा सकता (हालाँकि प्रयास किए गए हैं)। समाज के भीतर के व्यक्ति अथवा पद्मिनी के अस्तित्व पर यकीन रखने वाले को हमेशा अपने दावों को साबित करने के पक्ष में सबूत मिलेंगे। बाहरी व्यक्ति—विश्वास न करने वाले—सन्देहवादी—यह हमेशा इंगित करेंगे कि ये 'तथ्य' महज आस्था पर आधारित हैं। यह बात यकीन करने वाले व्यक्तियों को आक्रोशित करती है, क्योंकि यह उनकी पहचान को डगमगाने वाली बात है। यदि कोई ईश्वर नहीं है, तो चुनिन्दा अनुयायी होने और आस्थावान रहने के एवज में स्वर्ग में मिलने वाली जगह के उनके दावे का क्या होगा? इसी तरह, यदि पद्मिनी का अस्तित्व नहीं है, तो राजपूत शौर्य और गर्व की कहानियों का क्या होगा? क्या यह सब कुछ महज कल्पना और मिथ्या प्रचार है? उनके क्रोध को समझा जा सकता है।

राजनेता वोट बैंक की फसल काटने के लिए इस क्रोध का फायदा उठाते हैं, जोकि लोकतंत्र में अस्तित्व बचाए रखने के लिए बेहद आवश्यक है। हाल ही के दिनों में दुनिया भर में दक्षिणपंथी समूहों का उदय इसका परिचायक है। लोग अपनी एक विशिष्ट पहचान चाहते हैं; वे स्वयं को सिर्फ मनुष्य के रूप में सीमित किए जाने से इनकार करते हैं, जो कि आधुनिक समाजों को आकार देने वाले मानववादी दर्शन का तार्किक विस्तार है। वे ब्रिटिश, अमरीकी, भारतीय, राजपूत अथवा ब्राह्मण बनना चाहते हैं, और यह भी कि वे अपनी पहचान से शर्मिन्दा नहीं होना चाहते।

और वामपंथ अपने समानता और सामाजिक न्याय के सिद्धान्त के साथ इस अस्मितावाद का उपहास उड़ाता है : वह निरन्तर ऐसे साक्ष्य प्रदान करता है जो गौरवशाली लोगों को एक विशेषाधिकार प्राप्त 'उत्पीड़कों' के समूह में परिवर्तित कर देता है। इनके द्वारा प्रस्तुत सत्य में वस्तुनिष्ठ या निष्पक्ष होने की सभी स्थितियाँ मौजूद हैं, लेकिन वे स्वयं को एक विशिष्ट समूह

और समुदाय का दर्जा देने के प्रयास के एक राजनीतिक एजेंडा का हिस्सा हैं, और वे स्वयं को यह दर्जा सशस्त्र क्रान्ति से निर्मित होने वाले काल्पनिक आदर्शलोक के निर्माण की दिशा में किए जा रहे उनके प्रयासों के कारण प्रदान करते हैं। इसलिए जहाँ वामपंथी नेता 'उत्पीड़ितों या शोषितों' के वोट पर राजनीति करते हैं, वहीं दक्षिणपंथी नेता 'शोषक या दमनकारी ताकतों' के वोट पर राजनीति करते हैं। हर कोई इस बात पर जोर देता है कि वे ही सच बोलते हैं। हर कोई इस बात पर जोर देता है कि वे ही वस्तुनिष्ठ हैं और दूसरे पक्ष पर फर्जी खबर फैलाने का आरोप लगाते हैं। इस प्रकार उनके बीच युद्ध रेखाएँ खींची जाती हैं।

पद्मिनी अथवा ईश्वर को लेकर जो झगड़ा है, वह तथ्यों के बारे में नहीं है। वह पहचान या अस्मिता का झगड़ा है, संस्कृति और जीवनयापन के तरीके का झगड़ा है। यह व्यक्तिपरक झगड़ा है। ये जो सत्य है, क्या वह समाज के भीतर वाले व्यक्ति का आख्यान है, जिसे बाहरी व्यक्ति 'उत्पीड़क' के रूप में पहचानता है अथवा यह बाहरी व्यक्ति का आख्यान है, जो स्वयं को 'उत्पीड़ित के साथी' और 'सत्य-साधक' के रूप में पहचानता है? यह आलसी मन या दिलोदिमाग की लड़ाई है जो मनुष्य के जीवन में कल्पना की भूमिका को देखने से मना करते हैं।

आलसी मन की विशेषता यह है कि वह सभी मुद्दों को सपाट एवं इकहरे ढंग से देखना चाहता है। उसे मिथक के विचार नहीं भाते हैं क्योंकि मिथक, देखने वाले के नजरिये के आधार पर तथ्य या कल्पना को आकार देते या उसमें बदलाव करते हैं। वे बहते हुए द्रव के स्थान पर स्थिर, मनोवैज्ञानिक के स्थान पर भौतिक, और रूपक के स्थान पर शाब्दिक अर्थ को प्राथमिकता देते हैं। वे संवाद के स्थान पर विवाद को प्राथमिकता देते हैं क्योंकि उनकी अभिरुचि अपने अनुभव संसार को विस्तृत करने के बजाय स्वयं को सही ठहराने में है। वे व्यक्तिपरकता को मिलावट या संदूषण की तरह देखते हैं।

एकमात्र सत्य को सर्वोच्च साबित करने के उपक्रम में, जो प्राय: व्यक्तिपरक होता है, आलसी मन विविध आख्यानों या निहितार्थों के अस्तित्व को नकारता है, जबकि हर आख्यान किसी न किसी समूह को सन्तुष्ट करने के लिए बनाया जाता है और प्रत्येक आख्यान का अपना पृथक एजेंडा होता है।

भारत और बाकी दुनिया ने वैज्ञानिक सोच की तलाश में बहुत सारे आलसी मनों को पोषित किया है। हमने समुचित सोच-विचार के बिना ही व्यक्तिपरकता के स्थान पर वस्तुनिष्ठता या निष्पक्षता, सहानुभूति के स्थान पर गहन सोच, साहित्य और कलाओं के स्थान पर इंजीनियरिंग और गणित को प्राथमिकता दी है। इस शुद्धतावादी दृष्टिकोण के परिणामस्वरूप विज्ञान संकाय के विषयों की नकल में मानविकी या कला विषयों को भी सामाजिक 'विज्ञान' कहकर पढ़ाया जा रहा है। परिणामस्वरूप कलाओं के प्रति प्रशंसा महज एक ऐसा कार्य अभ्यास बनकर रह जाती है जिसका उद्देश्य अन्तर्निहित राजनीतिक और आर्थिक उद्देश्यों हेतु तथ्यों को उजागर करना है, एवं जिसमें असुरक्षा और प्रेरणाओं पर कम ध्यान दिया जाता है जो कि 'मिथक' को प्रेरित करने और इसे लोकप्रिय बनाने में अहम भूमिका अदा करती हैं। वैज्ञानिक सोच पर अत्यधिक निर्भरता के कारण इतिहासकार का सच मुख्य भूमिका में आ जाता है, और दार्शनिकों व कवियों का सच उपेक्षित रह जाता है।

चारण-भाट, कवियों और फिल्म निर्माताओं को यह बात लम्बे समय से पता है कि सफल और लोकप्रिय होने के लिए राजा, संरक्षक, या विशेष दर्शक वर्ग के व्यक्तिपरक सत्य को ही स्वीकार करना होता है। इसलिए जब हम किसी ललित कला का अध्ययन करते हैं, तो हम उन लोगों के दिमाग में झाँक सकते हैं, जिन्होंने इस कला की रचना की, जिन्होंने इस कला का उपभोग किया, और जिन्होंने इसे सफल बनाया। उदाहरण के लिए, रानी पद्मिनी पर केन्द्रित बॉलीवुड की एक बड़ी फिल्म की सफलता, न ही चौदहवीं शताब्दी में घटी घटनाओं का सिलसिलेवार ब्योरा प्रस्तुत करती है और न ही यह सोलहवीं शताब्दी में रची गई साहित्यिक कृति का पुनर्निर्माण है, बल्कि यह इक्कीसवीं शताब्दी की उस ललक का प्रतिबिम्ब है जो मुस्लिमों को खलनायक के रूप में प्रस्तुत करना और एक सुन्दर महिला का महिमामंडन करना चाहती है जिसने अपने सम्मान, अपने पति और उसके वंश के सम्मान के लिए खुद को अग्नि के हवाले कर दिया था। यदि यह फिल्म जनता द्वारा

खारिज कर दी जाती, तो यह हमें कुछ और ही बात बताती। क्या इस फिल्म की सफलता इस्लाम के बौद्धिक महिमामंडन के प्रति असन्तोष को, मनुष्यों के मध्य नफरत की बढ़ती प्रवृत्ति को एवं लैंगिक समानता को न्यायसंगत ठहराने के लिए परम्परा को कोसने के कार्य के विरुद्ध समकालीन भारतीय दर्शकों की प्रतिक्रिया को उद्‌घाटित करती है? ये कुछ असुविधाजनक किन्तु महत्त्वपूर्ण प्रश्न हैं जिन्हें यह फिल्म सामने लाती है और हमें इस पर विचार करने की जरूरत है। हालाँकि, आलसी मन इन सवालों की अनदेखी करेगा और फिल्म को देखने पर ही जोर देगा, चाहे वह प्रपंच हो या सत्य घटना पर आधारित।

लोकप्रिय मौखिक इतिहास, किसी भी सफल बॉलीवुड फिल्म की तरह, उन लोगों के दिमाग की झलक देता है जो लगातार दुहराव चाहते हैं। आठ सौ वर्ष पहले, राजपूत काल के चारण और भाटों के लिए राजपूत योद्धाओं और राजपूतानियों की शौर्यगाथा का गायन महत्त्वपूर्ण था, जिन्होंने अपमान का घूँट पीने के स्थान पर युद्ध में लड़ते हुए वीरगति पाना अथवा स्वयं को अग्नि के हवाले कर देने का मार्ग चुना। क्योंकि यह स्पष्ट था, वे उत्तर-पश्चिम दिशा से आ रहे आक्रमणकारियों, जिन्हें उस समय तुर्क और अब मुसलमानों के रूप में पहचाना जाता है, की ताकत के समक्ष बराबर के प्रतिद्वंद्वी नहीं थे। राजपूत एक-एक कर सभी युद्धों में हार रहे थे। हार का सामना करने वाले लोगों के आत्मसम्मान को कैसे बढ़ाया जाता है? निश्चित रूप से ऐसा युद्धों का निष्पक्ष रूप से वर्णन करके, या युद्ध में पराजित होने वालों का तिरस्कार करके नहीं किया जा सकता। इसके बजाय ऐसे दुश्मन को खलनायक एवं कायर साबित करने के साथ-साथ अपने नायकों की शूरवीरता को स्थापित करके किया जा सकता है, विशेषकर उन नायकों को जो आत्मसमर्पण और कैद के स्थान पर मृत्यु का वरण करते हों।

विदेशी आक्रमणकारियों के आगमन के पहले भी इसी तरह की कहानियाँ सुनाई गई थीं, जिसमें खलनायक कोई प्रतिद्वंद्वी पड़ोसी राजा होता था, और प्रायः वह राजा की ही बिरादरी का हुआ करता था। लेकिन समय के साथ, बाहरी लोगों के साथ युद्ध के आख्यानों ने आन्तरिक लोगों के साथ हुए युद्ध के आख्यानों को ढक लिया। यह कुछ उसी तरह से है जैसे भारतीय लोग महाभारत के स्थान पर रामायण को प्राथमिकता देते हैं जिसमें नायक राम

राक्षसों से लड़ते हैं, जबकि महाभारत के नायक अपने चचेरे भाइयों से लड़ते हैं। चारण और भाटों ने महसूस किया कि उनके दर्शक उन राजपूतों की कद्र करते हैं, जिन्होंने मृत्यु का चयन किया, न कि उन राजपूतों की जिन्होंने शान्ति बनाए रखने के लिए मुगलों के साथ विवाह सम्बन्ध स्थापित करके उनके प्रति अपनी निष्ठा साबित की। यह बात इस तथ्य से साबित होती है कि राजपूत कथाओं में शान्ति स्थापना के लिए भेंटस्वरूप दी गई महिलाओं की तुलना में उन वीरांगनाओं के बारे में अधिक कहानियाँ कही गईं जिन्होंने समर्पण के स्थान पर जौहर करना उचित समझा।

बॉलीवुड की किसी हिट फिल्म की तरह ही मौखिक इतिहास में, युद्ध शायद ही कभी राजनीतिक या आर्थिक वजहों से हुए; युद्ध हमेशा नैतिक कारणों से हुए। खलनायक ईर्ष्यालु, कामवासना से भरे, लालची, या अन्य धर्मों के प्रति असहिष्णु हैं। मौखिक इतिहास को फंतासी कहकर खारिज करने के कारण और इस तर्क का समर्थन करने के कारण कि भारत पर हुए इस्लामी आक्रमण का इस्लामी नैतिकता के साथ कुछ लेना-देना नहीं था, और ये आक्रमण महज धन-सम्पत्ति और शक्ति प्राप्त करने की मध्य एशियाई तुर्कों की इच्छा की वजह से हुए थे, कई आधुनिक इतिहासकारों को हिन्दुओं के रोष का सामना करना पड़ा है। हिन्दू परम्परा के अभिन्न अंग रहे हिन्दू मन्दिरों के विनाश को अतिरंजित प्रचार कह दिया, और जिन युद्धों को लम्बे समय से धर्मयुद्ध के रूप में मान्यता मिली हुई थी, और जो हिन्दुओं की मूर्तिपूजा के विरुद्ध हिंसक संगठित तिरस्कार थे, उन्हें धर्मनिरपेक्ष लूट के रूप में वर्णित कर दिया गया। यह कई लोगों के लिए इस्लाम की धार्मिक कट्टरता का और आधुनिक शिक्षाविदों के वामपंथ की ओर तेजी से बढ़ते झुकाव का एक और मामला बन गया है। इसने दक्षिणपंथ को खाद-पानी दिया है।

सोलहवीं शताब्दी में मलिक मुहम्मद जायसी द्वारा रचित महाकाव्य *पद्मावत*, सदियों से रानी पद्मिनी के बारे में लिखी गई सबसे प्रसिद्ध साहित्यिक रचना

थी। उस काल में इसकी सफलता तत्कालीन दर्शकों के दिमाग के बारे में क्या बताती है? यह जानने के लिए हमें प्रोफेसर पुरुषोत्तम अग्रवाल का आभारी होना चाहिए, जिन्होंने यह शानदार और अत्यन्त सुलभ विवरण लिखा है। इस पुस्तक को पढ़कर मुझे 500 साल पहले के उस भारत की सराहना करने में सहायता प्राप्त हुई, जो मध्ययुगीन नहीं बल्कि आधुनिक था।

'आधुनिक' नामक विशेषण का सीधा तात्पर्य अलग-अलग विचारों के साथ जुड़ने और मिश्रित होने की इच्छा है, न कि दूषित होने के डर से उन्हें उग्र रूप से अस्वीकार करना। सोलहवीं शताब्दी का भारत विदेशी विचारों से जुड़ने के लिए तैयार था, यही कारण है कि जायसी ने गंगा के मैदानों में हिन्दी की एक बोली 'अवधी' में ऐसी रचना की है, जो राजस्थानी चारण-भाटों की कहानी को दोहराती है एवं जिसमें इस्लामिक संसार और हिन्दू पुराणों से लिए गए मुहावरों और रूपकों का प्रयोग प्रचुरता से देखने को मिलता है। यह सोलहवीं शताब्दी के यूरोप से काफी भिन्न था, जहाँ उस काल में हमें यहूदियों से शत्रुता और इस्लाम के प्रति भयाक्रान्त रहने के उदाहरण व्यापक रूप से मिलते हैं, कैथोलिक ईसाई प्रोटेस्टेंट ईसाइयों के साथ युद्धरत थे तथा 'चुड़ैलें' और 'वैज्ञानिक' चर्च के निशाने पर थे। दरअसल आज का भारत जायसी के समय के आधुनिक भारत की तरह न होकर मध्ययुगीन यूरोप के समान दिखाई देता है, जहाँ धार्मिक, धर्मनिरपेक्ष या राष्ट्रवादी ताकतें किसी जंगली जानवर की तरह एक-दूसरे पर घात लगाए हुए दिखाई देती हैं।

प्रो. अग्रवाल यह दर्शाते हैं कि इस महाकाव्य का इतिहास, धर्म, ईश्वर, घृणा, आक्रमण, या सम्मान से कोई लेना-देना नहीं हैं। इस पुस्तक में हमें दक्षिणपंथ के 'हजारों साल की दासता' विमर्श या वामपंथ के 'ब्राह्मणिक वर्चस्व' विमर्श का कोई अंश देखने को नहीं मिलता है। यह विशुद्ध रूप से एक प्रेम कविता है, जिसके चरित्र राजपूत, ब्राह्मण और मुस्लिम हैं। उनकी उदारता या कट्टरता उनके व्यक्तित्व का ही एक रूप है, उनकी पहचान नहीं।

सबसे महत्त्वपूर्ण बात यह है कि प्रो. अग्रवाल हमें यह बात समझने में मदद करते हैं कि जायसी की रचना किस तरह स्त्रीत्व का जश्न मनाती है और श्रृंगार रस उसका एक अभिन्न अंग है। हम यह महसूस करते हैं कि

कवि किस तरह उस समय के पुरुष केन्द्रित पितृसत्तात्मक दृष्टिकोण को चुनौती दे रहा था, जिसमें महिलाओं के परित्याग को शूरवीरता माना जाता था और महिलाओं की प्रशंसा करना कमजोरी और नैतिक पतन के समान माना जाता था। दरअसल जो लोग जायसी की रचना को रहस्यवादी सूफी काव्य के रूप में देखने पर बल देते हैं, वे हमारे समक्ष शुद्धतावादी के रूप में सामने आते हैं, जो कि सौन्दर्य वर्णन और कामेच्छा को लेकर असहज और शर्मिन्दा महसूस करते हैं।

प्रो. अग्रवाल इस महाकाव्य में जायसी की शारीरिक 'कुरूपता' और उसके परिणामस्वरूप होने वाली अस्वीकृति और हीनभावना के अंश भी तलाशते हैं। पद्मिनी की परिपूर्ण सुन्दरता की कल्पना जायसी को व्यक्तिगत कड़वाहट और दु:ख से उबारने में मदद करती है। वह रतनसेन बनने के लिए उत्सुक हैं, जो पद्मिनी को पाने के लिए लालायित हैं, और उसके लिए जीने-मरने को तैयार है, देवपाल या खिलजी की तरह नहीं, जो पद्मिनी की इच्छा के विरुद्ध उसे बलपूर्वक हथियाना चाहते हैं। पद्मिनी की सहमति के प्रति यह सम्मान जायसी की आधुनिकता को दर्शाता है, जबकि उसकी मृत्यु का शहादत के रूप में वर्णन तत्कालीन मध्ययुगीन मानसिकता को प्रतिबिम्बित करता है।

आज, जबकि प्रौद्योगिकी का इस्तेमाल भद्देपन और फूहड़ता को बढ़ाने में किया जा रहा है, हमें जायसी के काव्य को फिर से पढ़ने की जरूरत है, जो हमें प्रेम और सौन्दर्य की ओर अग्रसर करता है। धन और शक्ति के जुनून से ग्रस्त 'यथार्थवादियों' का प्रेम और सौन्दर्य से कोई लेना-देना नहीं है। जायसी की कविता उन व्यक्तियों के लिए है जिनके मन मनुष्य की दशा के बारे में गहराई से सोचने-विचारने में ज्यादा आलसी नहीं हैं। यह भय और भूख के साथ सहानुभूति से प्रेरित एवं प्रेम और सौन्दर्य से पोषित मन रखने वालों के लिए है।

मैं इस बात के लिए प्रोफेसर अग्रवाल का आभारी हूँ कि उन्होंने मुझे जायसी के *पद्मावत* में स्वयं को मग्न कर देने का अवसर प्रदान किया। इसने मुझे उनके मूलपाठ को अपने चित्रों से सुशोभित करने के लिए प्रेरित किया। कामना करता हूँ कि यह आपके मन और अनुभव संसार में भी अभिवृद्धि करे। और अपने पूर्वजों की दुनिया में झाँकते समय अपने आप को यह निरन्तर याद दिलाते रहें कि आपको तथ्य और काल्पनिक कथा के जाल में नहीं उलझना है।

अनन्त मिथकों के भीतर एक शाश्वत सत्य मौजूद रहता है,
जिसे समग्रता में कौन देख पाता है?
वरुण की हजारों आँखें हैं,
इन्द्र की एक सैकड़ा,
आपकी और मेरी केवल दो।

लेखक की कलम से

पद्मावत, लोकप्रिय धारणा के विपरीत, कोई सूफी दृष्टान्त या रूपक नहीं है। इसका उद्देश्य प्रेमकथा के नाम पर पाठक को लुभाकर उन्हें सूफीवाद पर व्याख्यान देना नहीं है। *पद्मावत* की सूफी रूपक प्रकृति को समझने के लिए जिस छंद को 'कुंजी' की तरह माना जाता है कि उसे इसकी रचना के सदियों बाद डाला गया था। यह तथ्य दशकों से ज्ञात है, इसीलिए कोई भी गम्भीर विद्वान *पद्मावत* को सूफी रूपक कथा के रूप में नहीं लेता है।

यह समुदाय के सम्मान के नाम पर हथियार उठाने का आह्वान भी नहीं है। जायसी की *पद्मावत* में युद्ध में प्रेम प्राथमिक तत्त्व है, युद्ध द्वितीयक। अपने 'आधुनिक पाठकों' की अभिरुचि के विपरीत, कवि मलिक मुहम्मद जायसी अपने नायक और दिल्ली के सुल्तान के बीच संघर्ष को लेकर स्वयं भी आसक्त नहीं हैं। इस महाकाव्य का दो-तिहाई से अधिक भाग सौन्दर्य

की प्रतिमान पद्मावती—और उसके लिए रतनसेन की साधना के बारे में है। जायसी अपने नायक को अलाउद्दीन के साथ हुए युद्ध में मरते हुए भी नहीं दिखाते हैं।

जायसी इस तरह के कवि नहीं थे जो मनुष्यों को निर्जीव प्रतीकों में और कहानी को रूखे धार्मिक प्रवचन; अथवा समुदाय के सम्मान के नाम पर हथियार उठाने के आह्वान तक सीमित कर देते। निस्सन्देह वे एक श्रद्धेय सूफी थे, लेकिन उनकी *पद्मावत* सूफी प्रचार हेतु रची गई कृति नहीं है। इस मार्मिक महाकाव्य में, रूखे प्रवचनों या विमर्श से दूर आपका सामना ऐसे मनुष्यों से होता है जो प्रेम और सामान्य जीवन के बीच तालमेल बिठाते नजर आते हैं।

जायसी की सहानुभूति स्पष्ट रूप से रतनसेन के साथ है, इसलिए नहीं कि वह एक हिन्दू योद्धा है, बल्कि इसलिए क्योंकि वह प्रेम-योगी है। जायसी का अलाउद्दीन चालाक है और पद्मावती व रतनसेन के प्रति उसका व्यवहार अनुचित है, लेकिन फिर भी वह राक्षस नहीं है। जायसी ने अपने पात्रों को अच्छे और बुरे में नहीं बाँटा है। उनकी *पद्मावत* पहली दर्जे की कविता है, कोई भव्य, और प्रतिगामी बॉलीवुड फिल्म नहीं।

जायसी का इतिहास लिखने का कोई इरादा नहीं था। उनका काव्य इतिहास की एक घटना के इर्द-गिर्द रचा गया रचनात्मक, कल्पनाशील साहित्य है। वे उस घटना और उससे जुड़ी किंवदंती को प्रेम, इच्छा, संघर्ष और बलिदान की एक समृद्ध और जटिल चित्रात्मक कविता में बदल देते हैं। वे एक स्थानीय घटना को एक व्यापक सांस्कृतिक परिप्रेक्ष्य में रखते हैं और मिथक और लोक कथाओं के अपने विस्तृत ज्ञान के माध्यम से इसे एक क्लासिक का आधार बनाते हैं। वे अपनी रचना में हिन्दू और इस्लामी पौराणिक कथाओं और किंवदंतियों का निरन्तर जिक्र करते हैं, विशेष रूप से हिन्दू मिथकों का। हिन्दू मिथकों एवं पौराणिक कथाओं के बारे में उनका ज्ञान इतना गहरा और समृद्ध है एवं उनका उल्लेख इतना सजीव है कि आप इस महाकाव्य में काव्य और विद्वत्ता के अद्वितीय संयोजन को देखकर आश्चर्य से भर जाते हैं।

जायसी को अपने अन्य समकालीन लोगों की तरह, भारत के भौगोलिक विस्तार की स्पष्ट समझ थी, वे कई अवसरों पर हेम सेत, गौर गजना—अर्थात्

हिमालय से महासागर तक, बंगाल से गजनी (वर्तमान में अफगानिस्तान) तक; इत्यादि वाक्यांशों का उल्लेख करते हैं—वे एक धर्मपरायण मुस्लिम और एक गर्व से भरे भारतीय थे।

उनके अपने जीवन के अनुभवों का सार, हर्षोल्लास के उत्सव, कामुक प्रेम की पीड़ा और साधारण मनुष्य को दिव्य मनुष्य में बदलने की इसकी क्षमता के बीच खामोशी से अभिव्यक्त होता है।

और इस तरह से प्रेम और कामोद्दीपन का उत्सव मनाने वाले न वह पहले व्यक्ति हैं न आखिरी। वे अद्वितीय हैं, किन्तु अकेले नहीं। भारतीय परम्परा की यह परिपक्वता है कि वह कामोद्दीपन के प्रति बेवजह लज्जा प्रदर्शित नहीं करती, बल्कि इसका जश्न मनाती और अन्वेषण करती है। जायसी इसी परम्परा से आते हैं। उन्होंने पूर्वी उत्तर प्रदेश में बोली जाने वाली अवधी भाषा में लिखा है; और उन्हें हिन्दी साहित्य के इतिहास में अग्रणी कवि माना जाता है। केवल हिन्दीभाषी ही नहीं, बल्कि प्रत्येक भारतीय को *पद्मावत* के रचयिता मलिक मुहम्मद जायसी पर गर्व होना चाहिए।

उनका अपना एक काल था, जिस तरह से हम सभी का है। लेकिन हममें से अधिकांश के विपरीत, उन्होंने अपने आसपास को अभिनव तरीके से देखा और अपनी रचनात्मक कल्पना की बदौलत वे अपने समय से काफी आगे निकल गए।

फिल्म *पद्मावत* पर हुए विवाद के दौरान, 'इंडिया टुडे' के राजेश झा ने मुझसे इस बारे में एक लेख लिखने को कहा। 'थियेटर ऑफ एबसर्डिटी' (*इंडिया टुडे*, 04 दिसम्बर, 2017) नामक इस लेख को पाठकों ने हाथोंहाथ लिया। इस लेख के प्रकाशित होने के तुरन्त बाद, मुझे अपने प्रिय मित्र देवदत्त पटनायक, जो पौराणिक कथाओं की अपनी अभिनव व्याख्याओं के लिए सुप्रसिद्ध हैं, का एक सन्देश प्राप्त हुआ। जिसमें उन्होंने मुझे 'असली *पद्मावत*' के बारे में एक छोटी-सी किताब लिखने के लिए कहा।

पहली बार हम जयपुर लिटरेचर फेस्टिवल 2013 में मिले थे। देवदत्त ने मुझे कुम्भ मेला के बारे में आयोजित एक पैनल वार्ता के दौरान सुना और इस वार्ता के तुरन्त बाद मुझसे मुलाकात की। इस मुलाकात के बाद हम लोग सहज रूप से एक-दूसरे के प्रशंसक बन गए। तब से, देवदत्त मुझे

कई विषयों पर लिखने के लिए कहते रहे हैं। उन्होंने मुझे कुछ बेहद रोचक विषय भी सुझाए हैं।

लेकिन, इस बार यह महज सुझाव नहीं, बल्कि आग्रह था—"लोगों को असली *पद्मावत* के बारे में जानना चाहिए," देवदत्त ने कहा।

वे सही हैं। इन दिनों *पद्मावत* के बारे में हो रही अधिकांश 'बहस' की प्रकृति और 'स्तर' को ध्यान में रखते हुए, जायसी कृत असली *पद्मावत* के बारे में जानना वास्तव में महत्त्वपूर्ण है।

मैं पिछले कुछ दशकों से भारत की आरम्भिक आधुनिकता के बारे में शोधकार्य कर रहा हूँ, जो देशभाषाओं में स्वयं को प्रकट करती है। कबीर मेरे अन्वेषण और मीमांसा के केन्द्र में रहे हैं, लेकिन जायसी और अन्य कवि भी मेरे शोध का हिस्सा रहे हैं।

मैंने जवाहरलाल नेहरू विश्वविद्यालय में हिन्दी साहित्य के स्नातकोत्तर छात्रों को *पद्मावत* पढ़ाया है। यह 20 वर्ष से अधिक पुरानी बात है। छात्रों पर पड़ने वाले मेरे व्याख्यान के प्रभाव को मैं स्वर्णिम पुरानी स्मृतियों के रूप में याद करता हूँ, और मैं उन युवा स्त्रियों और पुरुषों को बड़े प्रेम से याद करता हूँ। वास्तव में, मेरे स्नातकोत्तर अध्ययन के दिनों से, *पद्मावत* मेरी अत्यन्त प्रिय पुस्तकों में रही है, जिसकी रचना एक ऐसे काव्य प्रतिभाशाली व्यक्ति ने की थी, जिसकी एक आँख में कोई रोशनी नहीं थी और एक कान की श्रवण शक्ति लगभग नगण्य थी; जो अपनी 'बदसूरती' को लेकर भलीभाँति सचेत थे और अपनी काव्य प्रतिभा को लेकर पूरी तरह आत्मविश्वास से भरे हुए थे।

यदि आप अवधी पढ़ सकते हैं और कविता को मनोरंजन के अलावा भी कुछ मानते हैं, अस्तित्व को लेकर आपके कुछ सरोकार हैं; और आपके जीवन में प्रेम का कोई मूल्य है; तो आप मेरी तरह *पद्मावत* के मोहपाश में बँधे बिना नहीं रह सकते। एक ऐसे कवि, जिसके प्रति मैं स्वयं भी आभारी हूँ, के बारे में व्यवस्थित तरीके से अपने विचार व्यक्त कर पाने के लिए मैं प्रसन्नता और गहरी सन्तुष्टि महसूस करता हूँ। वास्तव में, हम सभी को आभारी होना चाहिए। मैं बहुत दृढ़ता से यह बात महसूस करता हूँ, कि यदि हम जायसी जैसे कवियों को थोड़ी अधिक गम्भीरता से सुनें, तो एक विचारशील समाज के निर्माण में यह बहुत मददगार हो सकता है;

और मुझे यह आशा है कि इस पुस्तक को पढ़ने के बाद आपको मेरा यह कथन अतिशयोक्तिपूर्ण नहीं लगेगा।

मैं यह भी आशा करता हूँ कि उत्कृष्ट प्रेमकथा—*पद्मावत*—पर यह मीमांसा पाठक को सामान्य रूप से एवं उनके निजी जीवन में प्रेम के दावों और संघर्षों के बारे में बेहतर समझ रखने में मददगार साबित होगी।

इस पुस्तक में उद्धृत छंदों की संख्या वासुदेवशरण अग्रवाल द्वारा सम्पादित *पद्मावत* के संस्करण (1980, झाँसी) से ली गई है।

ऐतिहासिक हो या न हो, पर जायसी की पद्मावती 'वास्तविक से अधिक' बन गई है। मैं देवदत्त पटनायक का आभारी हूँ जिन्होंने मुझे जायसी की ओर वापस लौटने के लिए विवश किया; तथा इस पुस्तक की सचित्र व्याख्या हेतु सहमत हुए।

मैंने एक अन्य बेहद महत्त्वपूर्ण काव्य रचना *छिताई-चरित* पर भी संक्षेप में प्रकाश डाला है, जो कि जायसी के पूर्व 'चित्तौड़ की पद्मिनी' के बारे में एकमात्र साहित्यिक सन्दर्भ है। दुर्भाग्य से इस दुर्लभ कृति की ओर पाठकों का उतना ध्यान नहीं गया, जितना जाना चाहिए था। पं. हरिहर निवास द्विवेदी ने श्री अगरचन्द नाहटा के साथ मिलकर सन् 1960 में इस महत्त्वपूर्ण कृति का एक अच्छा संस्करण प्रकाशित किया था। मैं इस पर काम कर रहा हूँ और जल्द ही समीक्षात्मक परिचय के साथ इसका अनुवाद प्रकाशित करने की उम्मीद करता हूँ। यह पुस्तक उपलब्ध कराने के लिए मैं अपने मित्रों ऋतुराज द्विवेदी और जयन्त तोमर के प्रति आभार व्यक्त करता हूँ। डॉ. माताप्रसाद गुप्त ने भी इस रचना का एक संस्करण प्रकाशित किया है।

मैं स्याही की मीता कपूर को धन्यवाद देता हूँ।

मैं सम्पादकीय सुझावों के लिए सिमर पुनीत के प्रति आभारी हूँ।

मैं अपने छात्र कुंदन यादव, जो कि भारतीय राजस्व सेवा के अधिकारी हैं, के सतत सहयोग और जीवन की वास्तविकताओं पर उनके विनोदपूर्ण व जबरदस्त चिन्तन के लिए आभारी हूँ।

मैं अपनी पत्नी और एक शानदार कवयित्री, सुमन केशरी, के प्रति आभार व्यक्त करता हूँ। उनके द्वारा प्रदान की गई सहायता महज इस पुस्तक तक ही सीमित नहीं है और इसे शब्दों में सीमित नहीं किया जा सकता है।

एक उभरती हुई लेखिका, बेहतरीन फोटोग्राफर और फिल्म निर्माता बनने की ओर अग्रसर मेरी सुपुत्री ऋतम्भरा; और उसके बड़े भाई ऋत्विक, जो कि एक सच्चे विद्वान, बौद्धिक और दार्शनिक हैं; तथा नीलाक्षी, जो कि शिक्षा जगत से जुड़ी एक युवा और उत्साही विद्वान है, हमेशा से मेरे लिए प्रेरणा के जीवन्त स्रोत रहे हैं।

और बेशक, हमारे बिल्ली के बच्चे—बड़का (दुर्भाग्य से जो अब नहीं है), ब्राउनी, सोतली और छुटकु—जिन्होंने मुझे प्रेम के एक अन्य मुहावरे को जानने-समझने का अवसर प्रदान किया।

—पुरुषोत्तम अग्रवाल

नई दिल्ली,

फरवरी, 2018

प्रस्तावना

पद्मावत : एक आरम्भिक आधुनिक महाकाव्य

पद्मावत, एक स्त्री पर केन्द्रित महाकाव्य है। इसका नाम सिंहल की राजकुमारी—पद्मावती, के नाम पर रखा गया है, न कि उसके प्रेमी, पति और चित्तौड़ के राजा रतनसेन के नाम पर। पद्मावती का मित्र, दार्शनिक और गाइड हीरामन नामक तोता है। पद्मावती के अलावा यह नागमती के बारे में भी है—जो कि रतनसेन की पहली पत्नी है। यह अलाउद्दीन खिलजी से पीड़ित दो स्त्रियों और उनके पति की कहानी है, जिसे एक पुरुष सुनाता है। यह पुरुष कौन था?

मलिक मुहम्मद जायसी (15वीं सदी के उत्तरार्ध से 16वीं के मध्य तक) उत्तर भारत के आरम्भिक आधुनिक स्थानीय साहित्य के अग्रणी कवियों में से एक हैं। कई लोग अभी भी उनके समय को 'मध्यकालीन' के रूप में वर्णित करने पर जोर देते हैं; क्योंकि उनका ऐसा मानना है कि भारतीय इतिहास में आधुनिकता की बयार औपनिवेशिक शासन के कारण आई है। लेकिन विगत कुछ दशकों से इस नजरिये को कई इतिहासकारों ने चुनौती दी है, और अब बड़ी संख्या में विद्वान 15वीं सदी से 18वीं सदी तक के काल को 'आरम्भिक आधुनिककाल' के रूप में वर्णित करना पसन्द करते हैं।

संक्षेप में समझने के लिए—आधुनिकता महज औद्योगीकरण और पूर्ण विकसित पूँजीवाद के बारे में नहीं है। सचाई तो ये है कि आधुनिक दृष्टिकोणों का उद्भव औद्योगीकरण और पूँजीवाद के पहले से है। आधुनिकता सबसे पहले दृष्टिकोण के परिवर्तन और व्यापार के विस्तार में परिलक्षित होती है। व्यापारी और दस्तकार उदार जीवन-दृष्टि की ओर झुकते हैं। कबीरपंथ के इतिहास में सबसे महत्त्वपूर्ण व्यक्तियों में

से एक एवं इसकी कई शाखाओं में से एक के संस्थापक, धर्मदास एक व्यापारी ही थे।

प्रत्येक व्यक्ति के अन्तर्निहित मूल्य को पहचानने के लिए कठोर सामाजिक वर्गीकरण में विश्वास को चुनौती दी जाती है। इनसान के सम्बन्धों को केवल उसके आसपास के परिवेश के साथ ही नहीं, बल्कि ब्रह्मांड और ईश्वर के साथ भी पुन: परिभाषित किया गया है। व्यापार का प्रसार सामाजिक व्यवहार के बहिष्कारवादी विचारों को कमजोर कर देता है। परम्परा के प्रति दृष्टिकोण समर्पण के बजाय सोच-विचार का हो जाता है। व्यक्ति को मान्यता, मानव सिद्धान्त की केन्द्रीयता एवं परम्परा पर पुनर्विचार—आधुनिकता के आवश्यक घटक हैं। शुरुआती आधुनिक युग में, रूढ़िवादी दृष्टिकोण वाले लोग भी, पारम्परिक विचारों का पुनर्गठन करते दिखते हैं। तुलसीदास का राम-राज्य का विचार इसका एक उदाहरण है।

आधुनिकता ऐसी कोई बला नहीं है जिसका उद्‌भव केवल पश्चिमी यूरोप में हुआ और बाद में इसे दुनिया के बाकी हिस्सों में निर्यात किया गया। दूसरी सहस्राब्दी की शुरुआत में, यूरोप में रोमन कैथोलिक चर्च के अधिकार को कई 'मिलेनारियन' आन्दोलनों और विद्राहों से चुनौती दी गई थी। उनकी जड़ें सहस्राब्दी के अन्त में ईसा मसीह की वापसी सम्बन्धी बाइबिल की भविष्यवाणियों में थी। इन सभी विद्रोहों को क्रूरतापूर्वक कुचल दिया गया। लेकिन, सोलहवीं शताब्दी में मार्टिन लूथर और जॉन कैल्विन के नेतृत्व में हुआ 'प्रोटेस्टेंट' आन्दोलन कैथोलिक चर्च पर भारी साबित हुआ। साहित्य और संस्कृति के क्षेत्र में इन आन्दोलनों का सबसे महत्त्वपूर्ण असर यह हुआ कि धार्मिक विमर्श का माध्यम 'स्थानीय लोकभाषाएँ' बन गईं। प्रोटेस्टेंट लोगों ने 'ईश्वर के शब्द (वर्ड ऑफ गॉड)' (बाइबिल) का अनुवाद किया और इस प्रकार लैटिन भाषी आभिजात्य वर्ग के एकाधिकार को चुनौती दी। साथ ही, सामाजिक और सांस्कृतिक दृष्टिकोण में व्यापक बदलाव लाने वाली कलाओं में पुनर्जागरण के युग का सूत्रपात हुआ।

लेकिन, 'शास्त्रीयता' के प्रभाव में गिरावट और स्थानीय भाषा के उदय का प्रभाव केवल यूरोप तक ही सीमित नहीं था। 'आरम्भिक आधुनिक' परिवर्तन लगभग एक साथ दुनिया के अलग-अलग भागों में हुए थे। चीन में

मिंग राजवंश की सत्ता के अन्तर्गत मध्य चौदहवीं सदी से मध्य सत्रहवीं सदी के दौरान स्थानीय लोक रचनात्मकता में अभूतपूर्व उत्कर्ष दृष्टिगोचर होता है। जटिल, शास्त्रीय काव्य रूपों का स्थान सुलभ और लोकप्रिय उपन्यासों, लघु कथाओं और यात्रा-वृत्तान्तों ने ले लिया। इन रचनाओं की कथावस्तु एवं विषयों में शाही जीवन के वर्णन के स्थान पर सामान्य जन के अनुभवों की अभिव्यक्ति दिखाई पड़ती है। मानव भावनाओं और परिस्थितियों के वर्णन में दैवीय कारकों की तुलना में मनोवैज्ञानिक अन्तर्दृष्टि पर अधिक जोर दिया गया। इस अवधि में जापान में भी कला और साहित्य में नई प्रवृत्तियाँ दृष्टिगोचर होती हैं। आज दुनिया भर में प्रचलित हाइकू कविता इसी अवधि के दौरान विकसित हुई थी।

इन घटनाओं को ध्यान में रखते हुए, पिछली सहस्राब्दी को 'वर्नाक्युलर मिलेनियम' के रूप में वर्णित किया गया है। भारत में, सांस्कृतिक स्मृतियों को दर्शाते पारम्परिक आख्यानों को स्थानीय लोकभाषाओं में पुन: रचा गया। यह याद रखना परम आवश्यक है कि तुलसीदास कृत *रामचरितमानस* व एझुथचन कृत *अध्यात्म रामायण* (मलयालम) तथा सारलादास द्वारा रचित *ओडिया महाभारत* क्रमश: *वाल्मीकि रामायण* और *व्यास महाभारत* के अनुवाद नहीं हैं। ये तथा इसी तरह की अन्य रचनाएँ उस समय की मनोदशा के अनुसार प्राचीन आख्यानों को पुन: प्रस्तुत करती हैं। इनके रचनात्मक उद्देश्यों और विचार-सामग्री को दृष्टिगत करते हुए इन्हें मूल रचना का दर्जा दिया जा सकता है।

दुर्भाग्य से, हमने औपनिवेशिक नजरिये से लिखे गए भारतीय इतिहास को मान्यता दी है। परिणामस्वरूप, हम दूसरी सहस्राब्दी को बौद्धिक ठहराव की अवधि या 'भाष्य काल' के रूप में ही देखते हैं, यह मानते हुए कि इस अवधि के दौरान व्यक्ति, समाज, राज्य और संस्कृति के क्षेत्र में शायद की कोई नया विचार विकसित हुआ है। जबकि सत्य यह है कि इस काल में इन क्षेत्रों तथा अन्य सम्बन्धित क्षेत्रों में बहुत से नए विचारों का जन्म और प्रसार हुआ। इसके एक उदाहरण के रूप में, इस अवधि में विजयनगर के राजा कृष्णदेव राय (1509-1530) की रचना *अमुक्तमाल्यदा* (तेलुगू भाषा में) का जिक्र किया जा सकता है, जो कि राज्य और शासन व्यवस्था विषय पर केन्द्रित है।

'वर्नाक्युलर मिलेनियम' लोकभाषाओं के साथ-साथ संस्कृत और फारसी में बेहद रोमांचक बौद्धिक और कल्पनाशील रचनाओं की अवधि थी। इस अवधि के दौरान, भारतीय व्यापार इतना जीवन्त हो गया था कि अठारहवीं सदी के आरम्भिक भाग में, वैश्विक सकल घरेलू उत्पाद में भारत का हिस्सा 22.6 प्रतिशत था; इस मामले में केवल चीन ही भारत से आगे था। इस तरह की मजबूत और जीवन्त अर्थव्यवस्था महज सामाजिक दृष्टिकोण में बदलाव ही नहीं वरन् आरम्भिक आधुनिकता के उद्भव की वजह भी बनी। भारतीय अर्थव्यवस्था और समाज में औपनिवेशिक हस्तक्षेप के कारण यह आरम्भिक आधुनिकता ज्यादा विकसित नहीं हो सकी। औपनिवेशिक हस्तक्षेप ने स्वदेशी आधुनिकता को बाधित किया; और इसके स्थान पर यह आधुनिकता के यूरोपीय औपनिवेशिक संस्करण को सामने लाया।

आरम्भिक आधुनिक भारत की साहित्यिक रचनाओं एवं रोजमर्रा के कार्यकलापों से सम्बन्धित रिकॉर्ड और दस्तावेज़ों में, विश्वदृष्टि में आए परिवर्तन स्पष्ट रूप से दिखाई देते हैं। कबीर और तुकाराम की रचनाओं में जातिगत पूर्वग्रहों तथा मीरा और लल्लेश्वरी या ललद्यद की रचनाओं में लैंगिक प्रतिबन्धों पर प्रश्नचिह्न आरम्भिक आधुनिक दृष्टिकोण के ही परिचायक हैं। सबसे महत्त्वपूर्ण बात यह है कि आधुनिकता के ये स्वर उस काल में विलुप्त नहीं हुए। समकालीन समाज में उनके बड़ी संख्या में उत्सुक श्रोता और अनुयायी थे। जायसी और उन जैसे अन्य कवि उन दृष्टिकोणों और चिन्ताओं को अभिव्यक्त करते हैं जो भारत की शुरुआती आधुनिकता में उभर रहे थे।

अन्ततः, यह व्यक्ति का स्वभाव और रवैया ही है जो यह तय करता है कि उपलब्ध विकल्पों में से वह किसका चयन करेगा। यहाँ तक कि हमारे अपने समय में स्वभाव के खुलेपन, व्यक्तिगत गरिमा, 'मतभेद' के प्रति सम्मान जैसे 'आधुनिक' मूल्यों के प्रति प्रत्येक व्यक्ति में उत्साह या स्वागत का भाव नजर नहीं आता है। इसी तरह, आरम्भिक आधुनिक भारत का सामाजिक सन्दर्भ कबीर, तुलसी, जायसी, सूर और मीरा जैसे कवियों के मामले में व्यक्तिगत स्वभाव और अभिरुचियों के महत्त्व को कम नहीं करता है।

जैसे-जैसे हम जायसी के 'पद्मावत' में गहरे उतरेंगे, हम पाएँगे कि उनके चरित्रों का मूल्यांकन उनके व्यक्तिगत कार्यों और गुणों पर निर्भर करता है, न

कि उनकी धार्मिक पृष्ठभूमि या जातिगत पहचान पर। जायसी और उन्हीं की तरह के अन्य लोगों के लिए व्यक्ति की गरिमा उसकी सामाजिक, सांस्कृतिक और धार्मिक पहचान से कहीं अधिक महत्त्वपूर्ण थी।

जायसी : व्यक्ति एवं कवि

जायसी के पिता गाँव के एक मध्यम स्तर के कर्मचारी थे, जिसे सल्तनत काल में 'मलिक' कहा जाता था—इसलिए कवि के नाम के पहले 'मलिक' शब्द जुड़ा हुआ है। जायसी शब्द यह इंगित करता है कि वे उत्तर प्रदेश के अमेठी जिले के जायस नामक नगर के निवासी थे। वे जायस में ही पैदा हुए थे या बाद में वहाँ आकर बसे, यह विद्वानों के बीच बहस का विषय रहा है। फिर भी, एक बात तो तय है : जायस नगर ने उन्हें कुछ अद्वितीय, अविस्मरणीय एवं जीवन को परिभाषित करने वाले अनुभव दिए थे; इसीलिए वे इसे एक ऐसे स्थान के रूप में याद करते हैं, जहाँ उन्हें प्रथम दृष्टि या दर्शन प्राप्त हुआ था।

इतिहासकारों ने सूफी तज़किरा (विवरण), किंवदंतियों, विभिन्न परम्पराओं और स्वयं जायसी द्वारा दिए गए संकेतों की मदद से उनकी जीवनी का पुनर्लेखन किया है। ऐसा लगता है कि उनका जीवन सुखमय नहीं था। वे बचपन में चेचक से पीड़ित हुए थे, जिसके कारण उन्हें बाईं आँख से दिखना और बाएँ कान से सुनाई देना कम हो गया था। अपने काव्य में वे अपनी शारीरिक दशा को हृदयस्पर्शी ढंग से अभिव्यक्त करते हैं, 'चूँकि मेरी प्रियतम ने मुझे दाहिनी ओर से देखा और बात की, इसलिए मैंने अपनी बाईं आँख और कान का परित्याग कर दिया है' :

मुहमद बाईं दिसि तजी एक सरवन एक आँखि।
जब ते दाहिन होइ मिला बोलु पपीहा पाँखि॥ —367

महान कवि सूरदास, जो कि नेत्रहीन थे, के बारे में भी एक कहानी है। उन्हें कुछ अल्प अवधि के लिए दृष्टि प्रदान की गई थी और उन्होंने कृष्ण और राधा के दर्शन किए थे। उन्होंने उनसे अनुरोध किया कि वे उन्हें फिर से नेत्रहीन कर दें, क्योंकि वे नहीं चाहते कि प्रभु दर्शन से पवित्र हुई उनकी आँखों का उपयोग सांसारिक मामलों के लिए हो।

जायसी को भी अपने जीवन में भयंकर दु:ख का सामना करना पड़ा था। उन्होंने युवावस्था में ही अपने माता-पिता को खो दिया था। ऐसा माना जाता है कि बाद में उन्होंने अपने बेटों को भी दुर्घटना में खो दिया था।

जायसी चिश्ती सिलसिले के सूफी थे, और सूफी तज़किरा में उन्हें 'सत्य की तलाश में, भारतीय शोधकर्ता (मुहाक्कीक-ए-हिन्द)' के रूप में वर्णित किया गया है। आध्यात्मिक सिद्धियों—बराक—के लिए उन्हें श्रद्धा की नजर से देखा जाता है। ऐसे सन्दर्भों में, सिद्धि प्राप्त होने को चमत्कारों से जोड़कर देखा जाता है। लोकप्रिय जनश्रुतियों में, जायसी के बारे में भी चमत्कार सम्बन्धी किंवदंतियाँ मिलती हैं। ऐसी ही एक किंवदंती यह है कि अपनी उदारता और मानवता के कारण उनका ईश्वर से संवाद हुआ था।

जायसी इतने उदार और 'सामाजिक' थे कि वे कभी भी अकेले भोजन नहीं करते थे। उनके दस्तरख़्वान पर कम-से-कम एक साथी मनुष्य अवश्य होता था ताकि वह उसके साथ भोजन कर सकें। एक बार, भोजन के समय ही एक कुष्ठरोगी आ गया और जायसी ने उसे साथ में भोजन करने के लिए आमंत्रित किया। स्वाभाविक रूप से कुष्ठरोगी को बहुत संकोच हो रहा था, लेकिन जायसी कुछ भी सुनने को तैयार नहीं थे। हुआ यह कि कुष्ठरोगी के घावों से थोड़ी सी मवाद उनके भोजन में गिर गई, लेकिन उसकी मात्रा इतनी कम थी कि भोजन को फेंका नहीं जा सकता था। कुष्ठरोगी ने भोजन के उस हिस्से को खाने की पेशकश की, लेकिन जायसी ने उसे ऐसा नहीं करने दिया, और कुष्ठरोगी के तमाम प्रतिरोधों के बावजूद वे भोजन करने को तत्पर हुए—कि तभी अचानक से वह कुष्ठरोगी गायब हो गया और जायसी की प्रशंसा में आकाशवाणी सुनाई दी, जिसमें ईश्वर ने उदारता और मानवता के कार्य के लिए जायसी की प्रशंसा की।

इसमें कोई आश्चर्य की बात नहीं है कि जायसी जैसे सज्जन व्यक्ति, जिसकी स्वयं ईश्वर ने सराहना की हो, के पास इच्छाधारी तरीके से कोई

भी रूप धारण करने एवं भविष्य को देख सकने की क्षमता थी। उन्होंने भविष्यवाणी की थी कि उनकी मृत्यु 'शिकार' के कारण होनी तय है। जायस के राजा, जो कि उनके समर्पित भक्त थे, ने अपने राज्य में यह मुनादी करा दी थी कि किसी भी शिकारी को शिकार पर जाने के पहले जायसी के ठिकाने के बारे में जानकारी सुनिश्चित करनी होगी। लेकिन, एक बार किसी दूसरे राज्य का शिकारी आ गया, और भविष्यवाणी के अनुसार उसने जायसी को उस समय अपना 'शिकार' बना लिया, जिस समय वे बाघ के रूप में विचरण कर रहे थे।

यह सम्भव भी है और नहीं भी कि जायसी का अन्त इतने चमत्कारिक और जादुई तरीके से हुआ हो, लेकिन उनका शानदार चमत्कार—*पद्‌मावत*—जिस दिन से जनता के मध्य आया है, उसी दिन से पाठकों और दर्शकों को चमत्कृत कर रहा है। उन्होंने इससे पहले भी कुछ रचनाएँ की थीं, लेकिन *पद्‌मावत* एक आश्चर्यजनक उपलब्धि है और इसे जायसी के समय से दो शताब्दी पहले तक लोकभाषा (ज्यादातर अवधी) में लिखे गए प्रेम-आख्यानों की परम्परा में सर्वोपरि माना जाता है।

चन्दायन (1370) के रचयिता मौलाना दाऊद से शुरू होकर, इन आख्यानों के कवियों ने अपनी रचनाओं में दो विशिष्ट साहित्यिक परम्पराओं की विशेषताओं का विलय किया। वे फारसी मसनवी परम्परा का पालन करते हैं—और सूफी इस्लाम की शिक्षाओं और प्रथाओं को समझाने के लिए प्रेम आख्यानों का उपयोग किसी रूपक की तरह करते हैं। प्रेम आख्यानों के अवधी कवि मानक मसनवी परम्परा का पालन करते हैं। वे अपनी रचनाओं की शुरुआत इस्लाम के पैगम्बर, आरम्भिक खलीफा और अपने समय के शासक (शाह-ए-वक़्त) की स्तुति के साथ करते हैं। कहानी शुरू करने से पहले, कवि अपना भी परिचय देता है। वे मसनवी तरीके का पालन विस्तृत एवं अतिरंजित वर्णन के साथ करते हैं। वे अपनी पसन्द की कहानियों को फारसी मसनवी तरीके के साथ-साथ दास्तान विधा (मौखिक रूप से किसी समूह के लिए प्रदर्शित की गई कहानियाँ) के विभिन्न स्तर के रिवाज़, रूपों और रूपकों का उपयोग करते हुए सुनाते हैं।

साथ ही, इन आख्यानों में ली गई कथाएँ और छंद, दोहा और चौपाई उत्तर भारतीय लोक जीवन की विरासत हैं। मौलाना दाऊद द्वारा लिखित

चन्दायन का विषय लोरिक और चन्दा के प्रेम की लोककथा से प्रेरित है; अन्य सूफी कवि भी उनके द्वारा दिखाए गए मार्ग का पालन करते हैं। आज, तुलसीदास की *रामचरितमानस* के कारण लोग दोहा और चौपाई से भलीभाँति परिचित हैं, लेकिन अवधी भाषा की महाकाव्य रचनाओं में इनके सबसे पहले उपयोग का श्रेय इन सूफी कवियों को ही जाता है। इन सूफी कवियों ने न केवल रचना विषयों को अपनाया बल्कि उत्तर भारत की रोजमर्रा की जिन्दगी और सांस्कृतिक जीवन, किंवदंतियों और पौराणिक कथाओं से काव्य रूपों, मुहावरों, शैली और रूपक आदि को भी ग्रहण किया।

ये कवि लोगों को इस्लाम में धर्मान्तरित करने हेतु नहीं लिख रहे थे। वे किसी 'रणनीति' के वशीभूत होकर अज्ञात चीजों को नहीं चुन रहे थे; ये छंद और लोककथाएँ स्वाभाविक रूप से उनके पास आई थीं। ये चीजें इन सूफी कवियों से उतनी ही सम्बन्धित थीं, जितनी अवधी भाषी हिन्दुओं से ।

लेकिन, हमें एकतरफा सोचने की प्रवृत्ति से भी छुटकारा पाना चाहिए कि सभी सूफी या तो समान रूप से उदार थे (क्योंकि वे योग करते थे और 'प्रेम' की बात किया करते थे), या सभी सूफी धर्म प्रचारक थे (क्योंकि वे अपनी रचनाओं के माध्यम से इस्लाम का प्रचार कर रहे थे)। दोनों ही दृष्टिकोण अतिवादी हैं। इस तरह का कोई भी सरलीकरण गलत है। उनमें से प्रत्येक को व्यक्तिगत रूप से जानना जरूरी है। कई सूफी योग का अभ्यास किया करते थे, 'प्रेम' की कविता किया करते थे; पर साथ-ही-साथ वे इस्लाम के कट्टर अनुयायी भी थे।

अजोधन (पंजाब) के प्रसिद्ध शेख फरीद योगाभ्यास किया करते थे और उनकी 'प्रेम' पर आधारित कुछ रचनाएँ सिख 'आदि-ग्रंथ' में भी शामिल की गई हैं। लेकिन साथ-ही-साथ, वे उन व्यक्तियों की 'कुत्ता' कहकर निन्दा करते हैं, जो दिन में पाँच बार की अनिवार्य नमाज नहीं पढ़ते। वह ऐसे पथभ्रष्ट लोगों के सिर कलम करने की सिफारिश तक करते हैं। (सन्दर्भ के लिए ब्रजेन्द्र कुमार सिंघल, दिल्ली 2017 द्वारा हिन्दी में अनूदित 'शेख फरीद गंज-ए-शकर' के दोहे क्रमांक 3 और 6 को देखें)।

गंगोह (उत्तर प्रदेश में) के शेख अब्दुल कुद्दूस ने हिन्दी भाषा में *अलख-बानी* की रचना की थी, जिसमें उन्होंने नाथपंथ की सहज सबद

साधना (रहस्यमयी नाम का स्वत:स्फूर्त अभ्यास) की व्याख्या की है। उन्होंने आध्यात्मिक उत्थान के लिए योगाभ्यास के लाभों का जिक्र किया है।

इस ग्रंथ में वे वास्तव में एक नाथपंथी की तरह नजर आते हैं। लेकिन, उन्होंने बाबर को पत्र लिखकर इस्लामी विद्वानों (उलेमा) और सूफियों के लिए कर में छूट देने की; साथ-ही-साथ, काफिरों (हिन्दुओं) को महत्त्वपूर्ण पदों से हटाने एवं उनके खिलाफ कठोर कार्रवाई किए जाने की सिफारिश की थी। (सन्दर्भ—एस.ए.ए. रिज़वी, दिल्ली, 1978 द्वारा *भारत में सूफीवाद का इतिहास* नामक ग्रंथ में शेख अब्दुल कुद्दूस का विवरण)

जायसी एक ऐसे धर्मपरायण मुस्लिम थे जो अपने विचारों से सूफी थे, लेकिन पद्मावत एक महाकाव्य के रूप में कोई सूफी व्याख्यान या विमर्श नहीं है।

जायसी एक स्थापित सूफी थे, लेकिन मूलत: वे एक कवि थे, धर्मप्रचारक नहीं। *पद्मावत* में, उनका इरादा इस्लामिक प्रथाओं की खूबियों को रेखांकित करने का नहीं है, भले ही इस महाकाव्य की शुरुआत में वे अल्लाह और पैगम्बर की स्तुति करते हैं। अखरावट (अपनी आस्था को व्यक्त करने के उद्देश्य से की गई रचना) में, वे नागरी वर्णमाला के अक्षरों का उपयोग करके इस्लामी मान्यताओं की व्याख्या करते हैं। लेकिन इस रचना में भी उनकी मन:स्थिति सहिष्णुतापूर्ण और अन्य धर्मों के अनुयायियों के प्रति सम्मान की है। इस जगत के निर्माता के बारे में वे कहते हैं—"उन्होंने ही सभी इनसानों को जन्म दिया है, चाहे वे किसी भी मजहब—हिन्दू अथवा मुस्लिम—को मानने वाले हों।"

(तिन्ह संतति उपराजा, भाँतिहि भाँति कुलीन/हिन्दू तुरुक दुवौ भए, अपने अपने दीन)

इसके अलावा, धार्मिक सह-अस्तित्व के बारे में वे एक उल्लेखनीय 'भारतीय' सत्य का बखान करते हैं—"ईश्वर तक पहुँचने के उतने ही मार्ग हैं, जितने आकाश में तारे हैं, अथवा शरीर में छिद्र हैं; एक सच्चा साधक किसी भी मार्ग को अपनाकर ईश्वर की तलाश कर सकता है, सन्तुष्ट महसूस कर सकता है और गाकर अपनी उपलब्धियों का बखान कर सकता है... लेकिन जहाँ तक मेरी राय है, पैगम्बर मुहम्मद का मार्ग ही सबसे अच्छा है,

जिसका नमाज, जो कि विश्वास की आधारशिला है, समेत पूरे विधि-विधान से पालन किया जाना चाहिए।"

(विधना के मारग हैं तेते। सरग नखत तन रोवाँ जेते। जेइ हेरा तेई तहँवे पावा। भा सन्तोष, समुझि मन गावा।...सो बड़ पंथ मुहम्मद केरा। है निरमल कबिलास बसेरा।...ना नमाज है दीन क थूनी। पढ़ैं नमाज सोई बड़ गूनी।)

जाहिर है, अतीत को समझने और वर्तमान में बेहतर तरीके से गुजर-बसर करने के लिए, हमें धर्म प्रचारकों की तुलना में सुयोग्य कवियों को अधिक सुनना चाहिए।

प्रेम-आख्यानों की परम्परा, जिसकी पराकाष्ठा हमें जायसी के *पद्मावत* में मिलती है, वह दो संस्कृतियों के पास आने के बेहद रोमांचक और रचनात्मक परिणाम को दर्शाती है—पहले आक्रामकता और प्रतिरोध के माध्यम से; और बाद में सह-अस्तित्व और परस्पर संवाद के माध्यम से। इन आख्यानों के रचनाकार मानव प्रेम की रहस्यमय बारीकी और इसकी अन्तर्निहित 'दिव्यता' को साकार करने के 'तरीकों' के बारे में लिखना चाहते थे। स्वाभाविक है, कि पारम्परिक धार्मिकता में फिसले बगैर प्रेम की दिव्यता को व्यक्त करने में हर कोई समान रूप से सफल नहीं हो सका था। और न ही प्रत्येक रचनाकार इतनी आकर्षक कविता ही रच सका।

पद्मावत की महान काव्यगत क्षमता और विचारोत्तेजक बहुलार्थकता की वजह से जायसी को इस परम्परा में सर्वोच्च स्थान प्राप्त है। गूढ़ शब्दावली और रूपकों के उदारतापूर्वक उपयोग के बावजूद, *पद्मावत* मानव प्रेम और इसकी विचारोत्तेजकता पर जोर बनाए रखती है। इसके अलावा, वे फारसी मसनवी, दास्तान, हिन्दू महाकाव्यों और लोककथाओं के तत्त्वों का खूबसूरत चित्रात्मक समन्वय प्रस्तुत करते हैं।

सबसे महत्त्वपूर्ण बात यह है कि जायसी अपने पूर्व रचनाकारों के विपरीत एक किंवदंती को आधार बनाते हैं, जिसकी पृष्ठभूमि में एक ऐतिहासिक घटना है। चित्तौड़ की पद्मिनी की ऐतिहासिकता सन्दिग्ध हो भी सकती है और नहीं भी, लेकिन अलाउद्दीन ने निश्चित रूप से सन् 1303 ई. में चित्तौड़ पर आक्रमण किया था। जायसी इस घटना को लेकर इसे प्रेम, खोज, आध्यात्मिक चिन्तन और बलिदान की एक उल्लेखनीय कथा में बदल देते हैं। वे अपनी चुनिन्दा ऐतिहासिक घटना को बेहद शानदार ढंग से कहानी,

किंवदंती और कल्पना में मिश्रित कर देते हैं। जायसी दरबारी इतिहासकारों की तरह अलाउद्दीन की जीत का 'जश्न' नहीं मनाते। इसके बजाय, वे चित्तौड़ पर कब्जे का तथ्यात्मक वर्णन करते हैं। जायसी द्वारा किए गए इस घटना के काव्यात्मक वर्णन में, अलाउद्दीन अपनी जीत पर गर्व करने के बजाय युद्ध में हुए विनाश पर पछतावा करता है; और अपनी अनियंत्रित इच्छाओं की विनाशकारी लोलुपता पर मंथन करता है। धर्मप्रचारक, दरबारी चारण और कवि के बीच का बारीक अन्तर जायसी द्वारा अपने महाकाव्य के नाटकीय समापन के माध्यम से प्रस्तुत होता है।

कवि की सहानुभूति स्पष्ट रूप से पीड़ित युगल—पद्मावती और रतनसेन के साथ है। *पद्मावत* में, रतनसेन को अलाउद्दीन के साथ हुए युद्ध में मरते हुए नहीं दिखाया गया है, बल्कि उसे एक साथी राजपूत राजा देवपाल—जिसकी पद्मावती पर कुदृष्टि थी, के साथ हुए द्वंद्वयुद्ध में मरते दिखाया गया है। चित्तौड़ के राजा को अलाउद्दीन द्वारा पराजित किया गया था, इस तथ्य को इसलिए मनचाहा मोड़ दिया गया ताकि अपने नायक को अपमान से बचाया जा सके।

जायसी ने लोकप्रिय स्मृतियों, पौराणिक कथाओं (हिन्दू और मुस्लिम दोनों) और किंवदंतियों का सहारा लेते हुए प्रेम और कामना; मृत्यु और विनाश की एक दु:खान्त कथा बुनी है। जायसी अपने कथ्य में पूरी सहजता के साथ हिन्दू और मुस्लिम परम्पराओं एवं साहित्यिक विरासत का इस्तेमाल करते हैं। आख्यान में काव्यात्मक रूप से मार्मिक क्षणों की पहचान एवं काव्य शिल्प पर जायसी की दक्षता सुस्पष्ट है।

इसलिए इसमें कोई आश्चर्य की बात नहीं है कि हिन्दी साहित्य के इतिहासकारों ने अपने आकलन में केवल तुलसीदास की *रामचरितमानस* (1574) को *पद्मावत* से ऊपर माना है। यह सन् 1540 में लिखी गई थी; और *रामचरितमानस* के विपरीत में इसमें संस्कृत शब्दों का अत्यधिक प्रयोग नहीं है, बल्कि यह अवधी की स्थानीयता को बनाए रखती है। हालाँकि, इस कारण से गैर अवधी भाषी लोगों को *पद्मावत* समझने में कठिनाई होती है। इसके अलावा, जायसी द्वारा प्रयोग किए गए कई शब्द और अभिव्यक्तियाँ अब गुजरे जमाने की चीजें हो गई हैं।

अवधी भाषा के इस महाकाव्य की पांडुलिपियाँ ज्यादातर फारसी लिपि में प्राप्त होती हैं। हिन्दी साहित्य के सबसे प्रभावशाली इतिहासकार और एक

समर्पित जायसी विद्वान आचार्य रामचन्द्र शुक्ल बताते हैं कि *पद्मावत* महाकाव्य में निहित 'गूढ़ रहस्यवादी' अर्थों के कारण इसे साधारण मुस्लिमों के साथ-साथ सूफी विद्वानों द्वारा भी सम्मान की दृष्टि से देखा जाता है; इसकी अधिकांश पांडुलिपियाँ मुस्लिम परिवारों में प्राप्त हुई हैं। अपने 'व्यक्तिगत अनुभव' को साझा करते हुए वे कहते हैं कि 'उन्होंने ऐसे मुस्लिम परिवार के लोगों को स्वभाव व दृष्टिकोण में बहुत उदार पाया है।' आशा है कि *पद्मावत* का यह गुण शुक्ल जी के समय में हिन्दू परिवारों पर भी कारगर था। इसके अलावा, हम ये आशा कर सकते हैं कि *पद्मावत* का पाठ हमारे समय में भी उदार दृष्टिकोण और सहज स्वभाव को विकसित करने में सहायक होगा।

प्राप्त पांडुलिपियों में से किसी के भी जायसी के हस्तलेख में होने का दावा नहीं किया जा सकता है। इतनी अधिक संख्या में इसकी पांडुलिपियों का प्राप्त होना और इसका प्रसार यह संकेत करता है कि *पद्मावत* उस समय के साहित्यिक हलकों और आमजन के मध्य एक सफल कृति थी। अपनी रचना के सौ वर्षों के भीतर इसका अनुवाद बंगाली भाषा में किया गया था।

इस प्रकार, एक समर्पित मुस्लिम एवं 'सत्य की खोज में लगे भारतीय मनीषी' मलिक मुहम्मद जायसी को अवधी भाषा में *पद्मावत* लिखने—और राजस्थान की पद्मावती की कथा को बंगाल तक पहुँचाने का श्रेय तो जाता है; जहाँ उन्नीसवीं सदी में राजपूतों की महिमा का बखान करने वाले कई उपन्यासों, नाटकों और कविताओं की रचना हुई।

'आदि उद्यान' की स्मृति

शारीरिक विकृतियों, कुरूपता और उससे जनित उपहास के दर्द ने कभी जायसी का पीछा नहीं छोड़ा, इसके साथ-ही-साथ उन्हें भावनात्मक पीड़ा भी थी। 1529 में रचित अपने *आखिरी क़लाम* (अन्तिम कथन) में—इस्लामी

विश्वास के अनुसार में 'न्याय के दिन' का वर्णन—जायसी, जायस में अपने अनुभव के बारे में कुछ इशारा करते हैं। अपने दसवें छंद में, वे कहते हैं :

> मैं जायस का निवासी हूँ, जो कि आदि-उद्यान के नाम से जाना जाता है। मैं यहाँ एक मेहमान के रूप में केवल कुछ ही हफ्तों के लिए आया था, और इस छोटी-सी अवधि में एक ऐसे अनुभव से गुजरा, जिसने मुझे खुशियों से भर दिया और मुझे इस दुनिया से विमुख कर दिया; और अब इसे याद करने में मुझे उतना ही दर्द महसूस होता है। यह एक ऐसा अनुभव था, जिसके बिना जीवन का कोई मोल नहीं था। वह सुन्दरता मेरे दिलोदिमाग पर छा गई थी। मैं जहाँ भी देखूँ, मुझे सिर्फ वही दिखाई देता था। मैंने उस सुन्दरता को निहारा और उस अनुभव को सिर्फ अपने तक ही सीमित रखा; ऐसा कोई 'अन्य' व्यक्ति नहीं था; जिसके साथ मैं इस अनुभव को साझा कर सकूँ? मुझे ऐसा प्रतीत होता था जैसे सारी दुनिया एक दर्पण हो और जिसमें हर ओर मेरा ही प्रतिबिम्ब नजर आता था। उस सुदीप्त व्यक्ति ने अपने अलबेले अन्दाज में एक ऐसा बाजार (सौन्दर्य, लालित्य का?) सजा रखा था; जिसमें से एक दिन मलिक मुहम्मद गुजरे और मंत्रमुग्ध हो गए।

जायस नगर मोर अस्थानू। नगर क नाँव आदि उदयानू॥
तहाँ दिवस दस पहुने आएउँ। भा बैराग बहुत सुख पाएउँ॥
सुख भा सोचि एक दु:ख मानौ। ओहि बिनु जिवन मरन कै जानौ॥
नैन रूप सो गएउ समाई। रहा पूरि भर हिरदय छाई॥
जहँवैं देखौ तहँवै सोई। और न आव दिस्टि तर कोई॥
आपुन देखि देखि मन राखौं। दूसर नाहि सो कासो भाखौं॥
सबै जगत दरपन के लेखा। आपन दरसन आपुहि देखा॥
अपने कौतुक कारन, मीर पसारिन हाट।
मलिक मुहम्मद बिहनै, होइ निकसिन तेहि बाट॥

इस्लामिक और हिन्दू मान्यताओं में, स्वर्ग की व्याख्या आनन्द से परिपूर्ण एक बाग़ के रूप में की गई है—इस्लाम में जिसे बाग़-ए-रिज़वान और

हिन्दू धर्म में नन्दन-कानन कहा गया है। धार्मिक कल्पनाओं में ये 'पहले या आदि उद्यान' हैं। आखिर किस तरह के अनुभव ने कवि को प्रेरित किया कि जायस को पौराणिक कल्पना के नन्दन-कानन या बाग़ ए रिजवाँ में बदल दें?

एक महान कवि होने के नाते जायसी, प्रत्येक शब्द के पारम्परिक रूप से विकसित अर्थों के बारे में बेहद जागरूक थे; उन्होंने अपने एक-एक शब्द का चयन बड़े ध्यान और उद्देश्य से किया। यही कारण है कि संवेदनशील पाठकों और विद्वानों के लिए उनकी यह रचना जहाँ एक ओर 'आनन्द से परिपूर्ण बाग़' है वहीं दूसरी ओर चुनौतियों से भरा हुआ इलाका भी।

जायस, जो दूसरों के लिए महज एक साधारण-सा नगर है, जायसी द्वारा 'आदि उद्यान—खुशियों के उद्यान' के रूप में वर्णित किया गया है। वे वहाँ 'केवल कुछ ही हफ्तों के लिए मेहमान' के रूप में आए थे, लेकिन फिर ऐसा क्या हुआ कि वे वहीं के होकर रह गए, उसका एक हिस्सा बन गए और जायसी के रूप में विख्यात हुए?

क्योंकि इस नगर ने उन्हें इतने गहन मार्मिक अनुभव दिए, जो उनके पूरे अस्तित्व और व्यक्तित्व पर छा गए; उनके लिए पूरी दुनिया ही जैसे एक दर्पण हो गई थी। चूँकि उनका अनुभव सुखद था इसलिए इसकी स्मृतियाँ उतनी ही कष्टकारी भी थीं। और यह सब कुछ महज एक इत्तफ़ाक़ ही था, जैसा कि उन्होंने सौन्दर्य और शालीनता के 'बाजार से एक दिन गुजर रहा था', नामक रूपक के द्वारा दर्शाया है।

ऐसा लगता है कि इस दर्द और खुशी, संयोग और वियोग का कारण सम्भवत: कोई आकर्षक, मनमोहक और अधूरा प्रेम था। इस तरह का त्रासदपूर्ण प्रेम किसी पुरुष अथवा स्त्री को वैराग्य की स्थिति में ले जाता है यानी वह दीन-दुनिया से बेखबर हो जाता है। प्रेम, प्रेमी और प्रेमिका को एक समानान्तर दुनिया से जोड़ता है। ऐसे गहरे प्रेम में अलगाव या जुदाई होने से उतनी ही भावनात्मक पीड़ा होती है। कुछ मामलों में, इस तरह की त्रासदी पीड़ित व्यक्ति के आत्म-विनाश का कारण बन सकती है; जबकि कुछ अन्य लोगों के लिए सौन्दर्यबोध या आध्यात्मिक अभ्यास के माध्यम से आमूलचूल परिवर्तन का कारण।

जायसी के मामले में, जैसा कि कई अन्य लोगों के साथ भी होता है, अलगाव की त्रासदी प्राकृतिक या सामाजिक कारणों से, अथवा गलतफहमी

से; अथवा 'इस्तेमाल' होने के बाद परित्यक्त महसूस करने की वजह से भी हो सकती है। शायद कवि अपनी कविता की सराहना को गलती से लगाव व 'प्रेम' समझ बैठे थे। एक सम्भावना यह भी है कि इस गलतफहमी ने उन्हें कुछ कड़वे अनुभव दिए। यह भी सम्भावना है कि अलगाव होने के समय जायसी के रूप-रंग और दुर्भाग्य के ऊपर भी कुछ व्यंग्यात्मक टिप्पणियाँ की गई हों।

उनका इरादा सिर्फ थोड़ी देर के लिए जायस जाने का था, लेकिन वे जायस में बस गए। उन्होंने अपने महाकाव्य के कुछ भागों की रचना अपने प्रवास के दौरान की (सम्भवत: 'खुशियों के उद्यान' में रहने के अनुभव के दौरान)। लेकिन फिर वे सम्भवत: निराशा में वहाँ से चले गए; और बाद में संजीदा और गहन चिन्तनशील मनोदशा के साथ वापस आए। आखिरकार, प्रत्येक व्यक्ति जीवन में कम-से-कम एक बार अपने 'खुशियों के उद्यान' में

लौटने की अभिलाषा रखता है। और, कभी-कभी, इसकी कमी उसे आजीवन अखरती रहती है।

ऐसा ही कबीर के साथ हुआ, जिन्होंने यह कहते हुए बनारस छोड़ा कि 'यदि स्वर्ग प्राप्त करने के लिए बनारस में ही मरना जरूरी है तो फिर आजीवन भक्त होने से क्या लाभ।' कबीर ने घोषित किया कि 'सन्तोषपूर्ण एवं सात्त्विक जीवन का श्रेय राम को जाता है, बनारस को नहीं।' लेकिन जहाँ तक कबीर का प्रश्न है, बनारस उनके लिए महज एक पवित्र शहर तक ही सीमित नहीं था। उनके लिए यह उनके बचपन और युवावस्था के मित्रों और शत्रुओं का शहर था। बनारस छोड़कर मगहर जाकर बसने के अपने फैसले पर कबीर ने खेद व्यक्त किया, यहाँ तक कि—अप्रत्याशित रूप से—उन्होंने अपनी भक्ति को 'छिछली' कहते हुए निन्दा की, क्योंकि उन्होंने मगहर की तुलना बनारस से करके 'बड़ी भूल' की थी। (*कासी मगहर सम बीचारी। ओछी भगति कैसे उतरसि पारी।*)

बनारस—कबीर के बचपन का शहर था (और है) और लाखों लोगों के लिए एक पवित्र शहर है। जायस—जायसी के पहले दर्शन का नगर था—उनका अपना 'आदि उद्यान'। यद्यपि कबीर अपने बचपन के शहर में वापस नहीं आ सके थे, लेकिन जायसी अपने 'आदि उद्यान' में वापस आए और उन्होंने हिजरी सं. 947, यानी सन् 1540 ई. में अपनी महान रचना *पद्मावत* को पूरा किया।

जायसी द्वारा जायस—आदि उद्यान—के अपने दिनों के बारे में दिए गए विवरण पर विद्वानों ने टिप्पणी की है। प्रतिष्ठित भारतविद् वासुदेवशरण अग्रवाल ऐसे पहले व्यक्ति थे, जिन्होंने इस 'सांसारिक' प्रेम के कुछ अनुभवों का संकेत दिया था। बाद में, कवि-आलोचक विजयदेव नारायण साही ने इन संकेतों का विकास एक साहसी अटकल के रूप में किया। इनमें समय के साथ विलुप्त हो सकने योग्य सम्भावित घटनाएँ : उमंग और संताप से लेकर आसक्ति एवं कष्टदायी अलगाव ही नहीं—बल्कि बदनामी तक शामिल हैं।

उपर्युक्त वर्णन के समर्थन में पर्याप्त संकेत मौजूद हैं; लेकिन निश्चयात्मक निष्कर्ष के लिए कोई 'ठोस' साक्ष्य मौजूद नहीं है। पूरी घटना या इसके कुछ हिस्से वास्तविकता में घटित हुए हो भी सकते हैं और नहीं भी। वास्तव में हमें इसके बारे में कोई जानकारी नहीं है।

लेकिन एक चीज हम सुनिश्चित तौर पर जानते हैं, कि मलिक मुहम्मद ने आत्मविनाश का मार्ग नहीं चुना था। उन्होंने क्रोध और निराशा जैसी नकारात्मक भावनाओं से पार पाने के लिए रचनात्मकता का सहारा लिया। उन्होंने भले ही भौतिक रूप से जायस को छोड़ दिया हो, लेकिन उनके मन-मस्तिष्क और उनकी स्मृतियों ने जायस को कभी नहीं छोड़ा और जायस ने भी उन्हें कभी नहीं छोड़ा।

मलिक मुहम्मद हमेशा के लिए जायसी बन गए।

'प्रेम मनुष्य को दिव्यता प्रदान करता है'

निस्सन्देह, शुद्धतावादी मस्तिष्क के लोग जायसी की *पद्मावत* को 'शुद्ध और हानिरहित' आध्यात्मिक प्रेमगाथा बताकर और इस महाकाव्य को महज रूपक तक सीमित कर इसकी भावनात्मकता को कम कर सकते हैं। जबकि तथ्य ये है कि दुनिया भर में तथाकथित 'रहस्यवादी' कविता की जड़ें मनुष्य की प्रेम भावनाओं में हैं। भारतीय परम्परा में, 'कामेच्छा' को, जिसमें ऐन्द्रिकता भी शामिल है, कभी हीन दृष्टि से नहीं देखा गया, बल्कि यह मनुष्य जीवन के चार आदर्शों में से एक है। भक्ति और सूफी विचारों में, कामभावना को न केवल स्वीकार्य, बल्कि सहायक माना गया है, बशर्ते आपके पास साधना—यानी आवश्यक दृढ़ता और गाम्भीर्य, करने की क्षमता हो।

जैसा कि पहले बताया जा चुका है, कि जायसी के *पद्मावत* में प्रेम-आख्यानों की अवधी परम्परा अपने शिखर पर है; लेकिन इस तरह के प्रेम-आख्यान केवल लोकभाषा तक ही सीमित नहीं थे। अमीर खुसरो के समकालीन हसन देहलवी (1253-1337) ने *इश्कनामा* नामक मसनवी की रचना की है, जिसमें नागौर, राजस्थान के एक मुस्लिम लड़के और एक

हिन्दू लड़की के मध्य एक दुःखान्त प्रेमकथा का वर्णन है। इस त्रासदपूर्ण प्रेमकथा का अन्त लड़के द्वारा अपनी प्रेमिका की चिता पर अग्नि-स्नान करने या सती होने से होता है। प्रसंगवश, जायसी के *पद्मावत* में, नायक रतनसेन, पद्मावती से न मिल पाने की हताशा में सती होने की कोशिश करता है, और हनुमान के निवेदन करने पर शिव और पार्वती द्वारा समय रहते बचा लिया जाता है।

हसन देहलवी की रचना एक ऐसे अफ़साना (कथा) पर आधारित है जो उस क्षेत्र में लोकप्रिय थी, और उन्होंने 'वास्तविक प्रेम' (इश्क़-ए-हक़ीक़ी) को अभिव्यक्त करने की इसकी क्षमता के कारण ही इसे अपनाया। आयोवा विश्वविद्यालय के एक शोधकर्ता—प्रणव प्रकाश, हसन देहलवी पर शोध कार्य कर रहे हैं; मैं इस जानकारी के लिए उनके और प्रोफेसर फिलिप लुटेंड्रॉफ के प्रति आभार व्यक्त करता हूँ। निश्चय ही, आने वाले समय में इस तरह के और भी शोध कार्य सामने आएँगे।

दूसरी ओर, आरम्भ में 'भक्ति' का सीधा-सीधा अर्थ केवल प्रेम, स्नेह और सहभागिता ही थी। दुनिया के पहले व्याकरणविद्—पाणिनी—ने ईसा पूर्व चौथी सदी में अपने व्याकरण ग्रंथ, *अष्टाध्यायी* में इसे इसी तरह परिभाषित किया है। उनके अनुसार, आप वासुदेव के साथ-साथ मथुरा के भी भक्त हो सकते हैं। इसके मूल में स्नेह और प्रेम है, जो किसी भगवान, स्थान या इनसान के प्रति हो सकता है। 'भक्त' शब्द का यही अर्थ वर्तमान समय में 'देशभक्त' जैसी अभिव्यक्तियों में देखा जा सकता है।

वैदिक नामों और शब्दों के अपने वर्णन में यास्क (5वीं शताब्दी ई.पू.) ने इन्द्र, अग्नि और वरुण को एक-दूसरे के 'भक्त' के रूप में वर्णित किया है, क्योंकि वे सभी मित्र हैं और एक-दूसरे के साथ चीजें साझा करते हैं। धीरे-धीरे, 'भक्ति' शब्द का प्रयोग विशेष रूप से किसी देवी-देवता के प्रति 'निष्ठा' एवं 'समर्पण' को अभिव्यक्त करने के लिए होने लगा। लेकिन, इस सन्दर्भ में भी, नारद का भक्ति-सूत्र (इसकी रचना 11वीं सदी में किसी संवेदनशील मनस्वी ने की, जिसने रचना का श्रेय स्वयं के बजाय पौराणिक नारद मुनि को देना बेहतर समझा।) कहता है कि भक्ति करने का सबसे अच्छा तरीका 'ब्रज क्षेत्र की गोपिकाओं' (यथा व्रजगोपिकानाम्) के उदाहरण का

अनुसरण करना है। कृष्ण के साथ गोपियों का सम्बन्ध विनम्र और रूखे समर्पण का नहीं था। कृष्ण के साथ उनका सम्बन्ध समानता और प्रेम-क्रीड़ापूर्ण था—जिसका चित्रण संयोग के सुख और विरह की पीड़ा के द्वारा हुआ है।

जायसी से एक सदी पूर्व, कबीर ने कामभावना और आध्यात्मिकता की निरन्तरता में अपने विश्वास की स्पष्ट घोषणा की थी। उन्होंने स्पष्ट रूप से कहा कि यदि कामभावना को अच्छे और संवेदनशील तरीके से समझा जाए तो यह मनुष्य को आध्यात्मिकता की ओर ले जाती है। प्रत्येक व्यक्ति के पास इस परिवर्तनकारी अनुभव की निहित क्षमता होती है। सरलीकृत एवं असंवेदनशील शुद्धतावाद का सामना करने के लिए, जो उनके समय में 'पूजनीय पारम्परिक मूल्यों' का चोला धारण किए हुए था, और जैसा कि हमारे समय में भी है, कबीर ने श्रीमद्भागवत का उल्लेख करने की सावधानी बरती थी :

काम मिलावे राम कूँ, जो कोई जाणै राषि
कबीर बिचारा क्या करे, जाकी सुखदेव बोले साषि

—कबीर ग्रंथावली, साध साषीभूत कौ अंग, 11

जैसा कि हम जानते हैं, शुकदेव, वेदव्यास के पुत्र थे और उन्होंने *श्रीमद्भागवत*—जो कि मुख्यत: कृष्ण के प्रेम और जीवन की कहानी है—राजा परीक्षित को सुनाई थी। कबीर ने कभी प्रेम महाकाव्य की रचना नहीं की, लेकिन वे महज सामाजिक आलोचना के कवि नहीं थे। वास्तव में, उनकी काव्य संवेदनशीलता मुख्यत: प्रेम पर आधारित है और उनकी सबसे मार्मिक कविताएँ प्रेम विषय के इर्द-गिर्द ही घूमती हैं। जब वे प्रेम के विभिन्न क्षणों और रंगों का काव्यात्मक पुनर्सृजन करते हैं, तो प्राय: हमेशा ही वे स्वयं को एक स्त्री के व्यक्तित्व में ढाल लेते हैं, जैसे कोई प्रेमासक्त स्त्री बोल रही हो। लेकिन, अपने उपदेशों में वे पर्याप्त स्त्री विरोधी नजर आते हैं। माया नाम से प्रचलित अस्तित्व सम्बन्धी भ्रम पर विमर्श के दौरान वे स्त्री विरोधी के रूप में नजर आते हैं, और प्रेम की बात करते समय वे एक स्त्री की तरह नजर आते हैं—कबीर की काव्य संवेदना का यह प्रमुख विरोधाभास है।

जायसी की *पद्मावत* में यह विरोधाभास नहीं है। यह महाकाव्य जायस के 'आदि उद्यान' में जायसी को उनके जीवनकाल में प्राप्त हुई सुखद और दु:खद स्मृतियों की रचनात्मक और चिन्तनपरक अभिव्यक्ति है। पीड़ादायी स्मृतियों के बावजूद, वे कभी भी एक स्त्री विरोधी के रूप में नजर नहीं आते हैं। इसका एकमात्र अपवाद रतनसेन द्वारा अपनी पहली पत्नी नागमती को किसी सामान्य पुरुष की भाषा और तरीके से डाँटने का है। लेकिन उस प्रसंग में रतनसेन, एक राजा के रूप में संवाद कर रहे हैं, कवि स्वयं नहीं। कबीर की ही तरह, जायसी ने भी नाथपंथी शब्दावली से ढेर सारे मुहावरे और बिम्ब उधार लिए हैं, लेकिन अपने महाकाव्य को उन्होंने एक प्रेम-आख्यान के रूप में लिखना ही उचित समझा। इनमें से कई आख्यान 'सूफी' थे; लेकिन कुछ ऐसे आख्यान भी थे; जो अपने स्वरूप में न तो सूफी है और न ही इनका भक्ति की ओर झुकाव है। अपनी चर्चा में, हम ऐसे एक 'धर्मनिरपेक्ष' प्रेम-आख्यान का संक्षेप में वर्णन करेंगे। प्रेम-आख्यानों की इस परम्परा ने माया के मानवीयकरण के रूप में स्त्री के चित्रण की सम्भावना को खारिज कर दिया; यह परम्परा स्त्री को माया या परम सत्य की खोज में बाधक के रूप में चित्रित नहीं करती थी।

लोगों के पास विविध प्रकार के अनुभव होते हैं, लेकिन केवल वही महान कवि बन पाते हैं, जो इन अनुभवों की परत-दर-परत रचनात्मक अभिव्यक्ति कर पाएँ। जायसी ऐसे ही एक कवि हैं; *पद्मावत* को पढ़ना वास्तव में 'आनन्द से परिपूर्ण बाग'—नन्दन कानन या बाग-ए-रिज़वान में टहलने के समान है। स्त्री सौन्दर्य और काम-क्रीड़ा का उनका वर्णन ऐन्द्रिक और इन्द्रियातीत, कामुक और उदात्त के बीच के भेद को समाप्त कर देता है।

जायसी स्पष्ट रूप से प्रेम की शक्ति में अपना विश्वास घोषित करते हैं। —"मनुष्य प्रेम के माध्यम से दिव्य बन रहे हैं", या "मानवीय प्रेम अपनी दिव्य स्थिति में पहुँच गया है।" वे कहते हैं—(*मानुष प्रेम भयउ बैकुंठी*)।

'आदि उद्यान' में बिताए गए दिनों का बारीक और पृथक् वर्णन, जायसी की शारीरिक विकृतियों एवं 'बदसूरती' के पीड़ा भरे वर्णनों के ठीक विपरीत है। कवि ने अपनी रचना में इसे मुखरता और स्पष्टता के साथ व्यक्त किया है। 'बदसूरती' का आभास होने के बावजूद कई भक्ति और

सूफी कवियों के विपरीत, जायसी का ध्यान अपने काव्यात्मक व्यक्तित्व पर ही केन्द्रित था। उन्होंने अपनी शानदार बुद्धिमत्ता एवं अपने काव्य की शक्ति पर अडिग विश्वास के द्वारा शारीरिक विकृतियों, बदसूरती और असंवेदनशील उपहास का सामना किया। ऐसी ही एक दंतकथा है कि एक बार 'राजा' ने जायसी की बदसूरती का उपहास उड़ाया। जायसी ने राजा से यह प्रश्न पूछकर उसे शर्मिन्दा कर दिया—"तुम मेरी बदसूरती पर हँस रहे हो या उस कुम्हार पर, जिसने हम सभी को बनाया है?" कुम्हार से अभिप्राय उस परमात्मा से है, जिसने इस जगत की रचना की है। कुछ दंतकथाएँ ये बताती हैं कि शर्मिन्दा होने वाला वह राजा कोई और नहीं बल्कि स्वयं शेरशाह सूरी था।

जायसी द्वारा सुनाई गई पद्मावती की कहानी वास्तव में अपने दोनों सिरों पर शारीरिक विकृति और 'बदसूरती' की उनकी निजी पीड़ा को समाहित किए हुए है। मानक मसनवी परम्परा का पालन करते हुए, वे अपनी रचनाओं की शुरुआत इस्लाम के पैगम्बर, उनके साथियों, आरम्भिक खलीफाओं और अपने समय के शासक (शाह-ए-वक़्त)—शेरशाह सूरी की स्तुति के साथ करते हैं। वे अपने गुरु शेख मेंहदी की भी प्रशंसा और उनके प्रति कृतज्ञता ज्ञापन करते हैं। अन्त में कवि अपना परिचय देते हैं, और अपना परिचय देते समय पहली पंक्ति निम्नवत् है—

"एक आँख का होने के बावजूद मुहम्मद एक मेधावी कवि हैं, एवं उनकी कविता सुनने वाला मंत्रमुग्ध हो जाता है।"

एक नैन कबि मुहमद गुनी। सोइ बिमोहा जेइँ कबि सुनी॥ —21

इस महाकाव्य की रचना के माध्यम से वे अपनी शारीरिक विकृतियों से उपजने वाली पीड़ा से लड़े, और प्रेम को खोने के दर्द को उत्कृष्ट सौन्दर्यपूरक अनुभव में परिवर्तित करने की कोशिश की। जायसी ने *पद्मावत* को यूँ ही 'अपने रक्त और आँसुओं से लिखी' रचना नहीं बताया है।

यह उल्लेखनीय है कि इस पूरे महाकाव्य में, किसी भी प्रकार की शारीरिक विकलांगता या 'कुरूपता' के कारण किसी का उपहास नहीं उड़ाया गया है। न कवि और न ही उनका कोई भी चरित्र 'उपहास' उड़ाता नजर आता है।

अन्य बातों के साथ-साथ, 'पद्मावत' किसी की शारीरिक कमजोरी का मजाक उड़ाने की मानसिक बीमारी की दवा का भी काम करता है।

पद्मावत से पहले पद्मिनी

पन्द्रहवीं शताब्दी में चित्तौड़ की रानी पद्मिनी की किंवदंती प्रचलित हुए कुछ समय बीत चुका था। कवि मलिक मुहम्मद ने इसे अवध क्षेत्र के छोटे-से नगर जायस में सुना था—जहाँ वे निवास करते थे। अलाउद्दीन खिलजी ने *पद्मावत* की रचना से दो सदी पहले चित्तौड़ पर आक्रमण और कब्जा किया था। प्रसिद्ध कवि एवं सूफी अमीर खुसरो, जो कि अलाउद्दीन के दरबारी थे,—और चित्तौड़ हमले के समय खिलजी के साथ थे, लेकिन उन्होंने अपने विवरण में पद्मिनी का उल्लेख नहीं किया है। बाद में इतिहास में भी उसका कोई उल्लेख नहीं मिलता है। दरअसल, चित्तौड़ की घेराबन्दी और युद्ध तथा इसके बाद के इतिहास के बारे में बहुत कम ऐतिहासिक विवरण मिलते हैं। इसके शासक 'रतन सिंह' (ऐतिहासिक विवरण में उनका नाम रतनसेन नहीं है) के बारे में भी बहुत कम विवरण उपलब्ध हैं।

लेकिन, यह स्पष्ट है कि पद्मिनी मौखिक परम्पराओं और राजस्थान की किंवदंतियों में 'उपस्थित' थी, जिसने जायसी को आकर्षित किया। दिलचस्प बात यह है कि ये किंवदंतियाँ और गाथाएँ जायसी के *पद्मावत* लिखने के बाद ही लिपिबद्ध की गईं। पद्मिनी की गाथा के दो प्रसिद्ध लिखित संस्करण उपलब्ध हैं। पहला हेमरतन (1588 ई.) और दूसरा जटमल नाहर (1627 ई.) द्वारा लिखा गया है। दोनों एक ही तरह के आख्यान हैं—रतनसेन पद्मिनी को पाने के लिए सिंहल जाते हैं, चित्तौड़ की घेराबन्दी के लिए राघव चेतन द्वारा अलाउद्दीन को भड़काना, धोखे से रतनसेन को बन्दी बनाना, और वीर योद्धा 'गोरा' और उनके युवा भतीजे 'बादल' की चतुराई और बहादुरी के कारण

रतनसेन का कैद से आजाद होना। हाल ही में इस कथा का एक और रूप श्री ब्रजेन्द्र कुमार सिंहल द्वारा (*रानी पद्मिनी*, 2017, दिल्ली) प्रकाशित किया गया है, जो इन दोनों रूपों से बहुत अलग नहीं है।

हेमरतन और जटमल दोनों ने ही योद्धाओं—गोरा और बादल की बुद्धिमत्ता, बहादुरी, युद्ध कौशल और उनके द्वारा रानी पद्मावती को दिए गए 'सम्मानपूर्वक वचन' पर अपना ध्यान केन्द्रित किया है। इन दोनों लेखकों की रचनाओं का शीर्षक भी इसी के अनुरूप है—गोरा और बादल की गाथा। हेमरतन की रचना *गोरा बादल री चौपाई;* और जटमल की रचना *गोरा बादल री बात* (या कथा) के नाम से जानी जाती है। इन दोनों रचनाओं का असली नायक गोरा है, जो युद्ध में वीरगति प्राप्त करता है और जिसकी पत्नी सती हो जाती है। रतनसेन और पद्मिनी, उसके और बादल—जो युद्ध के उपरान्त भी जीवित रहता है, के प्रति कृतज्ञता ज्ञापित करते हैं।

हेमरतन के आख्यान में, रतनसेन अपनी पहली पत्नी प्रभावती (जिसे 70 से अधिक व्यंजनों को बनाने में विशेषज्ञता हासिल होने के कारण गर्व था) से भोजन की गुणवत्ता के बारे में शिकायत करता है, जिसके उत्तर में उनकी पत्नी चिढ़कर उन्हें अपनी पसन्द की ऐसी महिला को खोजने की चुनौती देती है जो उससे बेहतर भोजन बना सके। इसी चुनौती के कारण रतनसेन शपथ लेते हैं कि वे अब तभी भोजन करेंगे, जब वे ऐसी स्त्री (पद्मिनी) को खोजने में सफल हो जाएँगे और वे पद्मिनी की तलाश में सिंहल देश की ओर निकल पड़ते हैं। लोक परम्पराओं में, युवा राजकुमार और पुरुष अक्सर इसी तरह से स्त्री (पद्मिनी) की तलाश में घर से निकलते हैं।

जटमल के आख्यान में, एक चारण कवि रतनसेन के दरबार में आता है और सिंहल देश की पद्मिनी ('पद्मिनी' शब्द यहाँ सामान्य रूप से इस्तेमाल किया गया है) के अलौकिक सौन्दर्य का बखान करता है। इस बखान को सुनकर राजा मोहित हो जाते हैं। इसी समय एक योगी दरबार में आता है। राजा उससे मदद माँगता है, योगी भी मदद हेतु तत्पर है, और राजा उसके साथ पद्मिनी की खोज में निकल जाते हैं।

यह रोचक बात है कि ये दोनों रचनाएँ और उनके बाद लिखी गईं अन्य रचनाओं में कहानी का सुखद अन्त होता है। रतनसेन कैद से मुक्त हो जाते हैं; अलाउद्दीन की योजना विफल हो जाती है। परन्तु जायसी

की कहानी, जैसा कि सभी जानते हैं, एक बहुआयामी त्रासदी पर समाप्त होती है।

छिताई चरित

जायसी के पहले चित्तौड़ की रानी पद्मिनी और उसके प्रति अलाउद्दीन के जुनून का एकमात्र लिखित सन्दर्भ ग्वालियर में 1475 और 1480 ई. के मध्य लिखी गई *छिताई चरित* नामक एक साहित्यिक प्रेमकथा में पाया जाता है। इसका लेखन नारायण दास द्वारा शुरू किया गया और रतनरंग और देवचन्द्र द्वारा पूर्ण किया गया था। इन कवियों को ग्वालियर के तोमर राजाओं द्वारा आश्रय प्रदान किया गया था।

इस काल के अन्य ग्रंथों में से *छिताई चरित* इस मायने में अद्वितीय है, कि यह स्पष्ट रूप से एक 'धर्मनिरपेक्ष' प्रेमकथा है। ऐसा इसलिए क्योंकि इसका झुकाव सूफीमत या भक्ति की ओर नहीं है; और न ही पाठकों द्वारा इसे किसी भी तरह से धार्मिक या 'आध्यात्मिक' माना गया है।

'चरित' शब्द का तात्पर्य कहानी से है, और *छिताई चरित* देवगिरी के राजा रामदेव की बेटी छिताई की कहानी है। उसका विवाह द्वारसमुद्र के राजकुमार समर सिंह से हुआ था, जो कि एक कुशल वीणावादक था। इस रचना में मिले विवरण के अनुसार, रामदेव और अलाउद्दीन के बीच के सम्बन्ध मित्रता और टकराव के उतार-चढ़ाव से गुजरते हैं। संक्षेप में कहानी यह है कि अलाउद्दीन छिताई के सौन्दर्य पर मोहित हो जाता है और उसे पाना चाहता है। छिताई के प्रति अपने जुनून को अभिव्यक्त करते हुए वह अपने सलाहकार राघव चेतन से कहता है, "मैंने देवल देवी के लिए रणथम्भौर पर हमला किया, लेकिन असफल रहा। फिर मैंने चित्तौड़ की रानी पद्मिनी के बारे में सुना, रतनसेन को कैद किया, लेकिन बादल

ने उसे आजाद करा लिया। अब, अगर छिताई मुझे नहीं मिलती है, तो मैं आत्महत्या कर लूँगा।"

यह स्पष्ट नहीं है, कि अलाउद्दीन द्वारा 'पद्मिनी' शब्द व्यक्तिवाचक संज्ञा के रूप में प्रयोग हुआ है अथवा सामान्य रूप से किसी असाधारण सुन्दरी के लिए प्रयोग किया गया है।

चाहे जो भी मामला रहा हो, इस प्रेमकथा के लेखकों ने अलाउद्दीन द्वारा छिताई के अपहरण के क्षणों में कहानी में एक बहुत ही रोचक मोड़ दिया है। वह कहती है, "आप मेरे पिता के मित्र रहे हैं और मैंने आपको हमेशा अपने पिता की तरह माना है। मैं उम्मीद करती हूँ कि आप मेरी भावनाओं का सम्मान करेंगे और मुझे पिता की तरह ही स्नेह करेंगे।" *(तबहि छिताई जानिउँ साहा। अब मो वचन एक निरबाहा॥ पाप दिष्ट जन चितवहिं मोही। पिता बराबर जानउं तोही॥)* अलाउद्दीन हड़बड़ा जाता है, लेकिन फिर भी वह छिताई से पुत्री के रूप में व्यवहार करने का वादा करता है। (अब मो तूं कन्या वरु जाना) छिताई अलाउद्दीन की सुरक्षा में राघव चेतन के घर पर रहती है, जो जायसी की *पद्मावत* में दिए वर्णन के विपरीत इस कथा में कुटिल और खलनायक चरित्र नहीं है। छिताई का पति समर सिंह, एक वीणावादक योगी के रूप में शाही दरबार में पहुँचता है; छिताई उसे पहचान लेती है, और अलाउद्दीन को सूचित करती है। अलाउद्दीन युगल को पूरे प्रेम और सम्मान के साथ विदाई देता है, तथा अपने द्वारा दिए गए वचन के अनुरूप पिता की ही तरह युगल को मूल्यवान आभूषण उपहार में देता है। *(पिता सबदु तइं बोलउं मोही। बेटी वरु जानौं हउ तोही॥...दीए साहि आभरन गढ़ाई। हीरा रंगु सरंग जराई॥... अब घर कुशल आपने जाही। दई विदा यौं बोलइ साही॥...)*

छिताई चरित के बारे में यह विवरण न केवल जायसी के पूर्व 'चित्तौड़ की पद्मिनी' के बारे में साहित्यिक सन्दर्भ ज्ञात करने की दृष्टि से बल्कि तत्कालीन साहित्यिक संस्कृति को समझने के लिए भी महत्त्वपूर्ण है। हममें से कई लोग वर्तमान मुद्दों की वजह और उनका समाधान अतीत में तलाश करते हैं, और इस प्रकार हम न सिर्फ अतीत का उल्लंघन करते हैं, बल्कि अपने वर्तमान और भविष्य दोनों को क्षति पहुँचाते हैं। *छिताई चरित*—जिसकी रचना 14वीं शताब्दी में एक हिन्दू राजा के दरबार में हिन्दू कवियों के द्वारा की गई, से हमें उस युग की जटिलता, एवं साहित्यिक संस्कृति और काव्य

कल्पना की समृद्धि की झलक मिलती है। यह रचना जटिल मानवीय भावनाओं का वर्णन करती है और मर्मस्पर्शी परिस्थितियों पर मानवीय और संवेदनशील तरीके से प्रतिक्रिया देती है। यह पात्रों को उनके धर्म के आधार पर अच्छे और बुरे व्यक्ति के रूप में चित्रित करने की प्रवृत्ति से परहेज करती है। यह तीन कवियों के नजरिये को इंगित करती है; और हमें भारतीय इतिहास के आरम्भिक आधुनिक युग में विकसित हुई मानसिकता के बारे में बताती है।

अलाउद्दीन के बारे में *छिताई चरित* का निरूपण खुली सोच का और विचारोत्तेजक है। इसके रचयिता कवियों के पास न ही अलाउद्दीन (एक शताब्दी पहले ही मृत) और न ही उनके वंशजों की 'चापलूसी' करने का कोई कारण था, क्योंकि वे दिल्ली के 'मुस्लिम' दरबार के नहीं बल्कि ग्वालियर के एक हिन्दू राजा के दरबारी कवि थे।

पद्मावत में भी छिताई का वर्णन है, लेकिन यह जायसी द्वारा रचे गए अलाउद्दीन के व्यक्तित्व के अनुरूप बहुत सामान्य तरीके से किया गया वर्णन है। अलाउद्दीन द्वारा भेजा गया सन्देशवाहक—'सरजा', रतनसेन से कहता है, 'सुल्तान के हमले का सामना करने के बारे में सोचना ही व्यर्थ है; चाहे जो हो जाए, वे अपना रास्ता बना लेंगे, जैसे उन्होंने छिताई को चाहा और हासिल किया।' *छिताई चरित* के रचयिता हिन्दू कवियों द्वारा अलाउद्दीन के चरित्र को दी गई महान एवं पिता समान छवि की यहाँ (मुस्लिम कवि की रचना में) कोई झलक दिखाई नहीं देती।

अपने समय में बसा हुआ एक कवि

जायसी निश्चित रूप से सूफी थे, और उन्होंने *आखिरी कलाम* इस्लामिक मान्यताओं के अनुसार भी लिखा है, लेकिन ऐसा उनकी अन्य रचनाओं के बारे में नहीं कहा जा सकता। वास्तव में, *कान्हावत* में उन्होंने कृष्ण की

कहानी उसी तरह से कही है, जैसे भागवत में कही गई है। जहाँ तक *पद्मावत* का सम्बन्ध है, इसमें वे किसी भी धार्मिकता से परे सिर्फ आध्यात्मिकता की शिक्षा देना चाह रहे हैं। यह आध्यात्मिकता मनुष्य के दैहिक प्रेम के विपरीत न होकर, उसी के माध्यम से साकार होती है और मरणशील मनुष्य को अमरत्व और दिव्यता प्रदान करती है।

यह बात सच है कि *पद्मावत* के काव्य मुहावरे में तसव्वुफ़ के तत्त्व हैं, लेकिन इसमें नाथ परम्परा और हिन्दू पौराणिक कथाओं के भी तत्त्व मौजूद हैं। चित्तौड़ पर अलाउद्दीन द्वारा हमला करने की ऐतिहासिक घटना जायसी की कहानी की पृष्ठभूमि में है। उनका नायक रतनसेन एक नाथपंथी योगी की तरह सिंहलद्वीप जाता है, किसी सूफी फकीर के रूप में नहीं। उसके साथी भी योगी हैं, मुस्लिम फकीर नहीं। हिन्दू परम्पराओं से कवि का परिचय और अवध के रोजमर्रा के जीवन में निहित उनकी जड़ें उनके मुहावरों, रूपकों और संकेतों के चयन को निर्धारित करती हैं। हिन्दू परम्पराओं और मुहावरों के बारे में उनका ज्ञान और आत्मिक सम्बन्ध इतना सहज, गहरा और समृद्ध है कि यह हिन्दू धर्म के स्वयंभू संरक्षकों समेत कई हिन्दुओं को हीनभावना से ग्रस्त कर सकता है।

मार्मिक सांस्कृतिक स्मृतियों की उत्कृष्ट समझ रखते हुए, जायसी रतनसेन और पद्मावती के अन्तिम प्रस्थान का वर्णन 'राम और सीता के अन्तर्धान' होने के रूप में करते हैं (भए अलोप राम और सीता)। यहाँ उन्होंने सांस्कृतिक स्मृति का बेहद मार्मिक उपयोग किया है। राग-कथा के अन्त में, केवल सीता ही 'अन्तर्धान' होती हैं, क्योंकि वे धरती में समा जाती हैं। यहाँ 'राम और सीता' दोनों ही अन्तर्धान हो जाते हैं।

उस समय तक *रामचरितमानस* की रचना नहीं हुई थी, लेकिन यह स्पष्ट है कि लोक-स्मृति में राम-कथा बहुत गहराई तक समाई हुई थी। इसके कथानक और पात्रों ने लोगों के रोजमर्रा के जीवन और संवाद को गहराई से प्रभावित किया है। अवध की 'धरती का लाल' होने के नाते, राम-कथा के प्रति जायसी का आकर्षण स्वाभाविक ही था। इसमें राम-कथा के इतने सारे संकेत और सन्दर्भ सामने आते हैं कि वासुदेवशरण अग्रवाल *पद्मावत* पर केन्द्रित अपने विद्वत्तापूर्ण भाष्य में यह ठीक ही कहते हैं कि 'जायसी की *पद्मावत* में से एक संक्षिप्त जायसी रामायण तैयार की जा सकती है।'

जायसी के विस्तृत ज्ञान और अनुभव के कारण उनकी रचनाओं में केवल राम-कथा, महाभारत और पुराणों से जुड़ी हुई स्मृतियाँ ही नहीं, बल्कि नाथपंथी परम्परा और इस्लामिक धर्मशास्त्रों से जुड़ी हुई स्मृतियाँ भी सहज रूप से दृष्टिगोचर होती हैं। प्रचलित ज्ञान, लोककथाओं और लोक-आदर्शों के साथ भी ऐसा ही मामला है। उनके पास व्यवस्थित जानकारी, प्रचलित ज्ञान और सांस्कृतिक स्मृतियों का एक बड़ा खजाना था, तथा उन्हें प्रभावी ढंग से एक साथ मिश्रित करने की प्रतिभा भी थी। अखरावट में वे 'नारद' का नाम इस तरह से उपयोग करते हैं कि हमारा ध्यान हिन्दू परम्परा के नारद मुनि और इस्लाम के इबलीस, दोनों पर जाता है। इबलीस अल्लाह के सबसे समर्पित भक्त थे, लेकिन उनके द्वारा आदम को दी गई प्राथमिकता के कारण वे विद्रोही हो गए थे। सबसे महत्त्वपूर्ण (इस्लामिक, विशेषकर सूफी मत के अनुसार सबसे विडम्बनापूर्ण) तथ्य यह है कि इबलीस अल्लाह के सबसे प्यारे भक्त थे। इसीलिए उन्होंने आदम का विरोध किया। अल्लाह की निन्दा करने के बाद वह मनुष्यों को भड़काता है, तथा उन्हें अल्लाह के मार्ग से भटकाने के लिए उनके कानों में 'फुसफुसाता' है।

हिन्दू परम्परा में नारद मुनि एक महान भक्त हैं, वे निरन्तर नारायण (विष्णु) का नाम जपते रहते हैं किन्तु कुछ अवसरों पर उनका अपने आराध्य से मनमुटाव भी होता है। जब भी उन्होंने स्वार्थवश सिर्फ अपने बारे में सोचा, उन्हें नारायण द्वारा एक या दो अवसरों पर सबक सिखाया गया; लेकिन उन्हें कभी बैकुंठ से निष्कासन का सामना नहीं करना पड़ा। लेकिन वे वहाँ कम ही टिकते हैं। नारद को अपनी इच्छा से लगातार इधर-उधर घूमने का वरदान प्राप्त है और वे थोड़ी शरारत के साथ 'ब्रेकिंग न्यूज' देने के लिए जाने जाते हैं। हालाँकि यह अपने आप में एक तथ्य है कि वे भक्ति के प्रतीक हैं। जैसा कि मैंने पहले उल्लेख किया है, भक्ति के सबसे महत्त्वपूर्ण और प्रभावशाली सूत्रों—को नारद से जोड़कर देखा जाता है।

इन सब बातों को ध्यान में रखते हुए, यह सुनना महत्त्वपूर्ण है कि जायसी *अखरावट* में कहते हैं कि "नारद इस तथ्य को लेकर दुखी हैं कि वे एक बुनकर से पराजित हुए हैं।" (*ना नारद तब रोई पुकारा/एक जुलाहे सौं मैं हारा।*)

इस पंक्ति को जायसी द्वारा महान भक्त और बनारस के बुनकर—कबीर को दी गई सबसे बड़ी श्रद्धांजलि माना जाता है, जिनका निधन सन् 1518 में जायसी द्वारा *पद्मावत* की रचना के सिर्फ दो दशक पहले हुआ था।

अखरावट को किसी महाकाव्य की तरह नहीं लिखा गया था—यह महान कविता भी नहीं है—जबकि *पद्मावत* की रचना खासतौर से मानव प्रेम के महाकाव्य के रूप में की गई थी, और यह ज्ञान, विवेक और सांस्कृतिक स्मृति के एक अद्‌भुत खजाने के रूप में हमारे मध्य मौजूद है। जायसी ने 'आदि उद्यान में हुए प्रथम दर्शन' की स्मृति की अपनी 'आन्तरिक यात्रा' को एक साहित्यिक कृति में बदल दिया है।

इसका मतलब यह नहीं है कि *पद्मावत* को सूफियों द्वारा पढ़ा, सम्मानित या प्रयोग नहीं किया गया। निश्चित रूप से ऐसा हुआ था, लेकिन यह पूरी तरह से एक अलग मामला है। कोई भी कवि—जायसी, तुलसीदास, कबीर या मीरा अपनी रचना के इस्तेमाल को नियंत्रित नहीं कर सकते थे, लेकिन इस तरह के इस्तेमाल को काव्य उद्‌देश्य से भ्रमित नहीं किया जाना चाहिए। *पद्मावत* निश्चित रूप से सूफियों के बीच लोकप्रिय थी, लेकिन ऐसा नहीं है कि यह सिर्फ सूफियों के बीच ही लोकप्रिय थी।

जैसा कि पहले भी बताया गया है, कि *पद्‌मावत* अपने समय में बेहद लोकप्रिय थी। आधुनिक समय में, जबसे हिन्दी साहित्य के सबसे प्रभावशाली इतिहासकार रामचन्द्र शुक्ल ने *पद्‌मावत* के अपने संस्करण (1924) को प्रकाशित किया, इसके अंश अनिवार्य रूप से विद्यालयों के स्नातकोत्तर हिन्दी पाठ्यक्रमों में शामिल किए गए हैं। शुक्ल जी ने पाठ को एक ऐसी ऐतिहासिक परिस्थिति में रखा, जिसमें आरम्भिक संघर्ष के बाद, हिन्दू और मुसलमान एक-दूसरे के करीब आ रहे थे :

"सौ वर्ष पूर्व कबीरदास हिन्दू और मुसलमान दोनों के कट्टरपंथ को फटकार चुके थे। पंडितों और मुल्लाओं की तो नहीं कह सकते पर साधारण जनता 'राम और रहीम' की एकता मान चुकी थी। साधुओं और फकीरों को दोनों दीन के लोग आदर और मान की दृष्टि से देखते थे। साधु और फकीर भी सर्वप्रिय वे ही हो सकते थे जो भेदभाव से परे दिखाई पड़ते थे। बहुत दिनों तक एक साथ रहते-रहते हिन्दू और मुसलमान एक-दूसरे के सामने अपना हृदय खोलने लग गए थे, जिससे मनुष्यता के सामान्य भावों के प्रवाह में मग्न होने और मग्न करने का समय आ गया था। जनता की प्रवृत्ति भेद से अभेद की ओर हो चली थी। मुसलमान हिन्दुओं की रामकहानी सुनने को तैयार हो गए थे और हिन्दू मुसलमानों की दास्तान हमजा। नल और दमयन्ती की कथा हिन्दू जानने लगे थे और लैला-मजनूँ की हिन्दू। ईश्वर तक पहुँचने वाला मार्ग ढूँढ़ने की सलाह भी दोनों कभी-कभी साथ बैठकर करते थे। इधर भक्तिमार्ग के आचार्य और महात्मा भगवत्प्रेम को सर्वोपरि ठहरा चुके थे और उधर सूफी महात्मा मुसलमानों को 'इश्क हक़ीक़ी' का सबक पढ़ाते आ रहे थे।"

रामचन्द्र शुक्ल के अनुसार, *पद्‌मावत* ईश्वर के मार्ग का प्रकाश स्तम्भ है। उन्होंने *पद्‌मावत* के बारे में उतने ही लगाव और कौशल के साथ लिखा, जितना उन्होंने अपने पसन्दीदा कवि तुलसीदास के बारे में लिखा था। महाकाव्य के 'आखिरी पैराग्राफ की पहली पंक्ति', जिसे इस महाकाव्य के 'सन्निहित' सूफियाना पाठ की 'कुंजी' माना जाता है, से संकेत ग्रहण करते हुए शुक्ल जी ने निष्कर्ष निकाला है कि यह काव्य सूफी आध्यात्मिक अभ्यास का एक रूपक है। लेकिन, उत्तर भारत के आरम्भिक आधुनिककालीन साहित्य के महान आलोचक और विद्वान—माताप्रसाद गुप्त—ने *पद्‌मावत* के अपने संस्करण (1952) में विभिन्न कालखंडों की सोलह पांडुलिपियों के तुलनात्मक अध्ययन

के आधार पर यह निष्कर्ष निकाला कि तथाकथित 'कुंजी-प्रदान' करने वाला पैराग्राफ बहुत बाद में मूलपाठ में जोड़ा गया।

जायसी ने पूरी निष्ठा के साथ फलश्रुति इंगित करने वाली काव्य और पौराणिक परम्परा का पालन किया है। फलश्रुति, एक नियम के रूप में श्रोताओं को उनके द्वारा अर्जित लौकिक और आध्यात्मिक पुण्य की भविष्यवाणी करती है। राजस्थानी कवि जटमल, जो न ही भक्त थे और न ही सूफी, ने अपनी रचना *गोरा बादल री बात* का अन्त इस फलश्रुति के साथ किया है—"जो भी इस कथा को सुनेगा, उसे सांसारिक धन-समृद्धि (नव-निधि) मिलेगी और वह सभी बाधाओं से मुक्त जीवन व्यतीत करेगा।"

पद्मावत के पाठक के लिए ऐसी कोई खुशकिस्मती की बात नहीं थी। इसके पाठकों से केवल उनकी संवेदनशीलता में वृद्धि और उस प्रेमगीत के गायन की क्षमता प्रदान करने का वादा किया गया—जिसे मुहम्मद ने अपने रक्त और आँसुओं से लिखा था। "जो भी इसे सुनेगा, वह स्वयं प्रेम की पीड़ा को गाने योग्य बन जाएगा" :

मुहमद यहि कबि जोरि सुनाव। सुना जो पेम पीर गा पावा॥
जोरी लाइ रकत कै लेई। गाढ़ी प्रीति नैन जल भेई॥ —652

जायसी की *पद्मावत* को पढ़ना आपको रातोंरात समृद्ध और प्रसिद्ध नहीं बना सकता। यह महज आपको अपने आसपास के लोगों और प्राणियों के प्रति अधिक संवेदनशील बनाने की आशा करता है। जायसी की 'मानुस पेम भएउ बैकुंठी' किसी भी धर्म के स्वर्ग की प्राप्ति का आसान मार्ग बताने का वादा नहीं है। जायसी सिर्फ यही कहते हैं कि यदि आप अपनी सम्पूर्णता में प्रेमपूर्वक जीते हैं, तो आपको गहन आध्यात्मिक और रचनात्मक अनुभव प्राप्त होगा। दूसरे शब्दों में, आप अपने दिल में ही मौजूद बैकुंठ के बारे में जान जाएँगे।

सूफी जायसी ने एक निश्चित स्तर तक करामात—चमत्कार करने की क्षमता—हासिल कर ली थी। लेकिन *पद्मावत* के रचनाकार कवि—जायसी ने अपने महाकाव्य से किसी 'पारलौकिक' या 'चमत्कार' की अपेक्षा नहीं की थी। उन्होंने एक ऐसे व्यक्ति के रूप में स्वयं को याद किए जाने की अपेक्षा की थी, जिसने इस प्रेमकथा को सुनाया था :

"इस दुनिया में कौन प्रसिद्धि नहीं पाना चाहता?
मुझे आशा है कि इस कहानी के पाठकों को भी मेरा नाम याद रहेगा।"

केइँ न जगत जस बेंचा केइँ न लीन्ह जस मोल।
जो यह पढ़ै कहानी हम सँवरै दुइ बोल॥ —652

उनकी आशा वास्तव में फलीभूत हुई। अपने निधन के लगभग पाँच शताब्दियों बाद भी जायसी का नाम प्रशंसा और कृतज्ञता के साथ लिया जाता है। *पद्मावत* के एक संवेदनशील पाठक को जायसी की फलश्रुति सच होती हुई प्रतीत होगी, वह कम-से-कम प्रशंसा के रूप में ही प्रेमगीत के गायन की क्षमता अर्जित होना महसूस करता है। आचार्य रामचन्द्र शुक्ल ने *पद्मावत* की प्रस्तावना में ही कट्टरपंथ की निन्दा करके अच्छा कार्य किया है। आमतौर पर कहा जाए तो किसी भी तरह की कट्टरता का अच्छी कविता के रसास्वाद के साथ मेल नहीं बैठता।

अध्याय-1

सिंहल, पद्मावती और उसका तोता

इतिहास और कल्पना के धुँधलके का क्षेत्र

अब, हम जायसी के महाकाव्य को सुनने-समझने के लिए तैयार हैं। वह कहानी, जो उन्होंने भी कहीं से 'सुनी' थी और कामेच्छा के अन्वेषण हेतु उसका पुनर्निर्माण किया।

इस यात्रा पर चलने से पहले, यह स्पष्ट करना उचित है कि जायसी न ही 'इतिहास' लिख रहे थे, और न ही उस कहानी को लिखित रूप में दर्ज कर रहे थे, जो उन्होंने सुनी थी। वे सामान्य रूप से प्रेम और जीवन की गुत्थियों पर अपने विचार को व्यक्त कर रहे थे; उसका सहारा लेकर जिसे संस्कृत कवि 'गाढ़ारूढ़ प्रत्यय' (लोक-स्मृति में गहराई तक उतरी कोई

कथा) कहते हैं। एक महाकाव्य के माध्यम से जायसी को अपना आधारभूत बयान देना था—प्रेम मनुष्य को दिव्यता प्रदान करता है; उन्हें एक आदर्श और विषय की आवश्यकता थी, जो सुप्रचलित तो था, लेकिन उसे दिव्य के रूप में मान्यता प्राप्त नहीं थी। यह कहने का क्या अर्थ होगा कि 'प्रेम मनुष्य को दिव्यता प्रदान करता है,' वह भी एक ऐसी कहानी के सन्दर्भ में, जिसे दिव्य के रूप में जाना जाता है? कामपरक-आध्यात्मिक निरन्तरता और परिवर्तन की प्रक्रिया के विचार को इस तरह की पहले से ही सम्मानित कहानी के माध्यम से कैसे व्यक्त किया जाएगा?

हमारे कवि ऐसी दिव्य कहानियों की तलाश में नहीं थे; वे अपने नायक और नायिका को किसी तरह के अवतार या देवताओं के रूप में प्रस्तुत करने का इरादा भी नहीं रखते थे। उनकी पद्मावती असाधारण सुन्दरी है। उसकी सुन्दरता परमात्मा की कृपा और उनकी सृष्टि की पूर्णता का एक जीवन्त स्मारक है। लेकिन, फिर भी वह देवी नहीं है, बल्कि वह इस जगत की बेहद आकर्षक और कामकला-निपुण महिला है; वह एक समर्पित पत्नी है और कठिन परिस्थिति का सामना करने योग्य बुद्धिमान और साहसी है। इतना होने पर भी वह किसी 'सामान्य' महिला की तरह आचरण करते हुए 'दूसरी महिला' (यानी रतनसेन की पहली पत्नी—नागमती) के साथ ईर्ष्यापूर्ण तरीके से नोक-झोंक और मारपीट तक कर सकती है।

जायसी को एक 'सुप्रचलित' कहानी की आवश्यकता थी, लेकिन बहुत ज्यादा प्रचलित कहानी भी उनके उद्देश्य को पूरा करने योग्य न होती। उन्हें एक ऐसी कहानी की आवश्यकता थी जिसमें कुछ अस्पष्टता निहित हो, ताकि वे स्वयं के अनुभव की एक रचनात्मक अभिव्यक्ति कर सकें; और प्रेम और कामेच्छा पर सामान्य रूप से अपने विचार रख सकें।

उन्होंने राजपूताना की मौखिक परम्पराओं से पद्मिनी की कहानी को चुना, और इसके मन्तव्य में अपने हिसाब से परिवर्तन किए। उन्होंने गोरा और बादल की वीरता और सम्मान की गाथा नहीं लिखी, बल्कि पद्मावती और रतनसेन के प्रेम, हीरामन तोते के साथ पद्मावती की मित्रता और नागमती की मूक पीड़ा का आख्यान रचा।

एक ओर मार्मिक और विश्वासोत्पादक कथा-शैली एवं दूसरी ओर अलाउद्दीन द्वारा चित्तौड़ की घेराबन्दी और उस पर कब्जा करने

की ऐतिहासिकता; जायसी के महाकाव्य ने चित्तौड़ की पद्मिनी को लोक-स्मृति में एक महत्त्वपूर्ण व्यक्ति के रूप में स्थापित किया। पद्मिनी की ऐतिहासिकता इतिहासकारों के मध्य बहस का विषय बनी हुई है, लेकिन जायसी द्वारा *पद्मावत* की रचना के बाद उनकी कहानी की 'गाढ़ारूढ़' (लोक-स्मृति में गहराई तक पैठ) स्थिति निर्विवाद रूप से मजबूत हुई।

आमतौर पर, लोक-स्मृति ऐतिहासिक घटनाओं को किंवदंतियों में बदल देती है; यह जायसी की ही प्रतिभा थी जिसने पद्मिनी से जुड़ी किंवदंती को 'असली इतिहास' में बदल दिया; ऐतिहासिकता कुछ भी रही हो, वास्तव में पद्मिनी और अधिक वास्तविक हो गईं। उनकी रचनात्मक प्रतिभा ने न केवल ऐतिहासिक महत्त्व की एक काव्य रचना की, बल्कि पूरा इतिहास ही रच दिया।

सिंहल कहाँ है?

पद्मावत में वर्णित सिंहलद्वीप की 'पहचान' के बारे में बहुत-सी अटकलें हैं। कई इतिहासकारों ने इसे राजस्थान में ही बताया है। सावधानीपूर्वक *पद्मावत* के अध्ययन से यह पता चलता है कि भले ही यथार्थ में 'सिंहल' नामक कोई जगह न हो, लेकिन कवि द्वारा वर्णित वास्तविक भौगोलिक स्थानों से गुजर कर कोई भी व्यक्ति उनके द्वारा रचे गए कल्पना-लोक सिंहल तक पहुँच सकता है।

पद्मिनी का तोता—हीरामन, तत्परता और लगन के साथ मार्ग बताते हुए रतनसेन को सिंहल तक ले जाता है; वह शुरुआत में ही स्पष्ट करता है कि *एक निश्चित बिन्दु पर, एक मार्ग आपको सिंहल की तरफ ले जाएगा और*

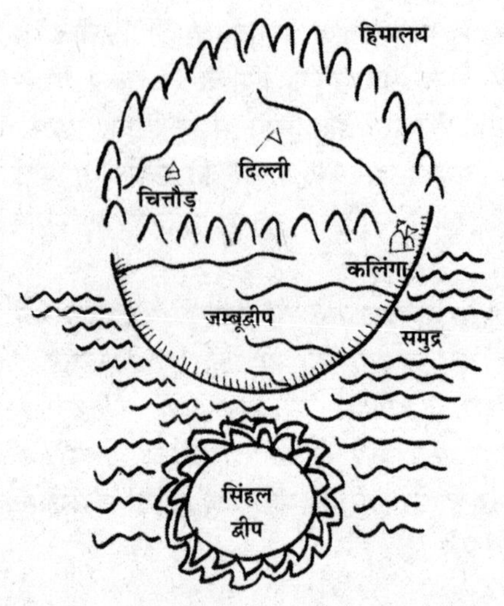

दूसरा लंका की ओर; इनके बीच का अन्तर जानना जरूरी है अत: आपको एक जानकार मार्गदर्शक की आवश्यकता होगी। क्योंकि—

"केवल वही व्यक्ति सही मार्गदर्शक हो सकता है जिसने यह मार्ग स्वयं देखा हो। बिना पंखों के कोई व्यक्ति उड़ान भरने की कल्पना भी कैसे कर सकता है? ऐसा गाइड उस शाखा के समान होगा जो अपनी पत्तियों को पानी के अन्दर भी ले जाती है। दो नेत्रहीन व्यक्ति एक-दूसरे को रास्ता नहीं दिखा सकते हैं। अत: हे राजा, अगर आप सही मार्ग जानना चाहते हैं तो सावधानीपूर्वक सुनें। आपको बीजानगर से होकर जाने वाले मार्ग पर चलना चाहिए, आप कुंडा और गोला की तरफ मत जाना; अपने मार्ग में बाईं ओर स्थित अँधियार भी न जाएँ। सही मार्ग पर चलें। आपके दाहिनी ओर दक्षिण में तेलंगाना और उत्तर में गढ़कटंगा होगा। जब आप रतनपुर पहुँचेंगे, तो झारखंड की पहाड़ियाँ आपके बाईं ओर होंगी।"

रतनपुर ओड़िशा का प्रवेश द्वार है, लेकिन यह आपका गन्तव्य स्थान नहीं है। वहाँ से, आपको अपने दाहिनी ओर समुद्र मार्ग से जाना होगा।

ततखन बोला सुआ सरेखा। अगुआ सोइ पंथ जेइँ देखा॥
सो का उड़ै न जेहि तन पाँखू। लै सो परासहिं बूड़ै साखू॥

जस अंधा अंधे कर संगी। पंथ न पाव होइ सइलंगी॥
सुनु मति काज चहसि जौं साजा। बीजानगर बिजैगिरि राजा॥
पूँछु न कहाँ कुंड और गोला। तजु बाएँ आँधियार खटोला॥
दक्खिन दहिनै रहे तिलंगा। उत्तर माँझे गढ़ा खटंगा॥
माँझ रतनपुर सौंह दुआरा। झारखंड दे बाऊँ पहारा॥
आगें पाउँ ओडैसा बाएँ देहु सो बाट।
दहिनावर्त लाइ कै उतरु समुंद्र के घाट॥ —138

राजस्थान से ओड़िशा तक के मार्ग का यह विवरण एकदम सटीक है। विजयपुर अभी भी मालवा (मध्य प्रदेश) का एक नगर है। वहाँ से, रतनसेन को यह निर्देश दिया गया था कि वे गढ़ा और कोंडा (यानी छत्तीसगढ़ का दक्षिणी सिरा) की ओर न जाएँ और वर्तमान समय में मध्य प्रदेश के शहर 'सागर' की ओर भी न जाएँ; सीधे रतनपुर की ओर जाएँ जिसके दाईं ओर तेलंगाना और बाईं ओर झारखंड है। रतनपुर वर्तमान में बिलासपुर के पास है और जायसी ने ओड़िशा के प्रवेश द्वार के रूप में इसका एकदम ठीक वर्णन किया है—जहाँ से आगे रतनसेन को समुद्र मार्ग से यात्रा करनी थी।

ओड़िशा के राजा—गजपति रतनसेन का स्वागत करते हैं, और उन्हें आगे यात्रा में आने वाले जोखिमों और खतरों के बारे में आगाह करते हैं। अपने मित्र के सावधानी बरतने के परामर्श के जवाब में, रतनसेन प्रेम की पूर्णता पर जोर देते हैं। वे कहते हैं, "मैं सभी खतरों से अवगत हूँ," लेकिन अगर कोई सच्चे प्रेम में मगन है, तो उसके समक्ष महासागर क्या मायने रखता है? मेरे लिए महासागर या गंगा का कोई महत्त्व नहीं है। मैं तो केवल पद्मावती के प्रेम और सौन्दर्य का भिक्षुक हूँ।"

राजा गजपति की मित्रता और उदारता की सराहना करते हुए जायसी महाभारत के 'कर्ण' और इस्लामिक किंवदंतियों के 'हातिम' का उदाहरण देते हैं—"उन्हें दान देने की कला आती है, अतः वे सही मायनों में धर्मरक्षक हैं।"

हातिम करन दिया जौं सिखा। दिया अहा धरमन्हि महँ लिखा॥ —145

राजा गजपति समझ जाते हैं कि रतनसेन केवल वासना के वशीभूत नहीं हैं, बल्कि सच्चे प्रेम में डूबे हुए हैं। गजपति की अनुभूति की पुष्टि कवि अपने स्वर में भी करते हैं, "ऐसे जीवन से अधिक उम्मीद क्या रखना, जो स्वयं ही आधे पल के स्वप्न के समान भंगुर है। मुहम्मद कहते हैं, सच्चे साधु वही हैं जिन्हें प्रतिपल जीवन की नश्वरता के बारे में आभास रहता है, और जो इस तरह अपने जीवन को जीते हैं जैसे वे पहले ही मृत्यु को प्राप्त हो चुके हों।" :

एहि जीवन के आस का जस सपना तिल आधु।
मुहमद जिअतहि जे मरहिं तेइ पुरुष कहु साधु॥ —146

राजा गजपति समझ गए कि ऐसे व्यक्ति को परामर्श देना या सावधान करना व्यर्थ है, जो 'इस तरह जीवित है, जैसे पहले ही मर चुका हो'। अत: राजा गजपति अपने मित्र को आगे की यात्रा के लिए सर्वश्रेष्ठ जहाजों का बेड़ा प्रदान करते हैं और शुभकामनाएँ देते हैं।

इस जगह से, यह कहानी दंतकथाओं और कल्पना के लोक में प्रवेश करती है। इस बेड़े को अब सात समुद्र पार करने हैं—पानी के सागर से शुरुआत करते हुए ये बेड़ा दूध, दही और मदिरा के सागर को पार करता है; मार्ग में उसे सबसे भयंकर और क्रूर—किलकिला सागर—को भी पार करना होता है, जिसे केवल उन्हीं व्यक्तियों के द्वारा पार किया जा सकता है जो अपनी साधना में सच्चे और साहसी हैं, प्रेम में समर्पित हैं और जिन्हें एक सच्चे मार्गदर्शक—असली गुरु—का सान्निध्य प्राप्त है। जो व्यक्ति इसे पार करने में सफल होते हैं, अन्तत: वे 'मानसर' पहुँच जाते हैं। यह उनकी सफलता की महिमा है कि वे यहाँ पहुँचकर कमल की तरह खिल जाते हैं और सूरज की तरह दमकने लगते हैं। इस शान्त और निर्मल समुद्र में ही सिंहल स्थित है।

जिस तरह जायसी ने सिंहल तक के मार्ग का भौगोलिक दृष्टि से सटीक वर्णन किया है, उसी तरह उनके द्वारा वर्णित ओड़िशा के राजा भी प्रामाणिक हैं। गजपति वंश ने 1435 से 1555 ई. तक ओड़िशा पर शासन किया था। गजपति राजा कपिलेन्द्र देव (1435-1466 ई.) के शासनकाल में उड़िया कवि सारलादास ने उड़िया महाभारत लिखी थी।

अपने महाकाव्य में, कवि उल्लेखनीय रूप से 'यथार्थवाद' से 'गल्प' तक; 'ऐतिहासिक' से 'काल्पनिक' तक; 'इहलोक' से 'परलोक' तक की

यात्रा करते हैं। यह उत्कृष्ट अभिव्यक्ति उनके महाकाव्य के गठन को समृद्ध करती है और इसकी संरचना को एक बहुस्तरीय मार्मिकता प्रदान करती है। इस तथ्य को ध्यान में रखना महत्त्वपूर्ण है, और हमें हर बात को 'तथ्य' की कसौटी पर कसने की आधुनिक प्रवृत्ति से बचना चाहिए। कवि निश्चित रूप से ऐतिहासिक और भौगोलिक तथ्यों से अवगत थे, लेकिन वे कोई वृत्तान्त नहीं बल्कि एक महाकाव्य लिख रहे थे। सिंहल की भौगोलिक स्थिति का जायसी के काव्य उद्देश्यों से कोई लेना-देना नहीं है, न ही इसके कारण इस उत्कृष्ट रचना के रसास्वाद में पाठक पर कोई प्रभाव पड़ता है।

लेकिन फिर भी, यह ध्यान रखना रोचक है कि सिंहल वर्तमान राजस्थान या श्रीलंका में न होकर ओड़िशा के पास कहीं स्थित है। वास्तव में, जायसी सिंहल का विस्तार से वर्णन करते समय वर्तमान श्रीलंका से इसके अन्तर को स्पष्ट करते हैं। इसके अलावा, जब रतनसेन सिंहल पहुँच जाते हैं, और पद्मिनी से उनकी मुलाकात नहीं हुई होती है, तब हीरामन राजकुमारी को बताता है कि रतनसेन सिंहल के 'पश्चिम दिशा' से आए हैं। यदि जायसी की कल्पना में सिंहल, वर्तमान श्रीलंका या उसके आसपास होता, तो हीरामन रतनसेन को उत्तर दिशा से आया हुआ बताता।

संयोगवश, जायसी की *पद्मावत* से दो सदी पहले राजस्थान में नरपति नाल्ह द्वारा लिखी गई एक भाट रचना *बीसलदेव रासो* के अनुसार; अजमेर के एक राजा बीसलदेव ने भी ओड़िशा की यात्रा की थी, और उसमें ओड़िशा का वर्णन करते हुए लिखा है कि वहाँ 'हीरे इतनी प्रचुर मात्रा में पाए जाते हैं, जितना कि नमक'।

जायसी ने इतिहास, किंवदंती और कल्पना का एक ऐसा धुँधलका रचा है, जिसमें आप ऐतिहासिक और पौराणिक कथाओं के पात्रों की परछाइयों को साथ-साथ चलते देख और सुन सकते हैं। उन्होंने सिंहल की पद्मिनी और अलाउद्दीन द्वारा चित्तौड़ की घेराबन्दी के आख्यान को जीवन की भंगुरता के परिप्रेक्ष्य में काम भावना की उत्कृष्ट रचना के रूप में मिश्रित और परिवर्तित कर दिया। उनका ध्यान प्रेम, सौन्दर्य और उसके जादू; और अनुचित कामवासना के कारण आई आपदा पर केन्द्रित है।

जायसी का इरादा न ही सूफीमत के प्रचार का था और न ही किसी समुदाय के शौर्य और बहादुरी के महिमामंडन का। उनका महाकाव्य न ही

'किसी घटना का जीवन्त वर्णन करती रिपोर्ट' को सुनने का आग्रह करता है; और न ही शौर्य और बहादुरी को 'प्रेरित' करने का इरादा रखता है; बल्कि वह पाठक से कवि के 'रक्त और आँसू' से लिखी गई प्रेम कहानी, उसके विभिन्न आयाम और उतार-चढ़ाव को सुनने का आग्रह करता है।

जायसी का 'पद्मावत' मनुष्य की सहज कामेच्छा से 'आन्तरिक दिव्यता' तक की उड़ान को अनुभव करने का निमंत्रण है।

आरम्भ : रचनाकार और उनकी रचना

पद्मावत, ईश्वर की स्तुति के साथ आरम्भ होती है; यह स्तुति कोई साधारण आस्तिक या भक्त नहीं, बल्कि एक निपुण कवि कर रहा है। वे ईश्वर और उनकी सृष्टि की महिमा का वर्णन इस्लामी और हिन्दू परम्पराओं के उल्लेखों तथा आकर्षक रूपकों की श्रृंखला के साथ करते हैं। वे इस्लाम के पैगम्बर का उल्लेख करते हुए कहते हैं, "अल्लाह ने एक दोषरहित इनसान को बनाया है" (कीन्हेसि पुरुष एक निरमरा), 'जिनका नाम मुहम्मद था, और उन्हें मानवता के शिक्षक के रूप में तैनात किया गया था।'

लेकिन इस कथन में एक बेहद खास और मार्मिक बात यह है :

'उसने मानवता को कई रत्न दिए हैं, जिन्हें कमअक्ल मनुष्य प्राय: नहीं पहचान पाते हैं। उसने हमें स्वादिष्ट व्यंजन दिए और उनका आनन्द लेने की क्षमता दी है। उसने हमें दाँत दिए हैं, जिससे हमें खूबसूरत मुस्कान मिली। उसने इस सृष्टि की सुन्दरता को निहारने के लिए हमें आँखें दी हैं; और आवाजों और ध्वनि को सुनने के लिए कान दिए हैं; उसने बोलने के लिए जीभ और काम करने के लिए हथेलियाँ और बाँहें दी हैं। उसने हमें पैर दिए जिससे हम चल सकें। इन सभी अंगों की कीमत केवल वही व्यक्ति समझ सकता है जो इनमें से किसी एक से भी वंचित हो। जवानी की कीमत वास्तव में कोई बुजुर्ग

ही समझ सकता है, जो लाख चाहने पर भी दोबारा जवान नहीं हो सकता। आनन्द की कीमत कोई राजा नहीं जानता, इसे तो सिर्फ निर्धन ही जानते हैं।'

"स्वस्थ शरीर की कीमत वे लोग नहीं जानते जो स्वस्थ हैं, इसे तो कोई रुग्ण व्यक्ति ही समझ सकता है। निस्सन्देह, जो सभी के दिलों में वास करता है, वही सभी चीजों का महत्त्व समझता है।"

अउर जो दीन्हेसि रतन अमोला। ताकर मरम न जानइ भोला॥
दीन्हेसि रसना औ रस भोगू। दीन्हेसि दसन जो बिहँसइ जोगू॥
दीन्हेसि जग देखइ कहँ नैना। दीन्हेसि स्त्रवन सुनइ कहँ बैना॥
दीन्हेसि कंठ बोल जेहिं माहाँ। दीन्हेसि कर पल्लौ बर बाँहा॥
दीन्हेसि चरन अनूप चलाहीं। सोई जान जेहि दीन्हेसि नाहीं॥
जोबन मरम जान पै बूढ़ा। मिला न तरुनापा जब ढूँढा॥
सुख कर मरम न जानइ राजा। दुखी जान जा कहँ दुख बाजा॥
काया क मरम जान पै रोगी भोगी रहइ निचिंत।
सब कर मरम गोसाईं जानइ जो घट घट महँ निंत॥ —9

बचपन से ही एक आँख, एक कान, और दागदार चेहरे (चेचक के कारण) का होने के कारण; जायसी को शारीरिक विकृतियों और कुरूपता का आभास था; सबसे महत्त्वपूर्ण बात यह है कि उन्होंने नकारात्मकता के आगे घुटने टेकने के बजाय उससे बाहर निकलने का मार्ग तलाशा। अगले चरण में; वे हमें ईश्वर के पास मौजूद सकारात्मकता के असीमित खजाने और अन्य गुणों के बारे में बताते हैं, जिसे ईश्वर उदारतापूर्वक योग्य व्यक्ति को प्रदान करता है। ईश्वर की अनुकम्पा के बिना मनुष्य कोई उपलब्धि हासिल नहीं कर सकता। अपनी सफलता के लिए स्वयं को श्रेय देने वाले मनुष्य को यह पता होना चाहिए...कि वास्तव में,

> "ईश्वर चाहता है कि सकारात्मक गुण दूर-दूर तक फैलें। वह स्वयं भी ऐसा करता है और इस उद्देश्य के लिए उसने सकारात्मक और प्रतिभाशाली लोगों की रचना भी की है—जो सकारात्मक गुणों और विचारों को चारों ओर फैलाने के लिए एक माध्यम के रूप में कार्य करते हैं।"

बड़ गुनवन्त गोसाईं चहइ सो होइ तेहि बेगि।
औ अस गुनी सँवारइ जो गुन करइ अनेग॥ —10

अपनी समस्त शारीरिक विकृतियों, उपहासों, कमियों और जीवन में मिले धोखे की भरपाई ईश्वर ने जायसी को इतनी प्रतिभा देकर की थी। यह एक तरह से उन्हें ईश्वर की ओर से मिला दिव्य मुआवजा था। हाँ, उन्हें प्रेम में नुकसान उठाना पड़ा, उन्हें बिछोह का सामना करना पड़ा जिससे उनका जीवन नकारात्मकता से भर गया, लेकिन वे आत्म-दया क्यों करें? अपनी प्रतिभा और योग्यता के बल पर, वास्तव में वे सभी तरह की नकारात्मकता से उबर गए, और चहुँओर सकारात्मकता फैलाने के माध्यम बने। अपने सकारात्मक गुणों के कारण उन्हें ईश्वर की कृपा और आशीर्वाद प्राप्त हुआ, तथा उन्होंने अपने सुखों और कष्टों को सभी लोगों के लिए एक सतत साहित्यिक आनन्द में परिवर्तित कर दिया।

पद्मावत किसी की शारीरिक कमजोरी का मजाक उड़ाने की मानसिक बीमारी की दवा का काम करने के साथ ही आत्म-दया की व्याधि के विरुद्ध चेतावनी भी देता है।

धूल में पड़ा माणिक

सिंहल की पद्मिनी की कहानी शुरू करने से वे इस्लाम के पैगम्बर, उनके साथियों, आरम्भिक खलीफाओं और अपने समय के शासक (शाह-ए-वक़्त) के साथ अपने गुरु शेख मेंहदी की स्तुति करते हैं। अन्त में कवि अपना परिचय देते हैं।

पूरे *पद्मावत* में, जायसी तमाम बातों (शाही भोजन से लेकर घोड़ों तक) का विस्तार से वर्णन करते हैं। ये विवरण कहीं विस्तार के साथ हैं तो

कहीं लघु रूप में। जैसे वे जोर देकर कह रहे हों कि भले ही वे एक आँख से देखने में असमर्थ हैं; लेकिन इससे चीजों और घटनाओं को समझने की उनकी दृष्टि और उसे अभिव्यक्त करने की उनकी क्षमता कम नहीं हुई है।

कवि अपनी तुलना कुछ ऐसी महान हस्तियों से करते हैं, जिन्होंने शारीरिक 'विकृतियों' के बावजूद इस संसार में अपने लिए एक अनूठी जगह बनाई है। इस छंद में, पाठकों को उनके व्यवस्थित, अकादमिक ज्ञान (शास्त्रों की जानकारी) के साथ-साथ लोक संस्कृति के विस्तृत ज्ञान का आरम्भिक संकेत मिलता है : जायसी कहते हैं कि "इस संसार के रचनाकार ने चन्द्रमा की रचना उसके धब्बों के साथ ही की है, परन्तु यह सारी दुनिया को खुश करने वाला प्रकाश देता है।"

आगे वे कहते हैं, "तो क्या हुआ अगर मैं एक आँख से ही देख पाता हूँ? सौरमंडल में भी तो केवल एक ही चमकदार सितारा—शुक्र—है। आम के सिरों पर लगे चिपचिपेपन (चोपी) को स्वीकार किए बिना आप आम की सुगन्ध कैसे महसूस कर सकते हैं? महासागर का पानी खारा है, क्योंकि इसका विस्तार समझ से परे है। पर्वत सुमेरु को भी सुनहरा होने और आकाश सी ऊँचाई छूने के पहले शिव के त्रिशूल के आघात को झेलना पड़ा था। सोना भी आग में तपकर खरा होता है।"

अन्त में जायसी, पूरे आत्मविश्वास के साथ कहते हैं :

"कवि की एक आँख किसी दर्पण की तरह है और उसकी काव्य भावना किसी भी दोष से मुक्त है। दुनिया के सभी खूबसूरत और आकर्षक लोग उसके चरणों में सिर झुकाते हैं और उसके मुँह से निकलने वाले उद्गारों की प्रतीक्षा करते हैं।"

एक नैन कबि मुहमद गुनी। सोई बिमोहा जेइँ कबि सुनी॥
चाँद जइस जग बिधि औतारा। दीन्ह कलंक कीन्ह उजिआरा॥
जग सूझा एकइ नैनाहाँ। उवा सूक अस नखतन्ह माहाँ॥
जौं लहि अंबहि डाभ न होई। तौ लहि सुगन्ध बसाइ न सोई॥
कीन्ह समुद्र पानि जौं खारा। तौ अति भएउ असूझ अपारा॥
जौं सुमेरु तिरसूल बिनासा। भा कंचनगिरि लाग अकासा॥
जौं लहि घरी कलंक न परा। काँच होइ नहिं कंचन करा॥

एक नैन जस दरपन और तेहि निरमल भाउ।
सब रूपवंत पाँव गहि मुख जोवहिं कइ चाउ॥ —21

अगले छंद में, वे अपने करीबी मित्रों का उल्लेख करते हैं, और फिर *पद्मावत* का परिचय देते हैं : यह परिचय जायस के साथ शुरू होता है :

"मैंने इसकी रचना पवित्र नगर जायस में की थी। मैं विद्वानों से प्रार्थना करता हूँ कि मेरी गलतियों को अनदेखा कर दें। अन्य कवियों की देखा-देखी, मैंने भी कुछ कहने का प्रयास किया है। अपनी रचना के द्वारा मैंने अपने दिल के खजाने को खोल दिया है। मेरी जीभ 'रतन' और 'पद्मावती' की स्तुति गाती है; और इस प्रकार अमृत की वर्षा होती है। वह व्यक्ति जिसने विरह की पीड़ा झेली है, वह भूख-प्यास, घर-परिवार और सब कुछ भूलने के लिए बाध्य है। वह एक भिक्षुक की तरह हो जाता है, और धूल में पड़े माणिक के समान है।"

जाएस नगर धरम अस्थानू। तहवाँ यह कबि कीन्ह बखानू॥
औ बिनती पंडितन्ह सों भजा। टूट सँवारेहु मेरएहु सजा॥
हौं सब कबिन्ह केर पछिलगा। किछु कहि चला तबल दइ डगा॥
हिअ भंडार नग आहि जो पूँजी। खोली जीभ तारा कै कूँजी॥
रतन पदारथ बोलइ बोला। सुरस पेम मधु भरिअ अमोला॥
जेहि के बोल बिरह के घाया। कहु तेहि भूख कहाँ तेहि छाया॥
फेरे भेस रहइ भा तपा। धूरि लपेटा मानिक छपा॥ —23

'माणिक' का रूपक लोक-जीवन के प्रति जायसी की जानकारी को अभिव्यक्त करता है। लोक-संस्कृति में कतिपय सन्दर्भों में माणिक (या लाल) को हीरे से भी अधिक मूल्यवान माना जाता है। सुयोग्य व्यक्ति को परिवार या समुदाय का 'लाल' कहा जाता है; माँ अपने पुत्र या पुत्री को 'मेरा लाल' कहकर सम्बोधित करती है। स्वयं की तुलना माणिक से करके, और अपनी 'विरह की पीड़ा' की ओर संकेत करते हुए, जायसी ने अपने महत्त्व की भावना को रेखांकित किया है। खुशी और गम की व्यक्तिगत स्मृतियों के मिश्रण के कारण ही जायस—*आखिरी कलाम* का आदि उद्यान, एक पवित्र स्थान बन गया है। पहली ही पंक्ति में जायस का उल्लेख एक

पवित्र नगर के रूप में किया गया है। शारीरिक विकृतियों की पीड़ा को झेलते हुए अपना आत्मविश्वास बनाए रखने की मार्मिक अभिव्यक्ति के साथ उन्होंने छंद की समाप्ति की है। इतनी शारीरिक विकृतियों के बाद भी आत्मविश्वास बनाए रखना उन्हें सही मायने में 'धूल में पड़ा माणिक' साबित करता है :

मुहमद कबि जो प्रेम का ना तन रकत न माँसु।
जेइँ मुख देखा तेइँ हँसा सुना तो आए आँसु॥ —23

ध्यातव्य है कि सिंहल यात्रा के लिए उद्धत प्रेम-दीवाने 'रतनसेन' का आत्मवर्णन उपरोक्त से काफी मिलता-जुलता है।

पद्मिनी कौन/क्या है?

कामभावना और कामकला पर हुए भारतीय चिन्तन में अप्रतिम स्त्री सौन्दर्य को 'पद्मिनी' नाम दिया गया है। वास्तव में, भारतीय पुरुष ने स्त्री सौन्दर्य और आकर्षण के बारे में जो चरम कल्पना की, उसे 'पद्मिनी' नाम से सम्बोधित किया। प्रसंगवश, काम साहित्य में कोटियाँ केवल स्त्रियों की ही नहीं, पुरुषों की भी गिनाई गई हैं।

पद्मिनी नाम किसी भी व्यक्ति विशेष को दिया जा सकता है, लेकिन ज्यादातर मामलों में, पद्मिनी एक सामान्य सम्बोधन है, जो निर्धारित मानदंडों को पूरा करने वाली महिला को दिया जा सकता है। अतएव, उत्तर भारत की कई लोककथाओं में, केवल शाही घराने के युवक ही नहीं बल्कि साधारण युवक भी कभी-कभार अपने लिए एक पद्मिनी की तलाश में निकलने का साहस करते हैं।

जिस तरह 'पद्मिनी' सम्बोधन किसी स्त्री के सौन्दर्य, गरिमा और आकर्षण की सम्पूर्णता को व्यक्त करता है; उसी तरह सिंहलद्वीप प्राकृतिक सौन्दर्य और नागरिक जीवन की पूर्णता का प्रतिनिधित्व करता है। सिंहलद्वीप में किसी भी तरह की कुरूपता नहीं है। सभी महिलाएँ और पुरुष, केवल शारीरिक रूप से ही नहीं बल्कि मन और आत्मा से भी खूबसूरत हैं। जायसी ने वास्तविक जीवन में सौन्दर्य और शान्ति प्राप्त करने की अभिलाषा की, जिसे हासिल करना मुश्किल था। अत: हम सिंहल को लेकर जायसी की पसन्द को समझ सकते हैं—जो शान्ति और सौन्दर्य का प्रतिमान है—जिस स्थान से उनकी कहानी आरम्भ होने वाली थी।

जैसा कि हम पहले देख चुके हैं कि ओड़िशा तक सिंहलद्वीप की यात्रा 'वास्तविक' भूगोल के अनुसार होती है, लेकिन ओड़िशा के आगे की यात्रा मिथकीय और काल्पनिक समुद्रों और शानदार कल्पनालोक में होती है। सिंहल की पद्मिनी की अपनी कहानी के माध्यम से जायसी ने मानव प्रेम और कामेच्छा को दिव्यता में बदलने का आख्यान रचा है।

लेकिन इस तरह का आख्यान अन्य दृष्टिकोणों की सम्भावना को समाप्त नहीं करता। यह सम्भव है कि कोई ऐसा भी व्यक्ति हो जो सिंहलद्वीप की यात्रा पद्मिनी की चाह में न करके राम को पाने की चाह में करें, वे राम जो पूर्णता के प्रतीक हैं। और ऐसे व्यक्ति के बारे में कबीर—जो धर्म से इतर आध्यात्मिकता के विशेषज्ञ हैं और अपने भीतर राम को खोजने की तकनीक के शिक्षक हैं—कहते हैं कि :

"अगर आप केवल जानने और अनुभव करने का प्रयास करते हैं, तो वे आपको मन के भीतर ही मिलेंगे। अत: राम की तलाश में सिंहलद्वीप जाने की कोई जरूरत नहीं है" :

कबीर खोजी राम का, गया जु सिंघल दीप
राम तौ घट भीतर रमि रह्या, जो आवै परतीत॥

राम की तलाश में सिंहलद्वीप जाना एक अजीब मामला हो सकता है, लेकिन ऐसी कई लोककथाएँ हैं, जिनमें किसी नौजवान (आमतौर पर राजकुमार, लेकिन हमेशा नहीं) को यह चुनौती (आमतौर पर लापरवाह भाभी या सौतेली माँ द्वारा) दी जाती है कि यदि उसे भोजन रास नहीं आ रहा तो

वह सिंहलद्वीप जाकर अपने लिए कोई पद्मिनी या आदर्श नारी की तलाश कर ले। इन तानों से आहत नवयुवक तुरन्त भोजन त्यागकर सिंहलद्वीप की साहसिक यात्रा पर निकल जाता है।

विवाद के एक प्रमुख कारण के रूप में भोजन की गुणवत्ता के महत्त्व पर ध्यान दें। यह माना जाता है कि पद्मिनी स्त्री को इस विभाग (पाककला) में भी महारत हासिल होती है। पद्मिनी स्त्री के बारे में पुरुष की कल्पना महज कामशास्त्र में उसके निपुण होने तक ही सीमित नहीं है, वह उसे पाककला में भी निपुण मानता है। जायसी स्वयं भी खानपान के शौकीन प्रतीत होते हैं—उन्होंने विभिन्न खाद्य पदार्थों और दावतों का विस्तार से वर्णन किया है तथा भोजन संस्कृति के बारे में अपनी जानकारी प्रदर्शित की है। उन्होंने विशेष रूप से रतन सिंह द्वारा अलाउद्दीन को दी गई दावत में व्यंजनों की किस्मों का बहुत विस्तार से वर्णन किया है। ऐसे अवसर पाठकों को एक अद्भुत नजरिया प्रदान करते हैं।

जायसी ने सिंहल का वर्णन बड़ी दीवानगी के साथ किया है। शुरुआत में ही वे 'यथार्थ' और 'कल्पना' के धुँधलके भरे क्षेत्र की ओर इशारा करते हैं। जायसी के अनुसार, "सिंहल वर्णनातीत है, क्योंकि यह एक ऐसे दर्पण की तरह है जो व्यक्ति को उसकी वास्तविक छविदि खाता है।"

बरन क दरपन भाँति बिसेखा। जेहि जस रूप सो तैसेइ देखा॥ —25

इसकी तुलना किसी भी ज्ञात द्वीप या महाद्वीप के साथ नहीं की जा सकती, जिसमें जम्बूद्वीप—या भारतीय उपमहाद्वीप भी शामिल है। जैसा कि उन्हें यह अनुमान था कि कुछ पाठक श्रीलंका को ही सिंहलद्वीप समझ सकते हैं, अत: वे किंचित् उपहास के साथ यह कहते हैं, "लंका, सिंहल की छाया के आसपास भी नहीं है।"

पूज न लंक दीप परिछाहीं। —25

जायसी सिंहल की विशिष्टता का वर्णन करते हुए थकते नहीं हैं। इस छंद के अन्त में वे दोहराते हैं, "पृथ्वी के सात महाद्वीपों में से कोई भी सिंहल के आसपास भी नहीं ठहरता।"

सब संसार परथमैं आए सातौं दीप।
एकौ दीप न उत्तिम सिंघल दीप समीप॥ —25

इसके उपरान्त कवि राजा गन्धर्वसेन और उनकी शानदार सेना के बारे में बताते हैं, और फिर वे पाठकों के समक्ष धीरे-धीरे सिंहलद्वीप के प्राकृतिक और स्थापत्य कला सम्बन्धी चमत्कारों को प्रकट करते हैं। वे कहते हैं कि सिंहल में "पूरे साल वसंत ऋतु बनी रहती है।" संयोग से, सिंहल के बारे में जायसी के वर्णन से पाठकों को वनस्पतियों और जीवों के बारे में बहुत-सी जानकारियाँ प्राप्त होती हैं।

केवल सिंहल के वर्णन में ही नहीं, बल्कि अपनी पूरी अभिव्यक्ति में, जायसी एक ऐसे शानदार काव्य संसार की रचना करते हैं कि "अपनी आकर्षक छवि पर नाज करने वाले पुरुष और अपने सौन्दर्य पर इतराने वाली महिलाएँ" उनके चरणों में गिरते प्रतीत होते हैं।

जायसी को अपने शब्दों से एक सिंहल की रचना करनी थी, जिसमें उनकी काव्य प्रतिभा की पद्मिनी ठीक से निवास कर सके।

और उन्होंने ऐसा कर दिखाया। जिसे हम *पद्मावत* के नाम से जानते हैं।

आदर्श स्त्री सौन्दर्य की रोशनी

जायसी हमें बताते हैं कि 'पद्मावती का जन्म सिंहल के राजा गन्धर्वसेन की पत्नी—चम्पावती के गर्भ से हुआ था।' वे उसका वर्णन एक भक्त की तरह करते हैं। उनकी यह भक्ति तन, शिष्टाचार और आत्मा की सुन्दरता की पूर्णता के प्रति है; और वे इसे इतनी कुशलता के साथ व्यक्त करते हैं कि कई लोगों को जायसी की पद्मावती में 'साक्षात् ईश्वर' दिखाई देते हैं। वास्तव में, जायसी तो हमें बस शरीर और आत्मा की परिपूर्ण सुन्दरता में निहित दिव्यता की याद दिला रहे हैं।

भले ही पद्मावती एक दिव्य कन्या है, और वह स्वर्ग के समान सुन्दर भूमि—सिंहल की निवासी है, पर वह महज एक इनसान है, विधाता ने जिसके भाग्य में कुछ विचित्र छुपा रखा है। कवि कहता है कि "वह चम्पावती के गर्भ में एक आन्तरिक रोशनी के रूप में आई थी"; किन्तु अगली ही पंक्ति में वह हमसे अशुभ स्वर में यह कहता है कि 'विधि का विधान टाला नहीं जा सकता'। इसके अगले छंद में कवि जश्न मनाने के स्वर में यहाँ तक कहता है कि "सिंहलद्वीप पद्मावती नामक दीपक के कारण ही जगमग है।"

सिंघल दीप भएउ तब नाऊँ। जौं अस दिया दीन्ह तेहि ठाऊँ॥ —50

यहाँ पर कवि 'दीप' शब्द का इस्तेमाल करते हैं जो कि 'द्वीप' शब्द का आम बोलचाल की भाषा में किया गया उच्चारण है। 'दीप' शब्द का अर्थ 'चिराग' या 'लालटेन' भी होता है। कवि यह भी कहते हैं, "शिव के वास को जगमगाने वाला आभूषण पद्मावती के रूप में सिंहलद्वीप पर आया है।"

दिया जो मनि सिव लोक महँ उपना सिंघल दीप। —50

'छठवें दिन' (छठी पूजा) के अनुष्ठान के बाद, ज्योतिषीगण पद्मावती की जन्मकुंडली पढ़ते हैं। वे उसका वर्णन अत्यन्त उत्कृष्ट शब्दों में करते हैं, और उसके गुणों और भाग्यफल की तुलना सीता के साथ करते हैं।

सीता के भाग्य को याद करें। वे दिव्यता और पवित्र मन की प्रतिमूर्ति थीं। उनके पति एक अतुलनीय व्यक्ति थे, इस पृथ्वी पर ईश्वर के अवतार। उनका परस्पर प्रेम किसी भी विवरण के परे था; लेकिन फिर भी सीता के भाग्य में राम से अलग होना और उनसे पहले इस धरती से जाना लिखा था। सीता के जीवन में सुख की तुलना में दुःख और संताप कहीं अधिक था। पद्मावती के भाग्य को भी इसी तरह का बताया गया।

रतनसेन के जन्म का वर्णन इतने उत्कृष्ट शब्दों में नहीं है। केवल अन्त में, उनकी तुलना राम से की गई है—"राम और सीता अन्तर्धान हो गए।"

इस पुरुष प्रधान समाज और उसके मानदंडों में भले ही महिलाएँ द्वितीयक स्थिति में हों—लेकिन एक अद्वितीय महिला के बारे में कही गई इस कहानी में, रतनसेन स्पष्ट रूप से पद्मावती के बाद आते हैं। जायसी द्वारा रचे गए समानान्तर संसार में, पद्मावती की स्थिति उसके पति के कारण बुलन्द नहीं है। बल्कि इसके ठीक विपरीत, कवि द्वारा रतनसेन की तुलना पद्मावती के पति होने के कारण ही भगवान राम के साथ की गई है।

रामायण के साथ-साथ जायसी कभी-कभार महाभारत की घटनाओं और पात्रों का भी जिक्र करते हैं। जायसी के सिंहल में, "नीर (पानी) और क्षीर (दूध) की दो नदियाँ हैं। नगर में तालाबों और अन्य जलाशयों में पानी की लगातार आपूर्ति के बाद भी ये कभी सूखती नहीं हैं, जिस तरह द्रौपदी के दिव्य अक्षय पात्र में भोजन कभी समाप्त नहीं होता था।"

गढ़ पर नीर खीर दुइ नदी। पानी भरहिं जैसे दुरुपदी॥ —43

ज्योतिषीगण रतनसेन के साथ पद्मावती के विवाह की भविष्यवाणी करते हैं। साथ-ही-साथ यह भविष्यवाणी भी करते हैं कि 'उसने सिंहलद्वीप पर जन्म लिया है, लेकिन यम (मृत्यु के देवता) के द्वारा उसे जम्बूद्वीप ले जाया जाएगा।'

सिंघल दीप भएउ अवतारू। जंबू दीप जाइ जम बारू॥ —52

इस तरह, हमें शुरुआत में ही सूचित किया जा रहा है कि आदर्शलोक सिंहल के परम सौन्दर्य की रोशनी जम्बूद्वीप की कठोर वास्तविकताओं में बुझ जाएगी।

क्या इसे हम सभी के द्वारा अनुभव किए गए बृहत सत्य के रूपक की तरह नहीं देखा जा सकता? क्या यह सच नहीं है कि हमारे निर्दोष स्वप्न और कल्पनाएँ जीवन की कठोर वास्तविकताओं के समक्ष अचानक मृत्यु (या धीमी मृत्यु) को प्राप्त होते हैं?

शुरुआत में ही, कवि आनन्द और चिन्ता रूपी जुड़वाँ पौधों को रोपकर कहानी के बारे में संकेत देते हैं। उनके लक्षित दर्शकों के लिए न ही यह आश्चर्यजनक है और न ही अवांछित। रामायण, महाभारत, फारसी महाकाव्य या अन्य परम्पराओं के महाकाव्य के श्रोताओं की तरह उनके श्रोता कथा को इस उत्सुकता के साथ नहीं सुनते कि 'आगे क्या होने वाला है?' उन्हें कथा की रूपरेखा पहले से ही पता होती है। वे अपने सौन्दर्यपूरक अनुभव के नवीनीकरण के लिए और निजी जीवन और भावनाओं के साथ कथा को जोड़ते हुए उसे बारम्बार सुनते हैं। कभी वे कथा में अपने लिए सांत्वना की तलाश करते हैं; और कभी अपने चयन और कार्यों की पुष्टि के लिए ऐसा करते हैं। चाहे जो भी हो, कथा श्रवण द्वारा वे अपने जीवन में ऊर्जा के पुन: संचार की उम्मीद करते हैं, और अक्सर इसमें सफल भी रहते हैं।

हीरामन तोता : मित्र, दार्शनिक, मार्गदर्शक

कथा आगे बढ़ती है। पद्मावती को अत्यधिक स्नेह करने वाले माता-पिता द्वारा सर्वश्रेष्ठ शिक्षा दी जाती है। जैसे ही वह बारह वर्ष की 'विवाह योग्य' आयु तक पहुँचती है; उसे शाही महल का एक-चौथाई भाग अलग से रहने के लिए दिया जाता है, और बुद्धिमान युवतियों को उसकी साथिनों के रूप

में नियुक्त किया जाता है। हालाँकि, उसका सबसे करीबी साथी एक नर—उसका पसन्दीदा तोता—हीरामन होता है। वह बेहद सुन्दर और आकर्षक है और पद्मावती की ही तरह उसका झुकाव भी बौद्धिकता की ओर है। वे एक-दूसरे के साथ का आनन्द लेते हैं, और वेदों व शास्त्रों जैसे गूढ़ विषयों की उनकी चर्चा इतनी गहरी और उच्च स्तर की होती है कि स्वयं भगवान ब्रह्मा (जिन्हें मानवमात्र के हित के लिए वेदों की रचना का श्रेय दिया जाता है) उन्हें सहमति देते और प्रशंसा करते हैं।

रहहिं एक सँग दोऊ पढ़हिं सास्तर बेद
बरह्मा सीस डोलावहिं सुनत लाग तस भेद। —54

पद्मावती को ईश्वर और हीरामन को एक आदर्श भक्त के रूप में देखना मनमोहक है। बाद में हीरामन रतनसेन के गुरु की भूमिका निभाता है। लेकिन समग्रता से पढ़ने पर यह मोह ज्यादा देर नहीं टिकता, ईश्वर रूपी पद्मावती अपने पिता के क्रोध से हीरामन की रक्षा करने में समर्थ नहीं है; गम्भीरता से

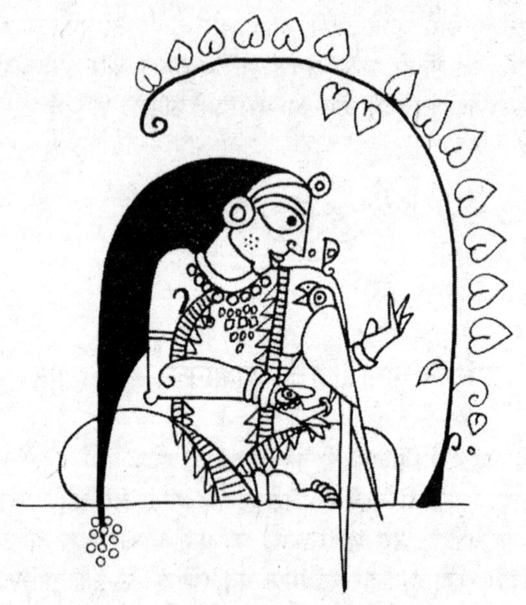

देखें तो अलाउद्दीन की बुरी योजनाओं का सामना करते समय वह वास्तव में असहाय-सी होती है और गोरा और बादल की मदद पर आश्रित होती है। जायसी की पद्मिनी 'दिव्य' महिला है लेकिन किसी 'निहित अर्थ' के कारण नहीं; बल्कि वह अपने रूपरंग और सकारात्मक गुणों—नैतिक साहस और चारित्रिक स्थिरता, के कारण 'दिव्य' है।

कथा में यह वर्णन है कि हीरामन और पद्मिनी अलग-अलग विषयों पर बातचीत करते हुए काफी समय साथ बिताते हैं। अचानक, हमें यह बताया जाता है कि राजा उस बेचारे तोते से इतने नाराज हैं कि उसकी हत्या का आदेश दे देते हैं। खैर, यह इतना अचानक भी नहीं है। कवि सूक्ष्म संकेत के द्वारा यह बताते हैं कि राजा किस वजह से तोते से क्रोधित है। पद्मिनी बेहद खूबसूरत स्त्री के रूप में परिपक्व हो रही है, और जाहिर है कि हीरामन उसे ऐसी बुद्धि—या परामर्श—देता है, जिससे राजा असहज है। हीरामन 'चन्द्रमा' को 'सूर्य' के बारे में बताता है—

राजै सुना दिस्टि भइ आना। बुधि जो देइ सँग सुआ सयाना॥
भएउ रजाएसु मारहु सुआ। सूर सुनाव चाँद जहँ उआ॥ —56

कवि यहाँ तांत्रिक शब्दावली की ओर इशारा कर रहे हैं। सूर्य, पुरुष तत्त्वों और चन्द्रमा, स्त्री तत्त्वों का प्रतिनिधित्व करता है। बुद्धिमान तोता हीरामन इन मामलों के बारे में पद्मिनी को ज्ञान दे रहा है और कोई भी व्यक्ति राजा की चिन्ता को समझ सकता है जिसका जायसी ने यहाँ सूक्ष्म इशारा किया है। भारतीय काम परम्परा में, तोते की महत्त्वपूर्ण भूमिका है और यह प्रेम और कामेच्छा के स्वामी कामदेव का वाहन है। *कामसूत्र* में 'नायक' और 'नायिका' (आदर्श प्रेमी और प्रेमिका) के लिए अनुशंसित 64 कलाओं में तोते को मनुष्य की तरह बोलने का प्रशिक्षण देना भी शामिल है। इसके अलावा हमारे पास शुक-सारिका संवाद (तोता और मैना के बीच का वार्तालाप) है, जो आज भी सांस्कृतिक स्मृति में—'तोता-मैना की कहानी' नाम से प्रसिद्ध है। तोता और मैना के बीच की इस 'नोक-झोंक' में हम दोनों को एक-दूसरे पर बेवफाई का आरोप लगाते हुए देखते हैं।

कामपरक कलाओं में तोते की भूमिका, अन्य विषयों के ज्ञान अर्जन और वितरण की उसकी क्षमता को बाधित नहीं करती है। जायसी से कुछ

ही शताब्दी पूर्व कथा-सरित्सागर नामक ग्रंथ में तोतों को व्यावहारिक मामलों के विशेषज्ञ और दार्शनिक के रूप में चित्रित किया गया है। बाद में हम पाते हैं कि महान कवि केशवदास (सत्रहवीं शताब्दी) लोक भाषाओं को अपनी रचनाओं का माध्यम बनाने पर अफसोस प्रकट करते हैं, जबकि उनकी वंश-परम्परा में, तोता और मैना तक संस्कृत में बतियाते रहे हैं। तथ्य यह है कि प्राचीन यूनान और फारस में वैदिक काल से ही तोतों को 'भारत के बुद्धिमान और पवित्र पक्षी' के रूप में जाना जाता था।

कामपरक विषयों में विशेषज्ञता के साथ-साथ अन्य विषयों में तोतों के पारंगत होने की छवि हीरामन के बारे में जायसी की कल्पना में प्रतिबिम्बित होती है। कहानी पर वापस लौटते हैं—पद्मिनी हीरामन की जान बख्श देने के लिए याचना करती है और वह पिता द्वारा तोते को मारने के लिए भेजे गए सैनिकों को वापस भेज देती है।

लेकिन वह आखिर कब तक उसे राजा के क्रोध से बचाने में सफल होगी? पद्मिनी पुन: हीरामन को 'धर्म प्रीति'—यानी इनसान और पक्षी के बीच सच्चे प्रेम—का हवाला देते हुए आश्वस्त करती है। अपने प्रिय सखा को 'आश्वस्त' करने के बाद, वह अपनी सखियों के साथ जलक्रीड़ा का आनन्द उठाने के लिए 'मानसरोवर' चली जाती है।

इस अवसर पर कवि स्त्री रूपरंग की पूर्णता में अन्तर्निहित दिव्यता का उत्कृष्ट वर्णन करता है। जीवन्त युवतियों के अल्हड़ खेल के वर्णन के दौरान, जिसमें पद्मिनी का हार गुम हो जाता है और वह व्याकुल हो उठती है, कवि कहता है :

मानसरोवर कहता है, 'मुझे जो चाहिए था, वह मुझे मिल गया। सौन्दर्य का पारस मेरे पास आया, और उसके पैरों के स्पर्श ने मेरे दिमाग की सारी अशुद्धियों को दूर कर दिया।'

उसे देखकर मैं भी खूबसूरत हो गया; उसके तन की चन्दन जैसी सुगन्ध ने मेरे दिल के जख्मों और जलन को हर लिया है। मैं आश्चर्यचकित हूँ कि यह कौन है जो सुगन्धित और शुद्ध वायु को मेरे पास ला रहा है और मेरे पापों को हर रहा है? अचानक पद्मावती का हार पानी के ऊपर आ जाता है, उसकी सखियाँ तत्काल हार को उठा लेती हैं, जिसे देखकर पद्मावती मन्द-मन्द मुस्काती है। इससे उसकी सखियाँ उसी तरह खिल जाती हैं, जिस

तरह चन्द्रमा को देखकर कुमुदिनी खिलती है। असल में, जो भी पद्मावती को देखता है, उसके सौन्दर्य का हिस्सा बन जाता है। प्रत्येक व्यक्ति को उसमें अपना मनवांछित रूप देखने को मिलता है। पद्मावती नामक चन्द्र के लिए सभी चेहरे दर्पण के समान बन जाते हैं।

जिसने उसकी आँखों में देखा, वह कमल बन गया; जिसने उसका रूप निहारा, वह निर्मल जल बन गया। जिसने उसे हँसते हुए देखा, वह हंस बन गया। उसके दाँत हीरे की तरह चमकदार थे।

कहा मानसर चहा सो पाई। पारस रूप इहाँ लगि आई॥
भा निरमर तेन्ह पायन परसें। पाया रूप रूप कें दरसें॥
मलै समीर बास तन आई। भा सीतल गै तपनि बुझाई॥
न जनौं कौनु पौन लै आवा। पुन्नि दसा भै पाप गँवावा॥
ततखन हार बेगि उतिराना। पावा सखिन्ह चन्द बिहँसाना॥
बिगसे कुमुद देखि ससि रेखा। भै तेहिं रूप जहाँ जो देखा॥
पाए रूप रूप जस चहे। ससि मुख सब दरपन होइ रहे॥
नैन जो देखे कँवल भए निरमर नीर सरीर।
हँसत जो देखे हंस भए दसन जोति नग हीर॥ —65

ध्यान दीजिए, *पद्मावती की सुन्दरता उसे निहारने वाले दर्शक को हीनभावना देने के बजाय खूबसूरत बना देती है। यह 'दैवीय' है, क्योंकि यह मनुष्य की क्षमता को कम करने के बजाय उसमें वृद्धि करती है।*

वह केवल अपने बेजोड़ शारीरिक सौष्ठव के कारण 'खूबसूरत' नहीं है, बल्कि अपनी 'पारस' (जिसके स्पर्श से धातुएँ, स्वर्ण में बदल जाती हैं) जैसी आत्मा के कारण खूबसूरत है। वह ईश्वर के प्रति जायसी की उस स्तुति को चरितार्थ करती है, जिसमें वे ईश्वर को कुछ ऐसे प्राणियों की रचना के लिए धन्यवाद देते हैं, जिन्हें उसने इस दुनिया में सकारात्मक और नेक कार्यों के लिए भेजा है।

उधर महल में, पद्मावती के आश्वासन के बावजूद बुद्धिमान हीरामन यह भलीभाँति जानता है कि 'जिस घर में बिल्ली को खुला छोड़ रखा गया हो, वहाँ कोई पक्षी बहुत दिनों तक जीवित नहीं रह सकता है।' अत: वह पद्मिनी को छोड़कर उड़ जाता है। दुखी पद्मिनी को उसके सेवक बताते हैं कि हीरामन को एक बिल्ली ने मार दिया था।

हीरामन पद्मावती के गहन प्रेम और उसके पिता की घनघोर नफरत से दूर चला जाता है; और अपने प्राकृतिक निवास—जंगल में पहुँच जाता है। यहाँ अपने लोगों के मध्य उसे सच्ची सहानुभूति प्राप्त होती है और वह अफसोस करता है कि उसने 'निजी स्वार्थवश' अपने लोगों को छोड़ दिया था। वहाँ मौजूद सभी पक्षी 'मनुष्यों' की इस दुनिया में अपने भाग्य को कोसते हैं; वे मनुष्यों के आसान शिकार होने की अपनी दुर्दशा पर शोक प्रकट करते हैं। शक्तिशाली लोगों की इस दुनिया में निर्बलों—तोते हों या मानव का शोक अन्तत: चुप्पी पर ही समाप्त होता है : "अब कुछ भी कहने की जरूरत नहीं, चुप रहना ही बेहतर है।"

अब कहना किछु नाहीं मस्ट भली पँछिराज। —72

अध्याय-2

रतनसेन और चित्तौड़

चतुर हीरामन

असहाय पक्षियों के विलाप के बाद कवि हमें पुनः मनुष्यों के संसार में ले जाते हैं—इस बार चित्तौड़ में। आश्चर्यजनक रूप से केवल एक ही छंद में इस महाकाव्य के नायक के जन्म का वर्णन किया गया है। चित्तौड़ के राजा चित्रसेन को पुत्ररत्न की प्राप्ति होती है, जिसका नाम रतनसेन रखा जाता है। ज्योतिषीगण उसकी केवल एक ही उपलब्धि की भविष्यवाणी करते हैं—कि वह योगी बनकर सिंहल जाएगा और पद्मिनी को चित्तौड़ लाएगा।

कवि अपने आख्यान में पद्मिनी की मुख्य भूमिका को इससे अधिक जोरदार तरीके से व्यक्त नहीं कर सकता था। इस दृश्य में नायक के जन्म के संक्षिप्त से वर्णन के बाद, कथा फिर हीरामन पर लौटती है, जो सिंहलद्वीप के आदर्श लोक को वास्तविक जगत के चित्तौड़ राज्य से जोड़ती है। स्पष्ट रूप से, *पद्मावत* को दो भागों में विभाजित किया जा सकता है—पहला कथा जगत एवं दूसरा ऐतिहासिक वृत्तान्त! सिंहल, पद्मिनी और उसका तोता कथा जगत के भाग हैं, जबकि अलाउद्दीन द्वारा चित्तौड़ की फतह इतिहास में दर्ज एक घटना है। तथापि यह स्मरण रखना आवश्यक है कि जायसी ने अपने छंदों में 'काल्पनिक' अथवा 'ऐतिहासिक' का कोई विभाजन नहीं किया है। कालांतर में विद्वानों ने इस महाकाव्य को अपनी सुविधा के लिए उसकी विषयवस्तु के अनुसार भिन्न आकार में खंडों में विभाजित किया।

पद्मावत को एक ऐतिहासिक दस्तावेज़ के रूप में पढ़ने का कोई अर्थ नहीं है। इसे उसी रूप में पढ़ना चाहिए जैसा कि यह है—ऐतिहासिक तथ्यों का उपयोग करती हुई एक महान काल्पनिक कृति, जिससे कि पाठक उसके कथानक के साथ अन्तरंगता से जुड़ सकें। जायसी के लिए केवल गाढ़ारूढ़ प्रत्यय (लोक-स्मृति में गहराई तक उतरी कोई कथा) ही ऐतिहासिक है, न

उससे कुछ अधिक न कम। इसीलिए जायसी को काल्पनिक सिंहल और वास्तविक चित्तौड़ को आपस में जोड़ने में किसी प्रकार की समस्या नहीं आई। दोनों ही उनकी कथा के अभिन्न अंग हैं।

अपने रचनात्मक उद्देश्य के कारण पूरी कथा समान रूप से वास्तविक और काल्पनिक है। उनका उद्देश्य न तो सूफी रूपक कथा लिखना था और न ही युद्ध में किसी एक पक्ष की वीर गाथा लिखना। उनकी काव्यात्मक सहानुभूति पद्मिनी और रतनसेन के साथ है, इसलिए नहीं कि वे राजपूत अथवा हिन्दू शौर्य वृत्तान्त लिखना चाहते थे, बल्कि इसलिए क्योंकि उनका प्रेम सच्चा था और उन्हें बिना किसी गलती के अत्यधिक त्रासदियों का सामना करना पड़ा।

वर्तमान समय में पाठकों द्वारा *पद्मावत* को संवेदनशील तरीके से इसकी सम्पूर्णता में न समझ पाने के कारण इसकी काव्यात्मक अखंडता को बहुत हानि पहुँची है। जो लोग इसे अपने राजनैतिक दृष्टिकोण के कारण महज ऐतिहासिक प्रमाण जुटाने के लिए पढ़ते हैं, वे इसके चमत्कृत कर देने वाले तथाकथित काल्पनिक भाग (ऐतिहासिकता के विपरीत) की उपेक्षा कर देते हैं। यही कारण है कि सिंहलद्वीप को या तो राजस्थान में स्थित माना जाता है या उसे वर्तमान श्रीलंका से जोड़कर देखा जाता है। ऐसे लोगों को हीरामन की भूमिका को समझाने में कठोर परिश्रम करना पड़ता है—जो इस कथा का अभिन्न अंग है। अथवा ऐसे लोग उसे पूरी तरह से भूल जाना चाहते हैं, जैसा कि अभी हाल ही में प्रदर्शित एक भव्य फिल्म में किया गया है, जिसे तथाकथित रूप से जायसी की *पद्मावत* पर आधारित बताया गया था।

दूसरी ओर, जो लोग इसे एक सूफी काव्य के रूप में पढ़ते हैं, वे उसके सभी चरित्रों को उनके मानवीय गुणों से वंचित कर निर्जीव प्रतीकों में बदल देते हैं। वे इस कथा में मौजूद मानवीय मार्मिकता की उपेक्षा कर देते हैं।

हीरामन को चित्तौड़ लाने के लिए, कवि एक ब्राह्मण पात्र को प्रस्तुत करता है। थोड़ा धन अर्जित करने के लिए वह सिंहल जा रहे बंजारों अथवा घुमक्कड़ व्यापारियों के एक दल में सम्मिलित हो जाता है। प्रचुर सम्पदा की भूमि—सिंहल, एक बड़ा व्यापारिक केन्द्र है। जायसी बड़े उत्साह के साथ सिंहल के आकर्षक बाजारों का वर्णन करते हैं। निर्धन ब्राह्मण जल्दी ही यह समझ जाता है कि इतने बड़े बाजार में व्यापार करने के लिए अभी वह बहुत छोटा है। बंजारों का समूह घर जाने की तैयारी कर रहा है। ब्राह्मण

इधर-उधर घूम रहा है, कि तभी बाजार में एक बहेलिया आता है। उसके पास अन्य सामानों के साथ-साथ एक अत्यन्त आकर्षक तोता भी होता है। ब्राह्मण उससे बात करता है, 'आप अपने गुणों को क्यों छिपा रहे हैं, मैं एक पंडित हूँ और मेरे विचार से आप भी एक पंडित हैं। आप अपने बारे में मुझे कुछ बताते क्यों नहीं? आखिर, एक विद्वान दूसरे विद्वान के समक्ष तो अपने विचार रख ही सकता है।'

तोता उससे बात करता है; यह वही हीरामन तोता है जो कुछ समय पूर्व अपने अन्य स्वतंत्र साथियों के साथ मनुष्यों की इस दुनिया में अपनी विवशता पर विलाप कर रहा था, कि न जाने किस क्षण उनकी स्वतंत्रता समाप्त हो जाए।

हीरामन कहता है, 'स्वतंत्रता समाप्त होते ही मेरे सारे गुण भी गायब हो गए हैं। इस गुलामी में मैं अपने किन गुणों पर गर्व करूँ? मैं पिंजड़े में बन्द करके बाजार में बिक्री के लिए लाया गया हूँ। सच्चा विद्वान स्वयं को बिक्री के लिए बाजार में नहीं लाता, और यदि वह ऐसा करता है तो वह अपनी विद्वत्ता खो देता है। मैं इस बाजार से दो मार्ग जाते हुए देख सकता हूँ, न जाने विधाता ने मेरे लिए कौन सा मार्ग चुना है...। मैंने बहुत-सा

ज्ञान अर्जित किया है, किन्तु ऐसे ज्ञान का क्या उपयोग जब मेरा जीवन ही निश्चित नहीं है? इस समय मेरे चारों ओर फैली धुंध ने मेरी बुद्धि को सुन्न कर दिया है।'

तोते की पीड़ा से ब्राह्मण विचलित हो जाता है; वह उसे खरीद लेता है और घर की ओर चल पड़ता है। जब तक वह चित्तौड़ पहुँचता है, चित्रसेन की मृत्यु हो चुकी होती है एवं रतनसेन नए राजा हैं। उसे हीरामन तोते के बारे में पता चलता है—वह तोता, जिसके बारे में यह विख्यात है कि उसका ज्ञान सहदेव (पाँच पांडव भाइयों में अपने ज्ञान के लिए प्रसिद्ध) की तरह है। 'ऐसा विलक्षण पक्षी तो राजमहल में होना चाहिए, किसी निर्धन ब्राह्मण की कुटिया में नहीं।' राजा ब्राह्मण को आदेश देता है, और ब्राह्मण अनमने मन से हीरामन को अपने से दूर करता है। इसके बदले ब्राह्मण को बहुत-सा धन दिया जाता है।

इस प्रकार हीरामन, सिंहल के आदर्श कल्पनालोक में स्थित पद्मावती के निवास से राजा रतनसेन के निवास तक की यात्रा पूरी करता है। उसकी यह यात्रा अन्य पक्षियों की तरह ही होती है—यानी बहेलियों द्वारा उनका पकड़ा जाना और क्रय-विक्रय—हीरामन जैसा बुद्धिमान पक्षी भी इससे नहीं बच पाया।

नागमती की पीड़ा

जैसी कि अपेक्षा थी, राजा रतनसेन, हीरामन से अत्यधिक प्रभावित हुए। वह जब बोलता था तो उसके मुख से माणिक और मूँगे की तरह आभा वाले शब्द झरते थे अन्यथा वह शान्त ही रहता था।

जौं बोलै तो मानिक मूँगा। नाहिं तो मौन बाँध होइ गूँगा॥ —82

कोई आश्चर्य नहीं है कि वह तोता जो नायक का मार्गदर्शक है एवं कवि का स्वर है, वह या तो अर्थपूर्ण शब्द ही बोलता है या बिलकुल चुप रहता है। आखिर, उसके सर्जक जायसी को शब्दों के मूल्य तथा मौन के गुण का पर्याप्त ज्ञान था।

किन्तु कुछ ऐसे क्षण भी आते हैं, जिनमें हीरामन भी चुप नहीं रह पाता। जल्दी ही वह अपने आपको इस स्थिति में पाता है, जहाँ वह कथा को आगे बढ़ाने का एक साधन बनता है। एक दिन, रतनसेन की अनुपस्थिति में, उसकी रानी नागमती अपना श्रृंगार करती है तथा दर्पण के सामने खड़े होकर कई प्रश्न करती है—'ओ दीवार पर टँगे दर्पण, यह बता कि सबसे सुन्दर कौन है?' हालाँकि, यहाँ यह प्रश्न दर्पण से नहीं था (जो किसी भी सूरत में उसे उत्तर देकर सन्तुष्ट नहीं कर पाता), बल्कि यह प्रश्न सिंहलद्वीप से आए उस ज्ञानी तोते से था। वह उससे प्रश्न करती है और उसे उत्तर देने की सौगन्ध देती है। 'आप बड़े पारखी माने जाते हैं; अपने राजा की सौगन्ध खाकर मुझे बताओ : क्या तुम्हारे सिंहल में मुझसे अधिक कोई सुन्दर है? क्या वह पद्मावती (जिसके बारे में तुम हर वक्त सोचते रहते हो), सौन्दर्य में मेरे आसपास भी ठहरती है?'

शुरू में तो हीरामन ने इस कठिन प्रश्न को टालने के लिए कूटनीतिक उत्तर देता रहा। किन्तु नागमती द्वारा सिंहल की स्त्रियों, विशेषकर पद्मावती से तुलना पर जोर देने पर, हीरामन ने सारी कूटनीति अलग रख दी; और फिर उसने अपने शुभचिन्तक राजा रतनसेन की सौगन्ध भी तो ली थी। वह लगभग उपहासपूर्ण ढंग से बोल पड़ता है—'सिंहल की स्त्रियों से तुलना का प्रश्न ही कहाँ है? हाँ, जिस सरोवर में कभी राजहंस न विचरते हों, उससे सरोवर में बगुले भी राजहंस होने का दावा करते हैं? लेकिन वास्तव में क्या कोई व्यक्ति दिन की तुलना रात से कर सकता है? सिंहल की स्त्रियों के शरीर सुगन्ध से भरे हुए हैं, और जहाँ तक पद्मावती के तन की बात है, उसका रंग शुद्ध स्वर्ण की तरह है और एक विशिष्ट सुगन्ध लिये हुए है।'

फिर हीरामन अपने इन तीखे वचनों को कुछ सांत्वना भरे शब्दों के साथ सन्तुलित करने का प्रयास करता है, 'आखिर ऐसी तुलना का क्या अर्थ है? अपने पुरुष द्वारा चाही जाने वाली हर स्त्री सुन्दर है। है या

नहीं?' लेकिन उसके शब्दों से जो क्षति होनी थी, सो हो चुकी। नागमती इस सत्य को सहन न कर सकी। वह ईर्ष्या एवं असुरक्षा से पागल-सी हो जाती है तथा हीरामन को रास्ते से हटाने का निश्चय कर लेती है। नागमती पुरुषों का स्वभाव जानती है, विशेषकर राजाओं का। पद्मिनी स्त्रियों की तलाश में सिंहल जाने वाले पुरुषों से जुड़ी घटनाएँ भी उसे ज्ञात है। वह इस निष्कर्ष पर आती है—जल्दी ही हीरामन 'रतनसेन को पद्मिनी के बारे में बता देता, और फिर निश्चय ही राजा योगी बनकर पद्मिनी की खोज में चित्तौड़ छोड़ देंगे।'

वह अपनी विश्वस्त दासी को निर्देश देती है कि वह इस घृणित पक्षी को कहीं दूर ले जाकर इस तरह मार दे कि किसी को भी इस कृत्य की कानोंकान खबर न हो। दासी तोते को ले जाती है, किन्तु अपनी स्वामिनी के विपरीत वह स्थिति पर शान्तिपूर्वक विचार करती है : 'पहली बात तो यह कि कोई राजा के प्रिय की हत्या नहीं कर सकता। दूसरी बात यह कि इस निरापद पक्षी ने ऐसी क्या गलती कर दी है? वह एक पंडित है; वस्तुत: एक संन्यासी है, जो अपनी साधना में विघ्न के कारण यहाँ पर है। मैं इस तोते को एक ऐसी स्त्री के कहने पर क्यों मारूँ जिसे इस बात की भी चिन्ता नहीं कि यह उसके पति का कितना प्रिय है। और जब राजा

इस तोते को खोजने का आदेश देंगे, तो उसका दुष्परिणाम भी मुझे ही भोगना होगा।'

जैसे ही राजा लौटता है, वह नागमती से हीरामन के बारे में पूछता है। वह अभिमानपूर्वक उत्तर देती है, 'मैं सिंहल की पद्मिनी के बारे में जानने को उत्सुक थी, और उस धृष्ट पक्षी ने मुझसे कहा कि उसकी तुलना में मैं सर्प के समान हूँ और जैसे दिन की तुलना में रात होती है। बल्कि उसने यह भी कहा कि मेरे पति उल्लू के समान हैं जो दिन की स्वर्णिम आभा वाले सौन्दर्य को समझ नहीं पा रहे हैं। स्वामी, इस पक्षी की जिह्वा कितनी तीक्ष्ण है, और वह कितना निकृष्ट है! कदाचित् इसी कारण उसका मुख लाल है—लोगों का रक्त पी-पीकर। निस्सन्देह देखने में यह सुन्दर है, किन्तु इतने अवगुणी पक्षी को हमें पालना चाहिए? ऐसे स्वर्णाभूषण का क्या लाभ जो कानों को घायल ही कर दे?'

हीरामन के प्रति रतनसेन की प्रिय स्मृतियों के माध्यम से जायसी, उस विद्वान पक्षी के गुणों एवं रतनसेन के साथ उसकी मित्रता का वर्णन करते हैं। रतनसेन एक विद्वान मित्र को खो देने के कारण दुखी है। क्रोधित पति एवं राजा के अधिकार से वह कहते हैं—'यह मत सोचो कि ऐसा करने के बाद तुम सुखी रहोगी। अब या तो उस मृत पक्षी को जीवित करो अथवा उसी के साथ सती हो जाओ।'

नागमती स्तब्ध रह जाती है और उसे लगता है कि औपचारिक रूप से युद्ध आरम्भ होने के पहले ही वह हार गई। वह दासी, जिसने पक्षी को मारने की उसकी आज्ञा की अवहेलना की थी, सहायता के लिए आती है। नागमती अपनी सखी समान दासी से थोड़ी सी डाँट भी खा लेती है। तोता राजा को सौंप दिया जाता है। नागमती आहत हो जाती है और पति के प्रति उसका मोह भंग रोषपूर्ण शब्दों में प्रकट होता है, 'मैं समझती थी कि आपकी नजर में मेरी बड़ी कीमत है, लेकिन स्पष्ट है कि यह पक्षी आपको मुझसे अधिक प्रिय है। आपने अपनी पत्नी को आदेश दे दिया कि यदि वह जीवित न हुआ तो वह उसके साथ सती हो जाए। मेरे स्वामी, मैंने जीवन भर आपकी सेवा की और अपने प्रेम पर गर्व किया, लेकिन इसका मुझे यह पुरस्कार मिला है। ठीक है, कम-से-कम आज मैं यह सत्य तो जान गई—कि भले ही आप मेरे साथ हैं; पर मेरे नहीं हैं। आप आभासी रूप में यहाँ हैं किन्तु वास्तविक रूप

में किसी पराये देश के हैं। अब आप मुझे बिलकुल अपरिचित जान पड़ते हैं। तथापि मैं वही करूँगी, जो आप चाहते हैं...।'

इस स्थान पर, उत्कृष्ट प्रेम एवं श्रद्धा का भ्रम समाप्त हो जाता है। नागमती को हृदय-विदारक अपरिचितता का अनुभव होता है। महत्त्वपूर्ण यह है कि जायसी ने नागमती की पीड़ा को विभिन्न उपमाओं एवं रूपकों के माध्यम से आध्यात्मिक रंग देने का प्रयास किया है। कदाचित्, जायसी ने इस काव्य योजना के द्वारा 'आदि उद्यान' से जुड़ी अपनी कटु स्मृतियों के बोझ को कम करने का प्रयास किया है।

वास्तव में, इस घटना के पश्चात् जिन घटनाओं, वर्णनों एवं संवादों की रचना हुई है, उसे देखकर ऐसा लगता है जैसे कवि अपने पाठकों के समक्ष कुछ अत्यन्त महत्त्वपूर्ण बात रखना चाहता है। वह निरन्तर पाठकों को यह स्मरण कराने का प्रयास करते हैं कि तथाकथित आध्यात्मिक अनुभव वैसे भाव का ही रूपांतरण है, जैसा नागमती इस समय अपने मानवीय प्रेम में अनुभव कर रही है।

यद्यपि नागमती निराश हुई है, परन्तु पूर्ण रूप से परास्त नहीं हुई है। यहाँ तक कि राजमहल में पद्मावती के आगमन के पश्चात् भी वह अपने स्थान के लिए संघर्ष करती है। जो लोग *पद्मावत* को सूफी आध्यात्मिकता के रूपक की तरह पढ़ते हैं, वे उसके पात्र को सांसारिक बन्धन के प्रतीक के रूप में देखते हैं। यह उस स्त्री के प्रति असंवेदनशीलता है जिसे बेवजह ही पीड़ा झेलने को बाध्य होना पड़ा था। टीकाकार चाहे जो भी कहें, कवि के आख्यान में वह सहानुभूति की पात्र के रूप में सामने आती है। जायसी के वर्णन में उसका चित्रण किसी बुरे पात्र की तरह नहीं हुआ है, जिसे अवांछनीय बन्धन का प्रतीक माना जाए। जिस समय रतनसेन सिंहल में अपने नये-नये प्रेम में मग्न थे, उनके प्रति नागमती की लालसा और वेदना का जायसी द्वारा किया गया वर्णन, हिन्दी साहित्य में लालसा और वेदना के काव्य के उत्कृष्ट वर्णनों में से एक माना जाता है।

नागमती की विरह वेदना को व्यक्त करने के लिए जायसी ने बदलती हुई ऋतुओं के प्रभाव का काव्यात्मक वर्णन विरही प्रेमी के दृष्टिकोण से किया है। कालिदास एवं उनके परवर्ती कवियों द्वारा प्रयुक्त यह आलंकारिक वर्णन जायसी के समय तक आते-आते एक महत्त्वपूर्ण काव्य माध्यम एवं

लोकप्रिय संस्कृति का एक भाग बन चुका था। उसे बारहमासा की संज्ञा दी गई तथा जायसी द्वारा *पद्मावत* में इसका विलक्षण तरीके से प्रयोग किया गया।

हीरामन द्वारा रतनसेन से पद्मावती का वर्णन

रतनसेन जानता है कि कभी-कभी सत्य भी चुभता है, पर राजा होने के नाते वह यह भी जानता है कि शक्ति-सम्पन्न लोगों को सत्य बोलने वालों के मुँह बन्द कर देने की आदत होती है। वह नागमती के इतना क्रोधित होने के पीछे का सत्य जानना चाहता है। वह हीरामन से कहता है, 'सत्य के बिना मनुष्य खोखला है, सत्य के बिना धर्म टिक नहीं सकता। सत्य को वही छोड़ सकता है जो धर्म को नष्ट करने पर प्रवृत्त हो। वस्तुत:, सम्पूर्ण संसार ही सत्य पर टिका है।'

हीरामन अपनी स्पष्टवादिता के अनुरूप उत्तर देता है तथा वह पुन: पूरे आत्मविश्वास के साथ पद्मावती की प्रशंसा करते हुए कहता है। 'पद्मावती सिंहल के राजा की पुत्री है। वह शुद्ध स्वर्ण-सी चमकती है तथा उसके शरीर से कमल-सी सुगन्ध आती है; सिंहल की अन्य सभी पद्मिनियाँ तो उसकी छाया मात्र हैं। मैं हीरामन, उसका प्रिय पक्षी था; उसकी सेवा करने के कारण ही मैं बोलना सीख पाया हूँ, अन्यथा हमेशा गूँगा ही रहता।'

पद्मावती का सौन्दर्य ही उस बुद्धिमान पक्षी हीरामन का सत्य है।

हीरामन अपने सभी गुणों के लिए इस सौन्दर्य के सत्य को ही धन्यवाद देता है। पद्मावती के प्रति उसकी कृतज्ञता अत्यन्त मर्मस्पर्शी शब्दों में व्यक्त की गई है—

'मैं जीवनपर्यन्त, दिन-रात उसका स्मरण करता रहूँगा; यहाँ तक कि मरते समय भी मैं उसकी स्मृति अपने साथ ले जाऊँगा। मैं अपने उस शरीर

को भी परलोक ले जाऊँगा, जिसे उसने हरा रंग प्रदान किया है और वह मुख जिसे उसने लाल रंग का बनाया है।'

जौ लहि जिऔं रात दिन सुमिरौं मरौं तो ओहि लै नाऊँ।
मुख राता तन हरिअर कीन्हे ओहूँ जगत लै जाऊँ॥ —93

यहाँ प्रयोग किए गए शब्द किसी भी अनुवादक के लिए एक चुनौती के समान हैं। मुहावरे की भाषा की तरह प्रयोग किए गए 'हरियाना' शब्द से अभिप्राय पुनर्जीवन प्राप्त करना एवं 'रक्तवर्ण' से अभिप्राय जीवन में सन्तोष हासिल करना है।

भारतीय लोक ज्ञान तोतों को अत्यन्त आत्मकेन्द्रित प्राणी के रूप में देखता है। कृतघ्नता को तोते का दूसरा स्वभाव माना जाता है। तोतों की ऐसी छवि होने के कारण हीरामन की कृतज्ञता और भी अधिक मोहक एवं मर्मस्पर्शी हो जाती है। पद्मावती एवं हीरामन की अनूठी मित्रता एवं प्रेम का बन्धन इस महाकाव्य में इस तरह से वर्णित है कि उसे पढ़ने वाला प्रत्येक संवेदनशील पाठक अपने जीवन में कम-से-कम एक ऐसे मित्र के होने की अभिलाषा रखता है।

पद्मावत महज रतनसेन और पद्मावती के बारे में ही नहीं है। यह हीरामन और पद्मावती के बारे में भी है। यह केवल स्त्री-पुरुष के प्रेम के बारे में ही नहीं है, यह सच्ची मित्रता के बारे में भी है।

हीरामन तोते के बिना *पद्मावत* को पढ़ना अथवा उसकी पुनर्रचना करना न केवल पद्मावती एवं रतनसेन के बीच की एक कड़ी को खोना है, बल्कि परस्पर विश्वास एवं साझेदारी के एक सुन्दर सम्बन्ध की उपेक्षा करना भी है।

किसी नायक अथवा नायिका के बारे में सुनकर अथवा उसके चित्र को देखकर प्रेमगत होना पारम्परिक काव्य प्रथा रही है। अब तक रतनसेन पद्मावती के प्रेम में रंग चुका है। लेकिन हीरामन उसे तत्काल सावधान भी करता है, 'राजन, कोई गलत धारणा मत पाल लेना, प्रेम के मार्ग पर चलना अत्यन्त दुष्कर है। प्रेम की बात वही कर सकते हैं जो अपना शीश न्योछावर करने के लिए तैयार हों।'

पेम सुनत मन भूलु न राजा। कठिन पेम सिर देई तौ छाजा॥ —97

इन पंक्तियों को पढ़कर हमें तत्काल कबीर का स्मरण होता है—

कबिरा यहु घर प्रेम का खाला का घर नाहिं।
सीस उतारै, भुई धरै, तब पैजे घर माँहि।

यहाँ पर कवि वास्तविक प्रेम एवं महज आकर्षण के मध्य अन्तर को रेखांकित करते हैं। यह ठीक है कि रतनसेन पारम्परिक रूप से प्रेमगत होता है किन्तु वह कुछ अलग करने पर जोर देता है; तथा मायूस होने से मना करता है। रतनसेन में अनवरत रूप से कबीर के शब्द गुंजायमान होते प्रतीत होते हैं, जब वह कहता है, 'मैं जानता हूँ कि प्रेम का मार्ग कितना दुर्गम है, किन्तु जो इस मार्ग को पार करता है, वही अपने इहलोक और परलोक को सार्थक करता है। प्रेम का अमृत कष्टों में ही संचित है। यह केवल उन्हीं लोगों के लिए है जो मौत को भी गले लगाने के लिए तैयार हैं। यदि आप प्रेम के पथ पर नहीं चले हैं, तो इस धरती पर जन्म लेने का अर्थ ही क्या है? मैंने इस मार्ग को चुना है और इसी पर अडिग रहूँगा। कृपया मुझे राह दिखाएँ, मेरा त्याग न करें। जिसने प्रेम का द्वार देखा है, केवल वही किसी दूसरे व्यक्ति को मार्ग बता सकता है। प्रेम का अनुभव किए बिना आपको इसका ज्ञान नहीं हो सकता। हाँ, यह मार्ग कष्टों से भरा हो सकता है; जब तक कि आप प्रियतम से नहीं मिल लेते। एक बार प्रियतम से मिलन हो जाने पर आपके जन्म-जन्मान्तर के दुःख दूर हो जाते हैं।

आपने पद्मावती को देखा है; कृपया उसका नख-शिख वर्णन करें। ईश्वर ने चाहा तो मैं उससे अवश्य मिलूँगा।'

भलेहिं पेम है कठिन दुहेला। दुइ जग तरा पेम जेइँ खेला॥
दुख भीतर जो पेम मधु राखा। गंजन मरन सहै सो चाखा॥
जेइँ नहिं सीस पेम पँथ लावा। सो प्रिथिमी महँ काहे कों आवा॥
अब मैं पेम पंथ सिर मेला। पाँव न ठेलु राखु कै चेला॥
पेम बार सो कहै जो देखा। जेइँ न देख का जाना बिसेखा॥
तब लगि दुख प्रीतम नहिं भेंटा। जब भेंटा जरमन्ह दुख मेटा॥
जसि अनूप तुइँ देखी नख सिख बरनि सिंगार।
है मोहि आस मिलन कै जौं मेरवै करतार॥ —98

यदि आपने कभी प्रेम का मार्ग ही न अपनाया, तो इस धरती पर जन्म लेने का अर्थ ही क्या है?

यही इस महाकाव्य की केन्द्रीय विषय-वस्तु तथा जायसी का मुख्य सरोकार है। राजा रतनसेन, हीरामन तोते के दिशानिर्देश पर एक योगी का रूप धारण कर, सिंहल के मार्ग में पड़ने वाले अत्यन्त भयंकर किलकिला समुद्र का सामना करेगा। वहाँ पहुँचकर वह एक-एक बाधा, यहाँ तक कि सम्भावित आत्म-बलिदान एवं वध का सामना करेगा।

जायसी ने इस महाकाव्य की रचना ऐसे प्रेम के उत्सव मनाने के लिए की है कि जिसे यदि सही तरीके से अभ्यास में लाया जाए तो कृतघ्न प्रजाति का माना जाने वाला प्राणी—हीरामन तोता—भी अपनी स्वामिनी के प्रति इस जीवन में तथा उसके परे भी, कृतज्ञता से भर जाता है। यह प्रेम ही है, जिसके कारण एक पत्नी (नागमती) गम्भीर आघात के पश्चात् भी पति को पाने की लालसा रखती है।

रतनसेन के आग्रह पर, हीरामन पद्मावती का वर्णन करता है; तथा पाठक को जायसी द्वारा नारी सौन्दर्य के नख-शिख वर्णन के रूप में एक और उत्कृष्ट काव्य परम्परा के दर्शन होते हैं। अगले कई छंदों में नायिका के एक-एक अंग का वर्णन पारम्परिक उपमाओं एवं रूपकों के प्रयोग के द्वारा किया गया है, किन्तु जायसी की अपनी विशिष्ट शैली में। बहुधा नायिका के केशों के बीच की माँग रेखा का वर्णन कवियों द्वारा पारस पत्थर पर उकरी स्वर्ण रेखा अथवा बिजली की कौंध के रूप में किया जाता है; किन्तु जायसी के वर्णन में यह सरस्वती नदी की तरह रेखांकित हुई है। [प्रयाग में हुए त्रिवेणी संगम में गंगा और यमुना दो नदियाँ प्रत्यक्ष दिखाई देती हैं, जबकि यह माना जाता है कि तीसरी नदी सरस्वती अदृश्य है—और यमुना नदी का रंग केश की तरह काला माना गया है।] यद्यपि नायिका के कोमल पृष्ठ भाग की प्रशंसा में कई गीत गाये गए हैं, किन्तु जायसी ने हल्का सा पीछे की ओर देखती हुई पद्मावती के सौन्दर्य का शब्द-चित्र खींचा है। यह वर्णन हमें मध्ययुगीन एवं पूर्व आधुनिक भारत के शिल्पकारों द्वारा गढ़ी गई (खजुराहो एवं कोणार्क के नारी रूपों को याद करें) नारी मुद्राओं का स्मरण कराता है। पद्मावती के दैहिक सौन्दर्य का वर्णन हीरामन अपने इन शब्दों से समाप्त करता है, 'मैं उस विशुद्ध सौन्दर्य के साथ न्याय नहीं कर सका

हूँ, सच तो यह है कि उसके सौन्दर्य को परिभाषित करने वाली कोई उपमा इस संसार में मौजूद नहीं है।'

पद्मावती के नख-शिख वर्णन में जायसी की उत्कृष्टता इस तथ्य पर भी आधारित है कि पद्मावती केवल अद्वितीय सौन्दर्य की स्वामिनी ही नहीं है बल्कि एक विदुषी स्त्री भी है।

हीरामन, रतनसेन को बताता है कि वेदों के पूर्ण ज्ञान के अतिरिक्त पद्मिनी को अमरकोष (चौथी सदी में अमरसिंह द्वारा रचित संस्कृत थिसारस), महाभारत, गीता एवं व्याख्यान कला में भी महारत हासिल है। यहाँ तक कि ज्ञानी पंडित भी इन ग्रंथों की व्याख्या में पद्मिनी की बराबरी नहीं कर सकते। वह ज्योतिष, व्याकरण एवं पुराणों की भी ज्ञाता है। किसी तीखे तीर की तरह वह इन चर्चाओं के सार पर सीधे पहुँच जाती है। उसका ज्ञान देवी सरस्वती की तरह है।

अमर भारथ पिंगल और गीता। अरथ जूझ पंडित नहिं जीता॥
भावसती ब्याकरन सरसुती पिंगल पाठ पुरान।
बेद भेद सैं बात कह तस जनु लागहि बान॥ —108

'मुझे जाना ही होगा...'

रतनसेन आपे से बाहर है। उसे पद्मिनी को अपने जीवन में लाना ही है। अब उसे सिंहल जाना होगा। परिवार के सदस्य, दरबारी, मंत्री, समुदाय के वरिष्ठ जन, रतनसेन को समझाने में असफल हैं। वह किसी की सुनने को तैयार नहीं है। कोई औषधि कारगर नहीं है। वह जब भी बात करता है, केवल अपने प्रेम के बारे में बात करता है। इस प्रेम ने उसे हर सम्बन्ध, हर सुख के प्रति उदासीन कर दिया है—उसे एक त्यागी, संन्यासी बना दिया है। यहाँ कवि

ऐसे शब्दों का प्रयोग करता है जो रतनसेन की दशा से भी आगे के संकेत करते हैं। हम रतनसेन को किसी बालक की तरह रोते हुए पाते हैं और वह जो बातें बोलता है, वो दरअसल हमारे ही मन की बात है, 'मैं, मूलत: उस नगर का वासी था, जो जीवन्तता से परिपूर्ण था। आखिर वह मुझसे कैसे छूट गया? वास्तविक ज्ञान को मैंने कैसे भुला दिया? मैं तो अमरत्व की नगरी का निवासी था, यहाँ मृत्युलोक में कैसे आ गया?'

आवन जगत बालक जस रोवा। उठा रोइ हा ग्यान सो खोवा॥
हौं तो अहा अमरपुर जहाँ। इहाँ मरनपुर आएहुँ कहाँ॥ —121

रतनसेन को अब अमरत्व की नगरी यानी पद्मावती के सिंहलद्वीप की ओर प्रस्थान करना होगा। हालाँकि, हीरामन स्पष्ट रूप से, बल्कि कठोर शब्दों में चेतावनी देता है।

'राजन, सिंहल पहुँचना उतना सरल भी नहीं है। जो अपने जीवन को दाँव पर लगाना चाहे, केवल वही सिंहल जाने का साहस कर सकता है। केवल एक योगी, संन्यासी और सत्यान्वेषक ही उस मार्ग पर जा सकता है। प्रेम उस दुर्गम पर्वत की तरह है, जिसमें पग-पग पर सूली बिछी है। केवल चोरों और मंसूर को ही उस पर लटकाया जाता है। आप राजा हैं एवं भोग-विलास के लिए बने हैं। यदि आपको कोई साधना ही करनी है, तो सिंहल की पद्मावती के लिए क्या चिन्तित होना? आपके शरीर में दस द्वार हैं, जिनसे सारतत्त्व की चीजें दिन-रात चोरी हो रही हैं। होश में आइए और डकैतों से अपनी अनमोल सम्पत्ति की रक्षा कीजिए।'

हीरामन द्वारा वर्णित 'मंसूर' एक सूफी थे, जिन्हें दसवीं शताब्दी में बगदाद में सूली पर चढ़ाया गया था। हीरामन यहाँ जो भी बोल रहा है, वह अत्यन्त महत्त्वपूर्ण है। वह यहाँ पर ऐसे शक्ति एवं साधन सम्पन्न लोगों के बारे में बोल रहा है, जो प्रेम को अपराध मानते हैं। वे मंसूर (जो सच्चे प्रेमियों के प्रतिनिधि की तरह हैं) को लुटेरों के साथ फाँसी के तख्ते पर चढ़ा देते हैं।

(क्या यह बात आज के सन्दर्भ में सही नहीं है—जब खाप पंचायत फरमान जारी करती है और ऑनर किलिंग के नाम पर प्रेमी युगल बर्बरता से मार डाले जाते हैं?)

यहाँ जायसी एक और महत्त्वपूर्ण बात कहते हैं। वे विश्व भर में व्याप्त उस सोच के विरुद्ध बोलते हैं, जो मनुष्य की भावनाओं को सत्य के मार्ग से डिगाने वाली मानती है। जायसी की विश्वदृष्टि के अनुसार प्रेम, एक भावनात्मक बल के रूप में, 'अन्य' तक पहुँचकर उसे 'स्वयं' से भी अधिक महत्त्वपूर्ण बना देता है। आप अपनी प्रसन्नता अथवा सुख की अपेक्षा दूसरे व्यक्ति की प्रसन्नता एवं सुख की पहले परवाह करते हैं। इस तरह की विश्वदृष्टि, जिसमें सामाजिक आयाम जुड़ा होता है, व्यक्ति की आन्तरिक खोज को समृद्ध करता है। कबीर और कई अन्य मनीषी, जिन्होंने इस विश्वदृष्टि को साझा किया, आन्तरिक रूप से निरन्तर अन्वेषण करते रहे, और साथ-ही-साथ इसे समाज से जोड़ते रहे। उन्होंने स्पष्ट और मुखर स्वर से सामाजिक एवं धार्मिक कुरीतियों की आलोचना की।

कुछ अलग ढंग से जायसी भी इसी दृष्टिकोण को पेश करते हैं। उच्च स्वर में आलोचना करने की बजाय वे मानवीय प्रेम के पक्ष में सूक्ष्म भेद युक्त काव्योक्ति का प्रयोग करते हैं तथा कबीर द्वारा कही गई बातों को दोहराते हैं कि 'काम वासना पाप न होकर, मनुष्य को दिव्यता की ओर अग्रसर कर सकती है।' आत्मिक उत्थान के इस बैकुंठ में प्रविष्ट हो जाने पर, हर प्रकार के धार्मिक एवं अन्य पूर्वग्रह स्वत: ही दूर हो जाते हैं। तथापि, दृढ़ निश्चय वाले सच्चे साधक ही उस मानुष प्रेम को प्राप्त करने की आशा कर सकते हैं, जो प्रेमी और प्रेमिका दोनों को बैकुंठी (दिव्य) में बदल देता है।

इस संवाद में कवि ने हीरामन को उन लोगों के 'पूर्व पक्ष' को बताने की भूमिका दी है, जो केवल अन्तस्साधना पर जोर देते हैं एवं प्रेम को ध्यान भटकाने वाला मानते हुए उसकी उपेक्षा करते हैं। रतनसेन को कवि के अपने सिद्धान्त पक्ष को दोहराने का कार्य सौंपा गया है। रतनसेन कवि के पक्ष को, अपने शब्दों से नहीं बल्कि कार्यों द्वारा व्यक्त करता है। वह हीरामन के दीर्घ संवाद का वह इस प्रकार संक्षेप में उत्तर देता है, 'हाँ, मैं सारे जोखिमों को जानता हूँ, फिर भी मैं पद्मावती को प्राप्त करने के लिए सिंहल की यात्रा करूँगा, भले ही इससे मेरे राजसी जीवन के सुखों के साथ-साथ मेरा जीवन ही क्यों न कुर्बान हो जाए।'

रतनसेन एक योगी, साधक बन जाता है, हठ योग का नहीं, प्रेम योग

का। उसका प्रेम योग उसे किसी अँधेरी एकान्त गुफा में ले जाने की बजाय सौन्दर्य की देवी—पद्मावती की आभा से दीप्त नगरी में ले जाता है।

प्रेम-योगी की यात्रा

एक योगी के रूप में रतनसेन का वर्णन करते हुए जायसी योगियों के वस्त्र एवं व्यवहार, उनके पास आमतौर पर होने वाली चीजों एवं कार्यों का वर्णन करते हैं—विशिष्ट राख से शरीर के लेपन से लेकर उनके बड़े-बड़े कुंडलों एवं बाबा गोरखनाथ के नाम के उच्चारण तक। संन्यास एवं चित्त की एकाग्रता के उदाहरण के रूप में प्रसिद्ध योगियों के रूप में गोपी चन्द एवं भर्तृहरि के नामों का उल्लेख किया गया है। जायसी इस जगह पर अपने नक्षत्र ज्ञान (शकुन-अपशकुन) का भी प्रदर्शन करते हैं। चारों ओर शुभ शकुन है : एक व्यक्ति चाँदी के पात्र में दही एवं मछली ला रहा है, एक स्त्री अपने सिर पर जल से भरा पात्र रखे हुए है, एक हिरण दाईं ओर से आ रहा है; एक मालिन अपने मोर के साथ आ रही है तथा खंजन पक्षी सर्प के फन पर बैठा हुआ है।

रतनसेन अपनी माँ एवं पत्नी नागमती से कहता है कि उसकी प्रतिज्ञा अटल है। यह बात वह अपनी माँ से विनम्रतापूर्वक, जबकि नागमती का उपहास उड़ाते हुए कहता है, क्योंकि किसी अन्य स्त्री—पद्मावती तक पहुँचने के उसके मार्ग की 'सहज' बाधा नागमती ही है। जायसी इस दृश्य की रचना नागमती के प्रति सहानुभूति के साथ करते हैं; जो जीवनपर्यन्त अपने पति की सेवा एवं सन्तुष्टि का वादा करती है। वह रतनसेन से रुकने के लिए अनुनय-विनय करती है, और चिन्ताग्रस्त होकर पूछती है, 'क्या 'वह' वास्तव में मुझसे अधिक आकर्षक है?' परन्तु योगी (राजा) की इच्छा के आगे उसकी हताश विनती कोई मायने नहीं रखती।

'मैं जानती हूँ कि स्वभाववश पुरुष की नजर कई स्त्रियों पर होती है, लेकिन आप उसे कैसे धोखा दे सकते हैं, जिससे आप पूर्व परिचित हैं। हम सब आपकी सफलता और समृद्धि की कामना करते हैं, आपसे विनती है कि आप यहीं रहें, चित्तौड़ पर राज्य करें तथा हमारे सौभाग्य की रक्षा करें।'

भवै भलेहिं पुरुषन्ह कै डीठी। जिन्ह जाना तिन्ह दीन्हि न पीठी।
देहिं असीस सबै मिलि तुम्ह माथें निति छात।
राज करहु गढ़ चितउर राखहु पिय अहिबात॥ —131

जायसी ने पद्मावती के चरित्र को नारी आकर्षण एवं सौन्दर्य के प्रतिमान के रूप में गढ़ा है; लेकिन नागमती ठोस पितृसत्तात्मक व्यवस्था में स्त्री की दशा को सबके समक्ष लाती है।

जायसी की काव्यात्मक उत्कृष्टता इस बात से झलकती है कि उन्होंने पद्मावती केन्द्रित आख्यान में नागमती की वाणी को मूक या दरकिनार नहीं किया बल्कि मुखर किया है।

रतनसेन के सलाहकार तथा राजपुरोहित उससे अपने प्रस्थान को रोकने अथवा किसी अन्य उपयुक्त अवसर तक प्रतीक्षा करने का आग्रह करते हैं। रतनसेन किसी दीवाने की तरह पूरी दृढ़ता के साथ उत्तर देता है। वह कहता है, 'प्रेमी किसी शुभ मुहूर्त की प्रतीक्षा नहीं करता, जैसे ही उसे अपने प्रेम का पता चलता है, वह आगे बढ़ जाता है। पंडित लोग शुभ मुहूर्त के बारे में कुछ अधिक ही विचार करते हैं। वे यह भूल जाते हैं कि मृत्यु किसी मुहूर्त की प्रतीक्षा नहीं करती। वह किसी भी समय, किसी को भी, पंडित को भी, साथ ले जाती है।'

हठी प्रेम-योगी प्रस्थान करता है, और अपने पीछे 'शोक की हिलोरें' छोड़ जाता है।

इसी सन्दर्भ में रतनसेन जिन शब्दों में एक सच्चे प्रेमी की दशा का वर्णन करता है, वह कवि के आत्म-वर्णन जैसा ही है—'प्रेमी के शरीर में न तो मांस बचा है, और न ही रक्त, उसका शरीर पीला पड़ चुका है तथा नेत्र के अश्रु सूख गए हैं।'

जेहि तन पेम कहाँ तेहि माँसू। कया न रकत न नयनन्हि आँसू॥ —127

यद्यपि रतनसेन अब एक प्रेम-योगी है, किन्तु फिर भी राजा है, अतः वह विशिष्ट तरीके से महल छोड़ता है। वह श्रृंगी बजाता है, मानो कोई नायक हजारों योगियों की सेना का नेतृत्व कर रहा हो। ये सभी सामन्त हैं जो रतनसेन का अनुसरण उसके प्रति अपने प्रेम के चलते कर रहे हैं। यह भी सम्भव है, और इसके होने की सम्भावना अधिक है कि ये राजकुमार, राजा का अनुसरण करने की युगों पुरानी परम्परा का निर्वाह कर रहे हों। प्रेम के मद में डूबे एक प्रेमी के नेतृत्व तथा हीरामन के कुशल दिशानिर्देशन में, योगियों की यह सेना निर्बाध रूप से एवं तीव्र गति से आगे बढ़ती जा रही है। हीरामन के निर्देशन से यह स्पष्ट होता है कि सिंहल ओड़िशा के आगे समुद्र में अवस्थित है। (जैसा कि पूर्व में उल्लेख किया जा चुका है कि गजपति वंश का राजा रतनसेन का स्वागत करेगा तथा उसे सर्वोत्तम जहाजी बेड़ा उपलब्ध कराएगा।)

'सप्त सिंधु' का विचार लोकोक्ति का भाग रहा है। कबीर राम की प्रशंसा में लिखने के लिए सभी सातों सिंधुओं के जल को स्याही के रूप में बदल देना चाहते थे, किन्तु राम की अगम्य महिमा को देखते हुए इतनी स्याही को अपर्याप्त पाते हैं। लोकगीतों से लेकर फिल्मी गीतों तक में सात समुद्रों की उपमा अत्यधिक दूरी और प्रचुर मात्रा को व्यक्त करने के लिए की जाती है। जायसी इस विचार को अतिरिक्त अर्थ के साथ प्रयोग करते हैं, किन्तु इससे पूर्व, वे यह भी संकेत करते हैं कि वे नाविकों की कथाओं से भली प्रकार परिचित हैं। हमारा कवि एक चलता-फिरता ज्ञान कोष जान पड़ता है, जिसे इस संसार के हर विषय की जानकारी है। यहाँ तक कि तुलसीदास, जो पर्याप्त ज्ञानवान हैं, भी हमें इस्लामिक विश्वासों, परम्पराओं, कथा-कहानियों से अधिक परिचित नहीं जान पड़ते हैं।

सच ही किसी 'आदि उद्यान' में मिली उपेक्षा कवि-आत्मा को विलक्षण रूप से जाग्रत कर देती है।

जायसी हमें सप्त सिंधुओं के आन्तरिक संयोजन का स्मरण कराते हैं, जो भिन्न भी है एवं स्वतंत्र भी। पहले पाँच समुद्र क्रमशः जल, दुग्ध, दही, अग्नि एवं मदिरा के हैं। फिर आता है सबसे भयंकर किलकिला समुद्र और अन्त में मानसर। ये सातों सिंधु विभिन्न राग (मोह) तथा चुनौतियों के प्रतीक हैं तथा किलकिला सिंधु, जो कि सबसे भयंकर है, स्पष्टता प्राप्त होने के पहले अन्तिम भ्रम का प्रतीक है। इस सिंधु में शक्तिशाली एवं विजेता व्यक्तियों के सही मार्ग से भटकने की सम्भावना अधिक होती है। इसका सीधा-सा कारण यह है कि वह शक्तिशाली एवं विजेता व्यक्ति उन पाँच सिंधुओं को पार कर चुकने के बाद गर्व से भर जाता है। हीरामन रतनसेन से कहता है, 'इस जगह आकर नैतिकबोध बनाए रखने हेतु सच्चे मार्गदर्शक तथा गुरु की आवश्यकता होती है; यहाँ आकर लोग अपना मूल गुण खो बैठते हैं। सिंहल तक लोगों के न पहुँच पाने का कारण यही है कि वे भयंकर एवं संशयकारी किलकिला सिंधु से सामंजस्य स्थापित नहीं कर पाते और भटक जाते हैं। यह आपको जीवन एवं मृत्यु, आशा एवं निराशा देता है। इसमें जो डूब जाता है वह अतल गहराई में चला जाता है; और जो सामंजस्य बना लेता है, उसका स्वर्ग तक पहुँचना तय है।'

रतनसेन को फिक्र करने की कोई आवश्यकता नहीं है। उसका नैतिक दिग्दर्शक सही है और उसके पास हीरामन जैसा गुरु है। उसकी सेना सकुशल सातवें सिंधु—मानसर तक पहुँच जाती है। मानसर के दर्शन मात्र से यात्रियों की पीड़ा एवं थकान दूर भाग जाती है। सत्य के प्रति उनका दृढ़ संकल्प अन्ततः पुरस्कृत होता है। उन्हें ऐसा लगता है मानो वे पहली बार सवेरा देख रहे हों, और अब सिंहल उन्हें साफ दिखाई दे रहा है।

अध्याय-3

काल्पनिक आदर्शलोक में नायक

रतनसेन की तपस्या

रतनसेन और योगियों की उसकी सेना सिंहल की सुन्दरता एवं उसका वैभव देखकर स्तब्ध रह गए। उस अविश्वसनीय सौन्दर्य को निहारते हुए उन्हें अपनी इन्द्रियों पर विश्वास नहीं हो रहा था। वहाँ के पर्वत स्वर्णिम आभा लिये हुए हैं, सूर्य और चन्द्रमा आकाश में एक साथ उदय होते प्रतीत होते हैं, वहाँ की हवा में चन्दन की महक है, इत्यादि...।

'हम कहाँ आ गए हैं?' रतनसेन आश्चर्य व्यक्त करता है।

रतनसेन के प्रश्नों का उत्तर देते हुए, हीरामन ने उन साधकों के दल का परिचय कराया, जिन्होंने अपने अथक परिश्रम एवं सत्यनिष्ठा से सामूहिक स्मृति पर गहरी छाप छोड़ी है। वह गोपीचन्द एवं भर्तृहरि के अलावा राजा विक्रमादित्य (अपनी न्यायप्रियता के लिए विख्यात), राजा हरिश्चन्द्र (अपनी सत्यवादिता एवं वचन पर अडिग रहने के लिए विख्यात) और महान योगी मछिन्दरनाथ (मत्स्येन्द्रनाथ) एवं उनके शिष्य गोरखनाथ का उल्लेख करता है। हीरामन उसको बधाई देते हुए कहता है, 'तुमने पृथ्वी और आकाश दोनों को जीत लिया है और अब सिंहल तुम्हारे सामने है।'

रतनसेन को पद्मिनी के 'प्रथम दर्शन' का अवसर तभी प्राप्त हो सकता है, जब पद्मिनी किले से बाहर आए। सौभाग्य से माघ महीने की पंचमी तिथि—वसंत पंचमी—ज्यादा दूर नहीं है और इस दिन वह शिव मन्दिर में पूजा करने आती है। वसंत पंचमी को काम के देवता—'मदन या कामदेव' तथा ज्ञान की देवी—'सरस्वती' की आराधना की जाती है। रतनसेन की यात्रा तभी फलीभूत हो सकती है, जब उसे पद्मावती के प्रथम दर्शन प्राप्त हों, जैसा कि हमने देखा है कि इस यात्रा को जायसी ने नारी सौन्दर्य के प्रतिमान की खोज एवं आत्मबोध हेतु रचा है। हीरामन द्वारा किया गया पद्मावती का

वर्णन याद रखने योग्य है—वह परम सुन्दरी है एवं विद्वत्ता में देवी सरस्वती के समान है। इस प्रकार, वसंत पंचमी के अवसर पर उसके प्रथम दर्शन पाना रतनसेन के लिए अत्यन्त शुभ है।

शिव मन्दिर तक पहुँचने के लिए उसे एक पहाड़ी पर चढ़ना है। 'पर्वत क्या है? उसे देखने के लिए तो मैं दौड़ता हुआ आकाश पर चढ़ जाऊँ', रतनसेन हीरामन से कहता है। साथ ही वह ऐसा भी कुछ कहता है जो प्रयास, सफलता एवं असफलता के लिए सभी पर लागू होता है—'जिसका लक्ष्य ऊँचा है, वह दिनोंदिन सफलता के सोपान चढ़ता जाता है; व्यक्ति को ऊँचे लक्ष्य की इच्छा कभी नहीं त्यागनी चाहिए, भले ही उसे यदा-कदा पतन का सामना करना पड़े।'

दिन दिन ऊँच होई सो जेहि ऊँचे पर चाउ।
ऊँचे चढ़त परिअ जौं ऊँच न छाड़िअ काउ॥ —163

हीरामन अब पद्मावती के महल की ओर उड़ जाता है। प्रेमपुजारी—रतनसेन—अब और प्रतीक्षा नहीं कर सकता; वह भी अपने साथी साधकों के साथ शीघ्रता से पर्वत पर चढ़ने लगता है और शिव मन्दिर तक पहुँच जाता है।

जायसी की *पद्मावत* का मुख्य कथन इसी शिव मन्दिर में व्यक्त होता है—'शिव' जिनके नाम का अर्थ ही है कल्याणकारी।

शिव भी अपनी पत्नी सती के प्रेम में व्याकुल हो गए थे। सती के पिता दक्षप्रजापति और उनके पति—शिव के सम्बन्ध तनावपूर्ण थे। एक बार उन्होंने एक यज्ञ का आयोजन किया, जिसमें शिव एवं सती को आमंत्रित नहीं किया। यह सोचकर कि उनके पिता से यह त्रुटि लापरवाही के कारण हुई है, सती अपने पिता के महल पहुँच जाती है। वहाँ जाकर उन्हें यह ज्ञात होता है कि उसे और उसके पति को जानबूझकर आमंत्रित नहीं किया गया है। घोर अपमानित महसूस कर वे आत्महत्या कर लेती हैं। यह समाचार शिव के लिए भयंकर दुःख एवं प्रलयंकारी क्रोध का कारण बनता है। वे तांडव करने लगते हैं, और क्रोधित शिव को देवताओं के सामूहिक अनुनय-विनय के बाद ही शान्त किया जा सका।

रतनसेन के निरन्तर अनुनय-विनय के प्रत्युत्तर में हमें एक देववाणी सुनाई देती है, जिसके लिए कवि द्वारा 'अकूत' शब्द का प्रयोग किया गया

है, जिसका अर्थ है 'अगणित या जिसे मापा न जा सके'। यह गणनातीत वाणी रतनसेन के साथ-साथ अन्य साधकों को सम्बोधित करती है : 'यह प्रेम ही है जो मनुष्य को देवत्व प्रदान करता है, अन्यथा मनुष्य एक मुट्ठी धूल से अधिक कुछ और नहीं। प्रेम से जीवनामृत भी मिलता है और असहनीय पीड़ा भी; जिस तरह मधुमक्खी के छत्ते से शहद भी प्राप्त होता है और डंक भी। सम्भव है कि दर-दर भटकने पर भी आपको सच्चा प्रेम न मिले, और कभी घर में बैठे हुए भी मिल जाए; इसके लिए सिर्फ सच्ची लगन आवश्यक है।'

कै अस्तुति जौं बहुत मनावा। सबद अकूत मंडप महँ आवा॥
मानुस पेम भएउ बैकुंठी। नाहिं त काह छार एक मूँठी॥
पेमहि माहँ बिरह औ रसा। मैन के घर मधु अंब्रित बसा॥
निसत धाइ जौं मरै तो काहा। सत जौं करै बैसेइ होइ लाहा॥ —166

अपने प्रेम के दैवीय अनुमोदन से उत्साहित रतनसेन शेर की खाल बिछाकर उस पर आसीन हो जाता है और पद्मावती के नाम का जाप करने लगता है। अपने मन को पद्मावती पर एकाग्र करके, वह जल्दी ही समाधि में चला जाता है। वह ऐसी तपस्या करता है कि उसके शरीर से उपजी प्रेमाग्नि से उसके वस्त्र जलने लगते हैं। वह किसी भी तरह अपनी प्रेमिका तक पहुँचना चाहता है, चाहे फिर वह 'धूल कण के रूप में हवा के झोंके से उड़कर उसके द्वार तक पहुँचना क्यों न हो।'

मनमोहक पद्मावती

प्रेम की गति निराली है। रतनसेन की महती कामना एवं उसकी कठिन तपस्या से उपजे स्पंदन, अपने आप पद्मावती तक पहुँच जाते हैं। मानो सारा ब्रह्मांड

उसके कानों में मद्धिम स्वर में कह रहा हो कि उसके लिए सर्वथा योग्य पुरुष उसके समीप ही है। पद्मावती के मन में उस व्यक्ति (जो अभी तक पद्मावती के लिए अपरिचित है) से मिलने की तीव्र उत्कंठा जाग्रत होती है, जो शिव मन्दिर में उसकी प्रतीक्षा कर रहा है। वह अपने मन की बात अपनी विश्वस्त सेविका को छोड़कर किसी को नहीं बताती है। वह सेविका उसके प्रति गहरी सहानुभूति रखती है, साथ ही प्रेम के कठिन मार्ग के प्रति पद्मावती को सचेत भी करती है।

पद्मावती को भी यह पूर्वाभास होता है कि यह वसंत पंचमी कुछ विशेष होने वाली है। उसके मन में ऐसे व्यक्ति से मिलने की तीव्र उत्कंठा जाग्रत होती है, जिसे वह अभी तक जानती ही नहीं है।

इसी समय हीरामन का प्रवेश होता है। पद्मावती की खुशी का ठिकाना नहीं रहता है। पिता के क्रोध से बचकर रतनसेन के महल में पहुँचने तक की सारी जानकारी पद्मावती, हीरामन से प्राप्त करती है। उसके बाद वे दोनों मुख्य विषय पर आते हैं, अर्थात्—पद्मावती की रहस्यमयी 'पीड़ा'। हीरामन उसे रतनसेन के बारे में बताता है, 'धन्य हैं वे माता-पिता जिनका ऐसा पुत्र है। वह चित्तौड़ का राजा है, उसमें एक महान राजा बनने के सभी बत्तीस गुण मौजूद हैं, और वह तुम्हारे लिए उसी प्रकार योग्य है, जिस प्रकार आभूषण के लिए स्वर्ण होता है। मैंने उसे तुम्हारे बारे में बताया है, और अब उसके हृदय में तुम्हें प्राप्त करने की अमिट लौ जाग्रत हो गई है। तुम्हारा प्रेम पाने के लिए वह योगी बन गया है और उसने अपने राज्य को त्याग दिया है। उसकी आभा सूर्य के समान है और तुम एक पारसमणि हो। तुम लोगों का मिलन स्वयं विधि ने तय किया है। मैं तो उस दैवीय योजना का माध्यम मात्र हूँ।'

जायसी ने अपने महाकाव्य में कई बार पद्मावती की तुलना पारस पत्थर से की है। पद्मावती के सौन्दर्य एवं व्यक्तित्व को अभिव्यक्त करने का यह उनका अपना तरीका है।

अन्तत: प्रेमी-प्रेमिका की दीर्घ प्रतीक्षा के पश्चात् वसंत पंचमी का दिन आ ही जाता है। पद्मावती कई स्त्रियों के साथ शिवपूजन के लिए जाती हैं। यहाँ भी, जायसी का वर्णन महत्त्वपूर्ण ऐतिहासिक सूचनाएँ उपलब्ध कराता है। वे पद्मावती के साथ चलने वाली छत्तीस जातियों की स्त्रियों के परिधान

एवं उनकी चाल-ढाल का वर्णन करते हैं। सर्वप्रथम उन्होंने 'कोरी' जाति की स्त्री का उल्लेख किया है जो पटोला रेशम के वस्त्र पहने हुए है। 'कोरी' हिन्दू बुनकर थे, तथा रेशम की कारीगरी में दक्षता के लिए जाने जाते थे। सैद्धान्तिक रूप से, जातिगत वर्गीकरण में, 'कोरी' ऊँची जाति के नहीं हैं, लेकिन राजसी सखियों की सूची में कोरी स्त्री का सर्वोच्च स्थान पर होना सिद्धान्त और व्यवहार के अन्तर की ओर इशारा करता है। वस्त्र व्यापार एवं उद्योग की जायसी काल के पूर्व-आधुनिक भारत में महत्त्वपूर्ण भूमिका थी, अत: इसमें कोई आश्चर्य की बात नहीं है कि जायसी के वर्णन में कोरी समुदाय की स्त्री को ब्राह्मण स्त्री की तुलना में प्राथमिकता दी गई। इन दो स्त्रियों के बाद क्रम आता है—अग्रवाल, बैस, चन्देल, चौहान, स्वर्णकार, मदिरा विक्रेता, शाक विक्रेता, और पनवाड़ी जातियों की स्त्रियों का। यहाँ उल्लिखित सभी जातियों के व्यवसायों का जीवन की सुख-समृद्धि से कोई-न-कोई सम्बन्ध अवश्य है।

हास-परिहास करता हुआ उन युवा स्त्रियों का समूह शिव मन्दिर पहुँचता है। मन्दिर में, देवताओं के दर्शन से उनके सभी पाप दूर हो जाते हैं। पूजा करते समय पद्मावती अत्यन्त सहज भाव से अपनी कामनापूर्ति की प्रार्थना करती है, और कवि टिप्पणी करता है, 'उसकी प्रार्थना कौन सुनेगा? देवता मृत हो गए हैं, बस एक अवर्णनीय वाणी मन्दिर में गूँज रही है।' (*उतर को देई देव मरि गएऊ। सथक अकूत मंडप महँ भएऊ॥*) यह कहने की आवश्यकता नहीं है कि 'मृत' शब्द देवताओं के 'जड़' हो जाने के अर्थ में प्रयोग किया गया है, जो कि पद्मावती के अवर्णनीय नारी सौन्दर्य को देखकर स्तब्ध और अवाक् रह जाते हैं।

पद्मावती मुदित मन से मुस्कुराती है, 'मैं तो इस देवता को अपनी पूजा समर्पित करना चाहती थी, अब मेरी पूजा को कौन स्वीकार करेगा?' उसी क्षण पद्मावती की एक सखी आती है और पद्मावती को बताती है कि मन्दिर के पूर्वी द्वार पर एक योगी बैठा है, जो पूरे बत्तीस गुणों से युक्त राजकुमार प्रतीत हो रहा है।

पद्मावती तेजी से पूर्वी द्वार की ओर जाती है, और जब उसकी नजर रतनसेन पर पड़ती है, तो उसे सहज आभास हो जाता है कि वह कौन है। सूर्य के समान आभा लिये रतनसेन ध्यान में लीन है और उसे इस बात का कतई भान नहीं है कि जिसके लिए वह ध्यानमग्न है, वह उसके आसपास है। इस स्थान पर हम पाते हैं कि पद्मावती एक बार पुन: अपने सौन्दर्य और आकर्षण को लेकर सचेत है, 'मैं अपने घर से बाहर निकलने का साहस इसलिए नहीं करती क्योंकि जिस किसी पर मैं दृष्टिपात करती हूँ, वही अत्यधिक प्रसन्नता के कारण इस दुनिया से ही विदा हो जाता है।' वह रतनसेन की विडम्बना पर भी मुस्कुराती है। केवल उसे पाने के लिए वह यहाँ तक आया है, लेकिन इस बात से बेखबर है कि मैं उसके आसपास हूँ। वह वापस घर चली जाती है, किन्तु जाते-जाते उसके साथ एक ठिठोली भी करती जाती है।

वह चन्दन का लेप उठाती है और उससे रतनसेन के वक्ष पर एक सन्देश लिख देती है 'तुम्हें भिक्षाटन की कला नहीं आती; तुम मेरे दर्शन को आतुर थे और मैं स्वयं तुम्हारे पास आई थी, किन्तु तुम आँखें बन्द किए हुए थे। अब तुमने वह क्षण गँवा दिया है और मुझ तक आने के लिए अब तुम्हें कठिन परिश्रम करना होगा।'

उसके वहाँ से जाते ही मन्दिर के देवता पुनर्जीवित हो गए। किन्तु बेचारे रतनसेन का क्या?

शिव और पार्वती की मध्यस्थता

ध्यानावस्था से बाहर आने पर रतनसेन को एहसास हुआ कि नियति ने उसके साथ कैसा मजाक किया है। पद्मावती उसके इतने समीप थी, किन्तु...

रतनसेन की भावनात्मक उथल-पुथल को दर्शाने के लिए जायसी ने निराश प्रेमी की पीड़ा को दर्शाने वाली समस्त पारम्परिक उपमाओं का धाराप्रवाह प्रयोग किया है। रतनसेन को शकुंतला और दुष्यन्त; *महाभारत* के

नल और दमयंती; तथा *सिंहासन बत्तीसी* के माधवानल एवं कामकन्दला के वियोग का स्मरण होता है। पद्मावती की ठिठोली याद करते हुए वह रतनसेन कहता है 'उसने मेरे वक्ष पर सन्देश लिखने के लिए चन्दन का लेप ही क्यों चुना? चन्दन के लेप का मेरे दहकते हुए हृदय पर इतना शीतल प्रभाव हुआ कि मुझे नींद आ गई।' लेकिन वह इस अवसर को गँवाने की पीड़ा का भी अनुभव कर रहा है। अपार दुःख एवं निराशा को व्यक्त करने के लिए एक चिर-परिचित मुहावरा है, 'खून के आँसू रोना'। 'रत्न' दुःख से चूर-चूर हो गया है। जायसी लिखते हैं कि 'रतन रो रहा है, और खून के आँसू ऐसे टपक रहे हैं मानो एक के बाद एक माणिक टपक रहे हों।' *(रोवै रतन लाल जनु चूरा।)*

वह अपनी खीज देवताओं पर निकालता है और उन्हें मलेच्छ सम्बोधित करता है। 'मैं तुम्हारी पूजा इसलिए कर रहा था ताकि मैं उसे देख सकूँ, और देखो, इसका मुझे क्या फल मिला?' देवता भी दीन-हीन की तरह क्षमा माँगने की मुद्रा में उत्तर देते हैं, 'जिस क्षण वह मन्दिर में आई, यम ने मेरे प्राण हर लिये और उसके बाद क्या हुआ, मुझे कुछ भी ज्ञात नहीं। मैं ऐसा वैद्य हूँ जो स्वयं ही रोग ग्रसित है, मैं क्या तुम्हारी चिकित्सा करूँगा?'

जब देवता ही निर्बल हो गए हों तो रतनसेन के लिए उम्मीद ही कहाँ बचती है? निराश और परास्त रतनसेन को यह संसार ही छोड़ देना चाहिए। उसे नहीं मालूम कि यह उसकी गलती है या दुर्भाग्य, पर वह उपेक्षित महसूस करता है। (उपेक्षित होने की व्यथा को जायसी से अधिक भला और कौन जानता होगा?) अतः रतनसेन अपने असफल जीवन को समाप्त करने का निश्चय करता है।

महाकाव्य के अन्त में पद्मावती, नागमती के साथ रतनसेन की चिता पर सती हो जाती है; किन्तु यहाँ मध्य में रतनसेन सती होने जा रहा है। सम्भवतः जायसी इस पुस्तक के आरम्भ में वर्णित हसन देहलवी की किताब *इश्क़नामा* से परिचित थे। कदाचित्, जायसी के काल में इसी तरह के और भी आख्यान प्रचलित थे। जो भी हो, देहलवी और जायसी जैसे कवियों, और तत्कालीन पाठकों के लिए 'सती' होना सिर्फ स्त्रियों का विशेषाधिकार नहीं था। ऐसा नहीं है कि आधुनिक सम्पादकों और विद्वानों ने रतनसेन के उस व्यवहार की तुलना सती होने से की है। बल्कि स्वयं जायसी ने ऐसा किया है : 'मैं योगी

और भिक्षुक बनकर उसे प्राप्त नहीं कर सका, तो अब मैं सती की भाँति स्वयं को चिता में भस्म कर लूँगा।'

पाएउँ नहिं होइ जोगी जती। अब सर चढ़ौं जरौं जसि सती॥ —204

निस्सन्देह आत्मदाह एक घृणित और बीभत्स कार्य है, चाहे जो भी करे। तथापि यहाँ मुख्य विचार यह है कि यदि समर्पण एवं त्याग की पराकाष्ठा को अभिव्यक्त करने के लिए ऐसा कृत्य किया जाता है तो केवल स्त्रियों के द्वारा ही क्यों? कभी-कभार पुरुषों को भी ऐसा कर लेना चाहिए। देहलवी और जायसी अपने-अपने आख्यानों में ठीक ऐसा ही कहना चाह रहे हैं।

इससे पहले कि रतनसेन अपनी चिता तैयार कर उसे प्रज्वलित कर पाता, उसके पीड़ित हृदय की ज्वाला सभी को असहज कर देती है। यहाँ तक कि रावण की लंका को जला डालने वाले हनुमान भी इस ताप को सहन नहीं कर पाते हैं। वे तीव्रगति से सीधे भगवान शिव के पास पहुँचते हैं एवं उन्हें बताते हैं कि 'कोई मनुष्य सब कुछ भस्म करने को तत्पर है, यहाँ तक कि मैं भी उस ताप को सहन करने में सक्षम नहीं हूँ। यदि उसने वास्तव में चिता में अग्नि प्रज्वलित कर दी तो समूचा विश्व उस अग्नि की भेंट चढ़ जाएगा। कृपया जल्दी ही कुछ कीजिए।'

भगवान शिव एक कोढ़ी का रूप धारण कर, पार्वती के साथ उस स्थान पर प्रकट होते हैं। हिन्दू पौराणिक मान्यताओं में पार्वती पीड़ित आत्माओं की ओर से अनुनय-विनय करती हैं। पार्वती के प्रति शिव का अगाध प्रेम उनकी विनती को टाल नहीं पाता है और न चाहते हुए भी वे उनकी सहायता करते हैं।

भगवान शिव, रतनसेन से कहते हैं कि वह आत्मदाह जैसा घृणित कार्य न करे। रतनसेन क्रोधित होकर कहता है, 'कौन है जो मुझे रोकने का प्रयत्न कर रहा है? क्या तुझे अपने जीवन का भय नहीं? मैं पहले ही आधा जल चुका हूँ; यह चिता तो बस उस अधूरे कार्य को पूरा ही करेगी।' उसकी वाणी से इतनी ऊष्मा और ज्वाला निकलती है कि यदि महादेव हस्तक्षेप न करें, तो सम्पूर्ण विश्व ही उस ज्वाला में भस्म हो जाए। पार्वती, रतनसेन से प्रभावित होती हैं किन्तु अब भी उसके प्रेम की गहराई की परीक्षा लेना चाहती हैं। वे आकाश से अत्यन्त रूपवती अप्सरा के रूप

में प्रकट होती हैं और रतनसेन को आकर्षित करने का प्रयास करती हैं, किन्तु वह उनमें किसी प्रकार की रुचि नहीं दिखाता है। पार्वती शिव से अनुनय-विनय करती हैं कि वे उसकी रक्षा करें। शिव की अनिच्छा देखते हुए वे रतनसेन की सत्यता का प्रमाण देती हैं और शिव को स्मरण कराती हैं कि उनके सिर पर पहले से ही दो हत्याओं का बोझ है; क्या वे और बोझ बढ़ाना चाहते हैं?

पार्वती यहाँ दो प्रसिद्ध घटनाओं की ओर संकेत कर रही हैं।

पहली घटना में प्रेम और कामवासना के देवता कामदेव द्वारा ध्यान भंग किए जाने से क्रोधित शिव ने उसे भस्म कर दिया था। और दूसरी घटना में उन्होंने पार्वती द्वारा अपनी निजता की रक्षा के लिए बनाए गए मिट्टी के बालक का शिरोच्छेदन कर दिया था। हालाँकि दोनों ही घटनाओं में उन्होंने पीड़ितों को पुनर्जीवित कर दिया गया था—दूसरी घटना में वे उस बालक को गणेश के रूप में जीवित करते हैं।

तथापि, हत्या, हत्या ही है, और पार्वती अपने पति को सचेत कर रही हैं। पत्नी के प्रति अगाध प्रेम रखने वाले शिव अब तक उनके किसी भी निवेदन की उपेक्षा नहीं कर पाए थे। तो अब कैसे करते?

इसी बीच, रतनसेन ने गौर किया कि उस विचित्र कुष्ठ रोगी के घावों पर एक भी मक्खी नहीं उड़ रही है; उसकी पलकें भी नहीं झपक रही हैं। उसकी परछाईं भी नहीं बन रही थी। उसे सत्य का बोध हो जाता है और वह बिलखते हुए शिव के चरणों में गिर पड़ता है 'हे देवों के देव मेरी सहायता करें।' न केवल उसके नेत्रों से बल्कि रोम-रोम से अश्रुधारा फूट पड़ती है; उसका रुदन सम्पूर्ण ब्रह्मांड को गुंजायमान कर देता है। शिव उसे सांत्वना देते हैं और ऐसी चमत्कारिक शक्ति (मंत्र और जादुई गुटिका के रूप में) देते हैं, जिससे वह सिंहल के किले एवं स्वयं पर विजय हासिल कर सके।

जायसी के शिव के अनुसार यह समझना आवश्यक है कि 'मनुष्य स्वयं ही जीवन है और स्वयं ही मृत्यु। स्वयं ही शरीर है और स्वयं ही मन। मनुष्य को इस प्रकार कार्य व्यवहार करना चाहिए जैसे कोई और है ही नहीं।'

आपुहि मीचु जियन पुनि आपुहि तन मन सोइ।
आपुहि आपु करै जो चाहे कहाँ क दोसर कोइ॥ —216

यह विशिष्ट आध्यात्मिक अभिव्यक्ति है जो गहन अन्तर्दृष्टि से भरी हुई है। कोई भी 'किला' व्यक्ति के वास्तविक स्वभाव (उसकी सम्भावनाओं एवं सीमाओं) को जाने बिना नहीं जीता जा सकता। इसी आशय का कथन श्रीमद्भगवद्गीता में भी मिलता है, 'व्यक्ति ही स्वयं का परम मित्र एवं परम शत्रु है।'

सर्वप्रथम तुम्हें अपनी अन्तर्निहित शक्ति को जाग्रत कर अपने वर्तमान स्व को परिवर्तित करना होगा। तुम्हें अपनी सीमाओं से पार जाना होगा। किसी भी जादुई छड़ी का यही सार है। जायसी ने 'सिद्धि' शब्द का प्रयोग किया है, जिसका अर्थ है महज जादू से कहीं अधिक रहस्यमयी और चमत्कारिक उपलब्धि।

तोते द्वारा संकट से उबारना

रतनसेन को अब दैवीय मार्गदर्शन एवं सहायता उपलब्ध है। जादुई युक्ति का प्रयोग करते हुए, योगियों की सेना सिंहल किले को चारों ओर से घेर लेती है। इस विचित्र घेराबन्दी का राज जानने हेतु राजा अपने दूतों को भेजता है। रतनसेन स्पष्ट करता है, 'ये आक्रमणकारियों द्वारा की गई घेराबन्दी नहीं है। वस्तुतः मैं तो एक भिक्षुक हूँ; मैं महाराज से प्रार्थना करता हूँ कि वे केवल अपनी पुत्री का विवाह मुझसे कर दें, इसके अलावा मुझे और कुछ नहीं चाहिए। जिस द्वार पर सिद्धि मिल रही हो, उसे छोड़कर एक योगी और कहाँ जा सकता है?

दूत क्रोधित होते हैं, 'एक योगी अथवा भिक्षुक राजा की कन्या का हाथ माँगने का साहस कैसे कर सकता है? इससे पहले कि राजा तुम्हें मिट्टी में मिला दे, अच्छा होगा कि तुम अपना जीवन बचाकर यहाँ से भाग जाओ। तुम राजकुमारी का हाथ माँग रहे हो? अधिक से अधिक तुम्हें किसी बन्दरिया के द्वारा काटा जाना ही नसीब हो सकता है।'

'बन्दरिया के द्वारा काटा जाना' (यह जायसी के ज्ञान एवं उनकी अभिरुचियों की व्यापकता का प्रमाण है) एक अत्यन्त प्रचलित कहानी की ओर संकेत करता है जिसमें एक धृष्ट योगी चतुराई से एक व्यापारी को अपनी पुत्री उसे सौंपने के लिए विवश कर देता है। हालाँकि व्यापारी की चतुर लड़की अपने स्थान पर एक गुस्सैल बन्दरिया को रखने में सफल हो जाती है और उस कपटी योगी को कन्या के चुंबन के स्थान पर बन्दरिया द्वारा काटा जाना नसीब होता है। इस संकेत पर रतनसेन का उत्तर दृढ़ एवं विनम्र है—'चाहे बन्दरिया काटे या उससे भी बुरा कुछ हो, एक सच्चा योगी अपने पथ से विमुख नहीं होने वाला...मेरा योग जल की तरह है जिसकी शीतलता पर तुम्हारे राजा की क्रोधाग्नि का कोई प्रभाव नहीं होगा।'

यह उत्तर सुनकर राजा गन्धर्वसेन क्रोधित होता है, किन्तु उस पागल योगी की बातों पर ध्यान नहीं देता है। दूसरी ओर, रतनसेन हीरामन को बुलाता है और संकट में पड़े प्रेमियों की सहायता के लिए सदैव आतुर रहने वाला हीरामन तुरन्त प्रकट होता है। रतनसेन उसे पद्मावती को देने के लिए एक पत्र देता है। इस पत्र में रतनसेन पद्मावती से आग्रह करता है कि वह उसकी सचाई और प्रेम पर विश्वास करे और उससे मिलने आए। हीरामन शीघ्रता से पत्र को पद्मावती तक पहुँचाता है।

पद्मावती के उत्तर के द्वारा, जायसी एक बार पुन: अपने आख्यान में पद्माबती को केन्द्रीय पात्र के रूप में स्थापित करते हैं और साथ-ही-साथ अपने महाकाव्य को प्रेम आख्यानों की परम्परा से जोड़ते हैं। रतनसेन को लिखे अपने पत्र में पद्मावती स्पष्ट रूप से कहती है, 'मुझे पाने के लिए अभी तुम्हें अपनी योग्यता साबित करनी है। जिस समय मैं तुम्हारे पास आई थी, उस समय तुमने बेहद लापरवाही का परिचय दिया था। कहते तो यह हो कि तुम मुझे पाने के लिए ध्यानमग्न हो, लेकिन मेरे नजदीक होने पर भी तुमने कोई प्रतिक्रिया नहीं दी थी। यहाँ तक कि जब मैंने तुम्हारे वक्ष पर चन्दन का लेप लगाया था, तब भी तुम पर कोई प्रभाव नहीं पड़ा था। तुमने एक महत्त्वपूर्ण अवसर गँवा दिया है, अब तुम्हें नए सिरे से पुन: प्रयास करना होगा।'

यहाँ सुप्रसिद्ध प्रेम-आख्यानों का उल्लेख किया गया है। पद्मिनी पूछती है, 'स्मरण करो, स्वप्नावती को पाने के लिए विक्रम ने कितने कष्ट

उठाए थे? वे पाताल लोक तक चले गए थे...और मधुमालती, मृगावती एवं प्रेमावती के प्रेमियों के कष्ट भी स्मरण करो। इसके अलावा अनिरुद्ध (श्रीकृष्ण के पुत्र) को भी याद करो, जो ऊषा के लिए लड़ा था। क्या तुमने उन जैसा संघर्ष किया है? क्या तुमने उतने कष्ट उठाए हैं? मैं भी तुमसे बहुत प्रेम करती हूँ, तुम्हें पाने की इच्छा रखती हूँ, लेकिन फिर भी तुम्हें अपनी योग्यता साबित करनी होगी—मत भूलो, मैं पद्मावती हूँ, तुमसे उतनी ही दूर हूँ, जितना सातवाँ आसमान है; केवल वही मुझे पा सकता है जो स्वयं मर-मिटने को तैयार हो।'

हौं रानी पदुमावति सात सगर पर बास।
हाथ चढ़ौं सो तेहि कें प्रथम जो आपुहिं नास॥ —233

विक्रमादित्य एवं स्वप्नावती की कथा का उल्लेख सिंहासन बत्तीसी में तथा अनिरुद्ध की कथा का उल्लेख कृष्णकथा में मिलता है। *मधुमालती, मृगावती* एवं *प्रेमावती* के प्रेम आख्यानों की रचना जायसी के पूर्ववर्ती सूफी कवियों ने अवधी भाषा में की है। इनकी लोकप्रियता, अध्यात्म पथ के संस्थापक एवं जैन व्यापारी बनारसीदास द्वारा सत्रहवीं शताब्दी में रचित उनकी आत्मकथा *अर्धकथानक* में झलकती है। अपनी नायिका से इन रचनाओं का उल्लेख कराते हुए जायसी जहाँ एक ओर अपने पूर्वज कवियों को श्रद्धांजलि दे रहे हैं, वहीं दूसरी ओर अपनी रचना को इसी परम्परा में अवस्थित कर रहे हैं।

अपने प्रेम के प्रति पद्मावती की प्रतिक्रिया से रतनसेन अत्यन्त प्रसन्न एवं उत्साहित होता है तथा नये उत्साह एवं दृढ़ निश्चय के साथ प्रेम-उपासना जारी रखता है। इस योगी की हठधर्मिता से नाराज होकर राजा गन्धर्व सेन अन्तत: कार्रवाई करने का निश्चय करता है। सिंहल के सैनिकों द्वारा योगी एवं उसके साथियों को घेर लिया जाता है। हमले की आशंका के चलते रतनसेन के साथी स्वयं को सशस्त्र मुठभेड़ के लिए तैयार कर लेते हैं। रतनसेन इन सभी बातों पर लगाम लगाते हुए कहता है, 'हम यहाँ युद्ध करने नहीं आए हैं। यदि प्रेम को बलपूर्वक जीतना सम्भव होता तो आखिर इतनी संख्या में सिद्ध पुरुषों ने अपना बलिदान क्यों दिया होता? हमारा प्रयास यही है कि बिना लड़े इस समस्या का समाधान हो। तलवारों का सामना करते

समय पानी की तरह बन जाओ। अब तक ऐसी तलवार ही नहीं बनी है जो पानी को काट सके?'

जौं पै जाइ प्रेम सिउँ जूझा। कत तपि मरहिं सिद्ध जिन्ह बूझा॥
यह सत बहुत जो जूझि न करिअै। खरग देखि पानी होइ ढरिअै॥
पानिहि काह खरग कै धारा। लौटि पानी सोई जो मारा॥ —243

यहाँ पर ऐसी महत्त्वपूर्ण और प्रासंगिक बात कही गई है जो हर काल के प्रेमियों पर लागू होती है। पद्मावती को एक पत्र भेजकर और उसकी प्रतिक्रिया जानकर रतनसेन आश्वस्त हो जाता है कि यह एकतरफा प्रेम नहीं है। यहाँ कवि इस बात को स्वीकार करता है कि किसी स्त्री को प्रभावित करने से पूर्व उसका निजी मत जानना प्रथम शर्त होती है। यदि पद्मावती ने कोई सकारात्मक प्रतिक्रिया न दी होती और अपनी ओर से प्रयास न किया होता, तो रतनसेन निराशा में डूब गया होता; और प्रेमयागियों द्वारा की गई सिंहल की घेराबन्दी भी समाप्त हो गई होती। वह यह भी जानता है कि चाहे आपकी इच्छा कितनी भी सत्य और प्रबल क्यों न हो, प्रेम में शस्त्रों और हिंसा का कोई स्थान नहीं है।

जायसी के रतनसेन और अलाउद्दीन के बीच का अन्तर यहीं स्पष्ट होता है। पद्मावती के प्रेम और सहमति होने पर भी रतनसेन शस्त्र का प्रयोग नहीं करना चाहता, वहीं दूसरी ओर अलाउद्दीन को इस बात की जरा भी परवाह नहीं थी। वह किसी भी कीमत पर पद्मावती को हासिल करना चाहता था, चाहे उसके लिए कपट का प्रयोग करना पड़े, या बर्बर बलप्रयोग का।

रतनसेन के हठ से झुँझलाकर राजा उसे कैद करने का आदेश देते हैं। पद्मावती को इस बात का आभास हो जाता है तथा सूर्य (रतनसेन) को ग्रहण लगते ही कमल मुरझा जाते हैं। सभी लोग दुखी हो जाते हैं। पद्मावती हीरामन को बुलाती है, 'एक वही है जो सहायता कर सकता है।' सूचना पाकर हीरामन भागा-भागा पद्मावती के पास आता है; वह उसे आशीर्वाद देता है। 'वह उस तोते का चरणस्पर्श करती है' और कुछ समय के लिए स्त्रियोचित मर्यादा को भूलकर उसे अपनी मनोदशा बताती है, 'मैं रतनसेन से प्रेम करती हूँ। कृपया हमारी भेंट करा दें, जैसे राजहंस ने दमयन्ती को (महाभारत की प्रसिद्ध कथा) उसके बिछुड़े हुए पति से मिलाया था।'

उसकी मनोदशा एवं अपने ऊपर निर्भरता देख हीरामन अत्यन्त प्रभावित होता है। वह पद्मावती को बताता है, 'समस्या यह है कि तुम्हारे पिता राजा होने का पूरा लाभ ले रहे हैं; वे ब्राह्मणों का तो सम्मान करते हैं, लेकिन योगियों को मरवा देते हैं।'

पिता तुम्हार राज कर भोगी। पूजै बिप्र मरावै जोगी॥ —256

ये पंक्तियाँ पूर्व आधुनिक भारत में ब्राह्मणों एवं योगियों के बीच होने वाले संघर्ष को दर्शाती हैं। यह सुनते ही सूर्य पर लगा ग्रहण चन्द्रमा (पद्मावती) तक भी पहुँच जाता है। 'यदि वह योगी जीवित नहीं रहता है, तो मैं भी जीवित नहीं रहूँगी। या तो मैं आजीवन उसकी सेवा करूँगी अन्यथा उसके साथ ही इस संसार से विदा हो जाऊँगी। हीरामन कृपया मुझे परकाया-प्रवेश की कला बता दो, जिससे कि मैं उसके भीतर प्रवेश कर जाऊँ ताकि उसके साथ मैं भी मृत्यु को प्राप्त हो जाऊँ।'

हीरामन जानता है कि 'सच्चा प्रेम मृत्यु के परे है' और वह पद्मावती से कहता है, 'जहाँ तक रतनसेन का प्रश्न है, उसके लिए तुम ही ईश्वर हो। वह तुम्हारी कृपा एवं प्रेम से पहले ही अमर हो चुका है। तुम्हारा शाश्वत जीवन उसे पहले ही प्राप्त हो चुका है। अब कोई भी, यहाँ तक कि तुम्हारे पिता गन्धर्वसेन भी उसे नहीं मार सकते।'

जिस समय ये दो मित्र वार्तालाप कर रहे होते हैं, उसी समय रतनसेन को सूली पर लटकाने के लिए ले जाया जा रहा होता है। अपना अन्त देखकर 'मंसूर हँसता है।' हम सूफी मंसूर के बारे में जानते हैं, जिसे ईश्वर के प्रति प्रेम के जुर्म में सूली पर चढ़ा दिया गया था; यहाँ रतनसेन पद्मावती का मंसूर है। जब उससे उसकी जाति पूछी जाती है तो रतनसेन अपेक्षित उत्तर नहीं देता है। वह अपनी सामाजिक पहचान के परे चला जाता है। वह और कुछ नहीं है, सिर्फ एक प्रेमी है। उसके अपने शब्दों में, उसकी जाति योगी है और वह प्रेम का भिक्षुक है।

इन दो समानान्तर दृश्यों के साथ-साथ एक तीसरा दृश्य भी उभर रहा है। एक विवेकशील एवं निडर भाट गन्धर्वसेन से आग्रह कर रहा है कि वह अपने आदेश को वापस ले ले। उसके आग्रह में रतनसेन की 'दिव्यता' का जिक्र सबसे अधिक विडम्बनापूर्ण है। भाट राजा को बताता है, 'आप उसे

महज एक सामान्य योगी समझ रहे हैं...वह स्वयं एक राजसी व्यक्ति है; जो भी उसे ध्यान से देखेगा, यह समझ जाएगा। इसके अलावा उसे देवताओं का आशीर्वाद भी प्राप्त है। उसे किसी भी तरह का नुकसान पहुँचाते ही आपके द्वार पर महाभारत होना निश्चित है। शिव, ब्रह्म, इन्द्र, शेषनाग तैंतीस कोटि देवता, नौ नाथ, चौरासी सिद्ध सब उसकी सहायता के लिए दौड़ पड़ेंगे। और तो और स्वयं कृष्ण भी आ जाएँगे।'

राजा उस भाट की धृष्टता से क्रोधित होता है, लेकिन अपने सलाहकारों के परामर्श पर अपने क्रोध को नियंत्रित कर लेता है। वह भाट, राजा को हीरामन तोते का स्मरण कराता है, जो कभी उसके संरक्षण में था। वह कहता है, 'क्यों न आप उसे बुला लें और मेरी बात की सत्यता को परख लें?'

अतीत में हीरामन के साथ किए गए दुर्व्यवहार को स्मरण कर राजा को पश्चात्ताप होता है; तथापि उसे यह विश्वास है कि एक सच्चा ज्ञानी और पंडित होने के नाते हीरामन कभी उससे झूठ नहीं बोलेगा। वह हीरामन से क्षमायाचना करता है तथा आग्रह करता है कि वह उस हठी योगी के बारे में सच-सच बताए। हीरामन ऐसा ही करता है; और इस प्रकार रतनसेन की अग्नि परीक्षा समाप्त होती है। उसका भाग्य पलट जाता है तथा राजसी विवाह की तैयारियाँ आरम्भ हो जाती हैं।

यहाँ दो बातें अत्यन्त महत्त्वपूर्ण हैं। यह कि, प्रेम के लिए जीने-मरने को इच्छुक उस प्रेम योगी के लिए महाभारत जैसे युद्ध को रोकने तथा सिंहल के राजा को चुनौती देने के लिए सम्पूर्ण दैवीय सहायता उपलब्ध थी। लेकिन चित्तौड़ के राजा के रूप में अलाउद्दीन से संघर्ष करते समय ऐसी कोई दैवीय सहायता उपलब्ध नहीं थी।

यहाँ समस्त अतिशयोक्तिपूर्ण बातें सच्चे प्रेम की महिमा का बखान करने के लिए की गई हैं, चाहे वह राजसी व्यक्ति का हो या साधारण व्यक्ति का। यह वर्णन किसी योद्धा के लिए नहीं, बल्कि एक प्रेमी की वीरता को अभिव्यक्त करने के लिए है।

दूसरी बात यह कि हीरामन तोता उस व्यक्ति का सम्मान एवं विश्वास प्राप्त करने में सफल होता है, जो किसी समय उसे मारना चाहता था। उसकी तुलना एक अन्य पंडित, राघव चेतन से करने पर हम पाते हैं कि राघव चेतन उसी स्त्री के लिए विपत्ति का कारण बनता है, जो उसके प्रति पूर्ण उदार

एवं शालीन रही थी। *पद्मावत* में केवल यही एक ऐसा पात्र है जिसमें कोई भी मानवीय गुण नहीं है।

इस विश्वासघाती पंडित से हम कुछ समय बाद मिलेंगे।

और उनका मिलन...

जायसी बड़ी प्रसन्नता के साथ राजसी विवाह का वर्णन करते हैं। वे गृहस्थ जीवन के विभिन्न पहलुओं का उत्सव मनाते हैं। यह वर्णन योगी रतनसेन द्वारा दूल्हे के राजसी परिधान को धारण करने से शुरू होता है। अब उसे चिरकुट (कपड़े की छोटी और अनुपयोगी कतरन) से बने लबादे को हटाकर रत्नजड़ित स्वर्ण पोशाक धारण करनी है। चिरकुट शब्द उत्तर भारत में आज भी काफी प्रचलित है, जो बेकार और मूर्ख व्यक्ति के अर्थ में प्रयुक्त होता है। जायसी ने उस काल में प्रचलित धार्मिक और सामाजिक रीति-रिवाजों, जिनमें से कुछ आज भी वैसे ही हैं, का रुचिकर तरीके से वर्णन किया गया है। जायसी के वर्णन में सामूहिक प्रीतिभोज एवं वधू की सखियों एवं वर के बीच होने वाली मीठी नोक-झोंक भी शामिल है। कवि वधू के मन में उठ रहे विरोधाभासी भावों का भी जिक्र करता है—किस प्रकार वह अपने प्रथम मिलन की प्रतीक्षा में उत्साहित है और किस प्रकार वह अपने मायके और सखियों से बिछड़ने को लेकर दुखी और चिन्तित है। पद्मावती की सखियाँ इस बात से अचम्भित हैं कि वह अपनी बारात को देखकर उदास हो गई है : 'ये बारात मुझे सदैव के लिए यहाँ से ले जाएगी। मैं फिर कभी लौटकर न आ पाऊँगी।' दक्षिण एशियाई वधुओं की यह 'सामान्य' सी भावना पद्मावती के मामले में तो हृदयविदारक रूप से सत्य है।

इस प्रेमी युगल ने एक-दूसरे को पाने के लिए बहुत-सी कठिनाइयों का सामना किया है और अब मिलन का समय है। इस 'क्षण और उसके

परिणाम' का वर्णन बयालीस छंदों तक चलता है, जो अपने आप में एक उत्कृष्ट लघु कृति के समान है।

जायसी के काल में भारतीय संस्कृति कामेच्छा एवं उसकी अभिव्यक्ति को पाप या अपराध नहीं मानती थी। भारतीय परम्परा इसे स्वस्थ जीवन का एक अभिन्न अंग मानती थी। काम चेष्टा की मौखिक अथवा दृश्यात्मक अभिव्यक्ति को हेय नहीं माना जाता था। सेक्स या कामक्रिया के प्रति पाखंडपूर्ण व्यवहार, जो कुछ लोगों के अनुसार भारतीय संस्कृति की एक विशेषता है, वस्तुत: ब्रिटिशराज की देन है। उपनिवेशवाद के साथ 'विक्टोरियन' पाखंड का भी आगमन हुआ, जिससे कला और साहित्य के क्षेत्र में कामपरक अभिव्यक्तियों पर रोक लगनी शुरू हुई। जायसी और उनके पाठक इस निषेध को न केवल अभारतीय अपितु पर्याप्त रूप से विदेशी ही मानते। वे इस प्रकार के वर्णन को तथाकथित 'अश्लीलता' की कसौटी पर नहीं, बल्कि समुचित नियोजन एवं अभिव्यक्ति के कुशल तरीके के प्रतिमान पर आँकते थे।

जायसी ने बड़ी पवित्रता और संवेदनशीलता के साथ काम के दोनों पक्षों, शारीरिक एवं भावनात्मक, को साधा है। वे यह बात भलीभाँति जानते

हैं कि कामुकता वैवाहिक सुख की प्रथम शर्त है और उसे भावनात्मक पक्ष से अलग नहीं किया जा सकता। विवाह की सम्पूर्णता का वर्णन करने से पूर्व जायसी पद्मावती और रतनसेन के मध्य बुद्धिमत्तापूर्ण, मधुर और सांकेतिक टिप्पणियों के माध्यम से पद्मावती की बुद्धिमत्ता को रेखांकित करते हैं। पहली बार हम जान पाते हैं कि मेहनती और दृढ़निश्चयी होने के साथ-साथ रतनसेन उत्कृष्ट मेधा के भी स्वामी हैं। पद्मावती अपनी सांकेतिक टिप्पणियों के माध्यम से रतनसेन से अपनी योग्यता एवं विश्वसनीयता साबित करने को कहती है—'किसी भी स्त्री को सिर्फ उसी व्यक्ति के प्रेम में पड़ना चाहिए जो अटल और स्थिर हो। किसी योगी, भँवरे या विदेशी से अन्तरंग होने का कोई औचित्य नहीं।' रतनसेन बड़े आत्मविश्वास के साथ इसका उत्तर देते हैं, 'सुनो, सत्य यह है कि मैं सदा के लिए तुम्हारा हूँ। मैं वह योगी हूँ जो पहले ही अपने लक्ष्य तक पहुँच चुका है। सुहागा के सोने में मिल जाने के बाद फिर उसे अलग नहीं किया जा सकता। कुछ ऐसा ही हमारे मामले में भी है।'

प्रेमी अपनी प्रेमिका को समझाने में सफल होता है। कोई यह भी कह सकता है कि कवि उस प्रेमी युगल के एक-दूजे के लिए बने होने की बात को ही दुहराने में ही सफल होते हैं। हालाँकि, सर्वाधिक मार्मिक तथ्य यह है कि इन अन्तरंग पलों में भी पद्मावती अपने प्रति हीरामन के उपकार को नहीं भूलती है। वह भावविभोर होकर कहती है, 'वही मेरे पास तुम्हारा सन्देश लेकर आया था।'

यहाँ से जायसी कामक्रीड़ा का वास्तविक वर्णन आरम्भ करते हैं और वह भी बेहद मनोवैज्ञानिक अन्तर्दृष्टि के साथ। जायसी के उन्मुक्त एवं जोशीले वर्णन के अनुसार, यद्यपि पद्मावती कामक्रीड़ा की समुचित जानकारी रखती है एवं सक्षम भी है, तथापि वह इसे लेकर सशंकित है। उसके मन में भी कामोद्दीपन है, किन्तु वह सजग और लज्जाशील है। प्रेमयोगी रतनसेन—जिसने इतनी लम्बी प्रतीक्षा की है—कामोत्तेजित होने के बावजूद संयम से काम लेता है, एवं सशक्त होने के बावजूद अपने साथी का ध्यान रखता है।

प्रेमी युगल जीवन-आनन्द में मग्न हैं। यहाँ जायसी ने काव्य की एक और परम्परा का कुशलतापूर्वक प्रदर्शन किया है—षड्‌ ऋतु वर्णन अर्थात्

प्रेमियों के दृष्टिकोण से छहों ऋतुओं का वर्णन। रतनसेन एवं पद्मावती पूरा एक वर्ष कामक्रीड़ा, और भोग-विलास में व्यतीत कर देते हैं।

चित्तौड़ में नागमती का वर्षपर्यन्त रुदन

जायसी की नजरों में नागमती, महज रोक-टोक करने वाली पत्नी अथवा सांसारिक बन्धनों की प्रतीक नहीं है। जिस प्रकार पद्मावती उनके लिए देवीस्वरूपा एवं रतनसेन महज एक भक्त नहीं है। चाहे जो भी हो, काल्पनिक अथवा वास्तविक जीवन में मानव को केवल अमूर्त विचारों—अच्छे हो या बुरे, का प्रतीक मान लेना उचित नहीं है।

पद्मावत केवल रतनसेन एवं पद्मावती के भव्य प्रेम की ही गाथा नहीं है बल्कि इस प्रेम-त्रिकोण में एक तीसरा पात्र भी है—इस प्रेम की बलि चढ़ने वाली बेचारी नागमती! जैसा कि पूर्व में ही बताया जा चुका है कि नागमती के माध्यम से ही हमें पितृसत्तात्मक व्यवस्था में एक स्त्री की दशा का अनुमान होता है, भले ही उसका स्तर कुछ भी हो। पद्मावती की तरह उसके आसपास दैवीय आभामंडल नहीं है। नागमती रानी है, किन्तु जायसी ने उसकी पीड़ा की अभिव्यक्ति किसी सामान्य स्त्री की तरह ही की है।

काबिलेगौर बात यह है कि जायसी एवं उनका महाकाव्य तत्कालीन समय का प्रतिनिधित्व करता है। उनके द्वारा नागमती के चित्रण में 'नारीवाद' के अंश तलाशना कालदोषयुक्त एवं व्यर्थ होगा। तमाम असंवेदनशीलता के बावजूद रतनसेन ही नागमती के जीवन की धुरी हैं तथा जायसी उसके विरह का वर्णन कामोद्दीप्त आमंत्रण के रूप में करते हैं, जैसा कि काव्य मानक भी था। महत्त्वपूर्ण यह है कि कवि उस नारी की वियोग पीड़ा को लेकर सजग और संवेदनशील है, जिसके पति ने कोई गलती न होने के बावजूद उसे स्वयं से दूर कर दिया हो।

यह जान लेने के बाद भी, कि रतनसेन के जीवन में अब उसका स्थान प्रथम नहीं रहा है (जबसे उसने पद्मावती के बारे में सुना है), नागमती रतनसेन को प्रेम करती रहती है। रतनसेन को सिंहल गए अब एक वर्ष हो चला है। रतनसेन और पद्मावती के षड्-ऋतु वर्णन के तुरन्त बाद जायसी नागमती के विलाप का अत्यन्त प्रभावशाली वर्णन करते हैं। अगले तिहत्तर छंदों तक जायसी का ध्यान नागमती पर केन्द्रित रहता है, जिसमें हमें नागमती के बारहमासा (विगत बारह महीनों का वर्णन) नामक काव्य परम्परा देखने को मिलती है।

आरम्भ से ही, नागमती का चित्रण सुविचारित रूप से एक सुविधासम्पन्न, नगरीय एवं आधुनिक स्त्री के बजाय सामान्य ग्रामीण स्त्री की तरह किया गया है; 'चित्तौड़ में नागमती एक प्रेमी की राह निहार रही है, जिसने एक बार भी पीछे पलटकर नहीं देखा। कदाचित् नगर की किसी स्त्री ने उन पर जादू कर दिया है, तभी तो वे मेरी उपेक्षा कर रहे हैं।'

नागमती चितउर पँथ हेरा। पिउ जो गए फिरि कीन्ह न फेरा॥
नागरि नारि काहुँ बस परा। तेइँ बिमोहि मोसौं चितु हरा॥ —341

हमारी स्मृतियों (लोकगीतों में प्रस्फुटित) में उत्तर प्रदेश एवं बिहार की उन स्त्रियों की व्यथा अब भी सुरक्षित हैं जो कलकत्ता शहर (ब्रिटिश राज में पहले औद्योगिक केन्द्र के रूप में उभरे) को बुरा-भला कहती है, जिसने उनके पतियों को अपने मोहपाश में जकड़कर उनसे छीन लिया है। इन इलाकों के बहुत से पुरुष आजीविका की खोज में कलकत्ता शहर

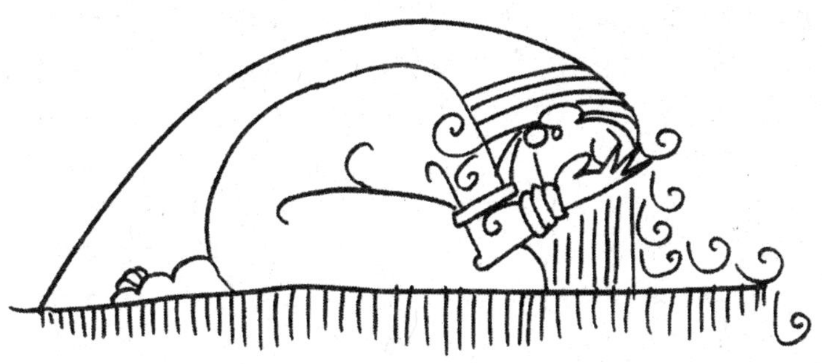

गए थे और पीछे छूटी उनकी स्त्रियों की पीड़ा के स्वर इन लोकगीतों में प्रस्फुटित हुए हैं। जायसी कृत 'नागमती बारहमासा' में नागमती द्वारा 'नगर की स्त्री' को उलाहना देना, उसे उन सामान्य स्त्रियों की कतार में ला खड़ा करता है जो अपने पतियों के वापस लौटने की प्रतीक्षा में व्याकुल हैं।

'भावनाओं की सार्वभौमिकता' एवं उत्कृष्ट काव्य शिल्प के कारण जायसी के *बारहमासा* को हिन्दी साहित्य की 'सर्वोत्तम रचनाओं में से एक' माना जाता है।

यह जायसी की विशिष्ट शैली में मिथकीय संकेतों के साथ आरम्भ होता है। नागमती, हीरामन पर पति से वंचित कर देने का आरोप लगाती है, जिस तरह विष्णु के वामन अवतार ने राजा बली को उसके राज्य से वंचित कर दिया था एवं अक्रूर ने श्रीकृष्ण को गोपियों से दूर कर दिया था।

'नागमती का बारहमासा' आषाढ़ मास (जून उत्तरार्ध—जुलाई पूर्वार्ध) से आरम्भ होता है, जब उत्तर भारत में वर्षा ऋतु की पहली बूँदें धरती पर गिरती हैं, इसके उपरान्त समस्त बारह महीनों और बदलती हुई ऋतुओं में वियोग में आह भरती नागमती की पीड़ा का वर्णन किया गया है। बहरहाल, इसका सौन्दर्य इस तथ्य में निहित है इन वर्णनों में अथवा नागमती के वचनों में राजसी भाव का लेशमात्र भी प्रभाव नहीं है। एक स्थान पर तो वास्तव में वह घर (वास्तव में झोंपड़ी) की छत की मरम्मत जैसी उन कठिनाइयों का जिक्र करती है जिसका सामना उसे अकेले ही करना पड़ा था। उसके सन्दर्भ में, उसके द्वारा कहे गए शब्द न केवल एक राजसी स्त्री के लिए सत्य है, वरन् किसी भी पृष्ठभूमि की स्त्री पर लागू होते हैं : 'वे स्त्रियाँ सच में भाग्यशाली एवं गौरवशाली हैं, जिनके पति उनके साथ हैं। मुझ जैसे अभागी स्त्रियाँ तो प्रसन्नता की कल्पना तक नहीं कर सकतीं।'

किसी भी स्त्री (अथवा पुरुष) की तरह वह हर कीमत पर अपने प्रियतम तक पहुँचना चाहती है, भले ही इसमें उसका अस्तित्व मिट जाए। इस अध्याय के आरम्भ में अपनी प्रेमिका के बारे में कहे गए रतनसेन के शब्दों का स्मरण करें, 'मैं धूल बनकर भी उसके द्वार तक पहुँचना

चाहता हूँ...।' नागमती भी अपने पति के लिए इसी प्रकार के शब्दों का प्रयोग करती है; 'मेरा यह शरीर भस्म होकर राख में बदल जाए और उड़कर उस मार्ग पर पहुँच जाए, जहाँ मेरे पति ने अपने पग रखे हैं' :

यह तन जारौं छार कै कहौं कि पवन उड़ाउ।
मकु तेहि मारग होए परौं कंत धरै जहँ पाउ॥ —352

इसी मनोदशा में वह अपना राजमहल छोड़ वन में पहुँच जाती है, जहाँ एक पक्षी उसकी हालत देखकर द्रवित होकर रतनसेन तक उसका सन्देश ले जाने के लिए राजी हो जाता है। वह पक्षी सिंहल के लिए उड़ान भरता है तथा उस वन में पहुँचता है जहाँ रतनसेन आखेट में व्यस्त है। वह पक्षी रतनसेन तक परोक्ष रूप से उस सन्देश को पहुँचाता है। वह अन्य पक्षियों को 'चित्तौड़ के उस विचित्र राजा के बारे में बताता है जो किसी अन्य स्त्री के प्रेम में पड़कर एवं संवेदनहीन होकर अपनी पत्नी, माँ और राज्य को छोड़ आया है। वहाँ हर कोई व्यथित है, माँ लगभग मरणासन्न है, पत्नी अर्धमृत है; वहाँ किसी की समझ में नहीं आ रहा है कि कोई पुरुष इतना निर्मम एवं लापरवाह कैसे हो सकता है।'

रतनसेन चीखता है, 'मैं ही वह अभागा राजा हूँ। मैं अपने घर से समाचार मिलने की प्रतीक्षा कर ही रहा था, हालाँकि मैंने योगी बनकर घर छोड़ा था। कृपया मुझे कुछ और भी बताओ...।'

पक्षी द्वारा रतनसेन को दिए गए उत्तर में जायसी आश्चर्यजनक तरीके से शब्द-श्लेष (अथवा हम उसे मुहावरा/उक्ति चमत्कार कह सकते हैं?) का प्रयोग करते हैं। वह कहता है, 'कैसा योगी? तुम्हें तो यह भी नहीं पता कि सिंगी और शंख को दाएँ हाथ में पकड़ा जाता है, बाएँ हाथ में नहीं...।'

वह पक्षी बोलना जारी रखता है और कई चीजों में सीधे तरीके से की जाने वाली गतिविधियों के बारे में संकेत करता है। यहाँ दाहिने हाथ से सीधे कार्य करने के सम्बन्ध में श्लेष अलंकार का प्रयोग किया गया है। हिन्दी भाषा 'दाहिने हाथ' को सीधा हाथ भी कहा जाता है एवं अन्य सन्दर्भ में सीधे का अर्थ सरल और निष्कपट होना भी है, जो उलटा अर्थात् 'कपटी' का विलोम है।

इस पक्षी द्वारा दिए जा रहे संकेत भी सीधा और सरल हैं : 'तुमने अपनी पत्नी, माँ एवं राज्य को छोड़कर अच्छा नहीं किया। वस्तुत: तुमने कुटिलता का व्यवहार किया है।'

और यहाँ जायसी अपनी शारीरिक अक्षमताओं को एक भावनात्मक आभा से ढकने का प्रयास करते हैं; 'मुहम्मद कहता है, चूँकि मेरी प्रेमिका ने मेरे शरीर के दाएँ भाग (या सीधे भाग) पर ही दृष्टिपात किया है एवं सीधी ओर से ही बात की है, इसलिए मैंने अपने बाएँ कान एवं बाईं आँख को स्वेच्छा से त्याग दिया है।'

मुहमद बाईं दिसि तजी एक सरवन एक आँखि।
जब ते दाहिन होइ मिला बोलु पपीहा पाँखि॥ —367

आदर्श राज्य और पद्मावती का द्वीप—सिंहल, अचानक ही रतनसेन के लिए पराई भूमि हो जाता है। उसे अपनी मातृभूमि की याद सताने लगती है। सिंहल में सदैव के लिए बस जाने का पद्मावती का आग्रह भी कारगर नहीं होता है। अब उन्हें शीघ्रातिशीघ्र चित्तौड़ के यथार्थ की ओर लौटना होगा। रतनसेन के लिए इस समय पद्मावती यथार्थ से काल्पनिकता की ओर पलायन करने का प्रतीक है। उसे अपने जीवन के यथार्थ की ओर लौटना है—अपनी माँ, राज्य और नागमती की ओर।

अन्तिम चमत्कार

रतनसेन यह कहते हुए अपने श्वसुर से वापस चित्तौड़ जाने की आज्ञा लेते हैं, कि किसी भी राजा के लिए अपने राज्य को इतने लम्बे समय तक छोड़ना उचित नहीं है। 'जमीन और राज्य के लिए तो भाइयों तक में शत्रुता हो जाती है।' जैसे कथन वह कई बार दोहराता है। महाकाव्य में

इस स्थान पर पहली बार दिल्ली और सल्तनत के सुल्तान का उल्लेख गहन चिन्ता के साथ आता है : 'दिल्ली का सुल्तान मेरे राज्य के काफी समीप है। यदि वह मेरे राज्य पर हमला करता है, तो मैं भोर के चन्द्रमा के समान निस्तेज हो जाऊँगा।'

उहाँ नियर ढीली सुलितानू। होइहि भोर उठिहि जौं भानू। —375

अब हम काल्पनिक आदर्श लोक से यथार्थ जीवन की ओर जाने वाले हैं। यानी 'कल्पना' से 'इतिहास' की ओर। यहाँ यह बात फिर से बताने की आवश्यकता है कि जायसी इतिहास नहीं लिख रहे थे। वास्तव में, उनका रुझान न ही ऐतिहासिक विवरण लिखने की ओर था और न ही राजनीति की ओर। उन्हें न ही दरबार की भव्यता में दिलचस्पी है, और न ही दरबारी षड्यंत्रों में। जैसा कि उन्होंने स्वयं स्वीकार किया है कि वे 'प्रेम-पीड़ा' के कवि हैं; और पद्मावत की रचना करने का उनका एकमात्र उद्द्देश्य है—स्मृतियों पर अपने निशान छोड़ना। महाकाव्य का 'ऐतिहासिक' पक्ष उनके लिए केवल 'प्रेम-पीड़ा' को प्रभावशाली एवं तुलनात्मक रूप से अभिव्यक्त करने का माध्यम मात्र है। महाकाव्य में किसी भी तरह के ऐतिहासिक आख्यान को ढूँढ़ना, सम्भवतः जायसी के लिए भी दुरूह या मनोरंजक होता।

'पद्मावत', थोड़ा काल्पनिक या थोड़ा ऐतिहासिक नहीं है। यह एक महान रचनात्मक कृति है, जिसमें एक विशिष्ट ऐतिहासिक घटना को अपने रचनात्मक उद्द्देश्य के लिए कल्पनाशीलता के साथ प्रस्तुत किया गया है।

इस वृत्तान्त में जायसी ने भविष्य में घटित होने वाली घटनाओं की अभिव्यक्ति के लिए पद्मावती को माध्यम बनाया है। पद्मावती किसी अमंगल की आशंका से ग्रसित होकर अपने बाल्यकाल की सखियों से कहती हैं, 'आओ, आखिरी बार हम एक-दूसरे के गले लग जाएँ और अपना जी भर लें, क्योंकि अब मैं ऐसी जगह जा रही हूँ, जहाँ से लौटकर आना मुमकिन नहीं है।'

मिलहु सखी हम तहँवाँ जाहीं। जहाँ जाइ फिर आवन नाहीं॥ —379

सिंहल के लोग भारी हृदय और राजसी वैभव के साथ इस युगल को विदाई देते हैं। इस वर्णन में अतिशयोक्ति का प्रचुरता से प्रयोग हुआ है।

पद्मावती और रतनसेन को मिले उपहार कई जहाजों में लादे जाते हैं। सभी लोग बन्दरगाह पर उन दोनों को विदा करने के लिए आते हैं, जहाँ से आगे पद्मावती को अपने पति के साथ ही समुद्र और जीवन रूपी सागर को पार करना था। यहाँ कवि इस बात का उल्लेख करता है कि 'अब पद्मावती का सब कुछ पीछे छूट जाएगा, केवल उसके गुण और अवगुण ही साथ जाएँगे।'

जौं पहुँचाइ फिरा सब कोऊ। चले साथ गुन औगुन दोऊ॥ —385

पहली बार, पद्मावती के सम्बन्ध में 'अवगुण' शब्द का प्रयोग किया गया है। वह अपने काल्पनिक आदर्शलोक की कलंक रहित छवि पीछे छोड़ रही है तथा वास्तविक सम्बन्धों एवं परिस्थितियों से भरी नीरस दुनिया में प्रवेश कर रही है। कवि का यह कथन केवल उसके (पद्मावती) बारे में ही नहीं, बल्कि प्रत्येक व्यक्ति की नैतिकता एवं उत्तरदायित्वों के बारे में भी है। हर व्यक्ति अपने जीवन में कभी न कभी ऐसे पड़ाव पर पहुँचता है, जहाँ उसके अपने गुण अथवा अवगुण ही काम आते हैं, इसके अलावा वह अन्य किसी पर निर्भर नहीं रह सकता। कवि हमें एक शाश्वत सत्य का स्मरण कराते हैं कि जब मनुष्य इस संसार को छोड़कर जाता है, तो कोई भी सगे-सम्बन्धी और मित्र उसके साथ नहीं जाते।

इस जीवन, चिता अथवा कब्र के उस पार सिर्फ आपके कर्म ही आपके साथ जाते हैं, और कुछ नहीं।

यात्रा आरम्भ करने के पूर्व बरती गई हर ज्योतिष सम्बन्धी सावधानी के बाद भी इस युगल की यात्रा आसान नहीं रहती है। रतनसेन को सिंहल से मिले उपहारों एवं हाल ही में दहेज में मिली सम्पत्ति पर गुमान होता है। 'पूरे संसार में मुझ जैसा धनवान कौन है?' उसे कुछ सबक सिखाने तथा आगत के लिए पाठकों को मानसिक रूप से तैयार करने के लिए कि प्रकृति अपने रौद्र रूप में सामने आती है। भयावह समुद्री तूफान उसे तथा उसकी पत्नी को अलग-अलग कर देते हैं। उनके बेड़े के जहाज डूब जाते हैं, वे लोग बिछुड़ जाते हैं तथा मृत्यु की कगार पर होते हैं।

लेकिन दैवीय शक्तियाँ चमत्कारिक रूप से उन्हें बचा लेती हैं। इस आख्यान में वर्णित यह आखिरी चमत्कार है। इसके पश्चात् कोई चमत्कार नहीं होता।

रतनसेन को समुद्र देवता और पद्मावती को देवी लक्ष्मी बचा लेते हैं। वे इस युगल को सांत्वना देने के साथ-साथ आगे बढ़ते रहने के लिए उनका मनोबल भी बढ़ाते हैं।

उनके खोये हुए उपहारों की भरपाई करने के लिए दैवीय शक्तियाँ उन्हें पाँच अनमोल उपहार देती हैं—अमृत, एक राजहंस, एक सोने का पक्षी, एक बाघ शावक और पारस पत्थर। उन्हें भूमि तक पहुँचाने के लिए समुद्र कुछ जलमानवों को भी उनके साथ भेजते हैं। ये जलमानव उन लोगों को जगन्नाथ पुरी (ओड़िशा) तक सुरक्षित पहुँचाने के बाद लौट जाते हैं।

जायसी के इस विवरण से यह बात पुनः स्पष्ट होती है कि जायसी का सिंहल उड़ीसा के उस पार कहीं स्थित है।

वे बड़ी निर्धन अवस्था में उड़ीसा पहुँचते हैं। जो पाँच दैवीय उपहार उनके पास हैं, वे इस सांसारिक जीवन में मनुष्य के किसी काम के नहीं हैं। उनके पास इतना भी धन नहीं है कि वे जगन्नाथ मन्दिर के पास बिकने वाला भात खरीद सकें। कवि ने महाकाव्य के आरम्भ में ही इस बात का उल्लेख किया था कि 'किसी वस्तु का वास्तविक मूल्य वही व्यक्ति बता सकता है जो उससे वंचित है, जिन्हें यह हासिल है, वे उसे गम्भीरता से नहीं लेते।' उनके महाकाव्य के नायक को अब यह भलीभाँति समझ में आ जाता है कि

‘धन, व्यक्ति को आत्मनिर्भर बनाता है तथा भूख गरीब व्यक्ति को कहीं अधिक पीड़ा पहुँचाती है। धन के बिना व्यक्ति एक मुरझाए हुए वृक्ष के समान है।’

पद्मावती के पास कुछ आभूषण हैं, जो देवी लक्ष्मी ने उसे गुप्त रूप से दिए थे। इन आभूषणों का उपयोग करते हुए न केवल अपने लिए भोजन का प्रबन्ध करते हैं, बल्कि चित्तौड़ तक साथ में चलने के लिए सैनिकों का एक छोटा दल भी तैयार कर लेते हैं। चित्तौड़ में उनका स्वागत समारोह प्रसन्नतापूर्वक होता है, इस स्वागत में नागमती की ईर्ष्या भी शामिल है।

यहाँ तक तो ठीक है, लेकिन आपको नहीं लगता कि यहाँ कुछ छूट रहा है?

हीरामन इस आख्यान से एकाएक गायब हो जाता है। यहाँ तक कि वह उन लोगों के बीच भी नहीं दिखाई दिया है जो पद्मावती और उसके पति को विदाई देने समुद्र तट तक आते हैं। शायद वह रतनसेन के वापस जाने की जिद से हताश हो गया हो, हो सकता है कि अपनी प्रिय सखी के जाने से उसका दिल टूट गया हो। अथवा हो सकता है कि मनुष्यों को इतना देख-समझ लेने के बाद उसने अपने बन्धु-बांधवों (तोतों) के बीच वापस लौट जाने को ही बेहतर समझा हो।

कवि इसका कोई कारण नहीं बताते हैं, लेकिन इसके बाद महाकाव्य में हीरामन का जिक्र कहीं नहीं होता, सिंहल का जिक्र भी एकाध बार ही आता है।

अध्याय-4

यथार्थ जीवन में लौटना

पत्नियों का कलह

जायसी ने मुख्य रूप से काम (भावना) के विभिन्न पक्षों को दर्शाने में अपना ध्यान केन्द्रित किया है, यहाँ तक कि कभी-कभी उन्होंने अन्य महत्त्वपूर्ण बातों को भी उपेक्षित किया है। नागमती की पीड़ा का वर्णन करते समय उन्होंने रतनसेन की माँ सरस्वती का जरा सा उल्लेख किया है; उनका सर्वप्रथम उल्लेख जायसी ने तब किया था, जब रतनसेन सिंहल के लिए प्रस्थान कर रहे थे। अब जबकि उसका पुत्र लौट आया है, वह कवि की परिधि से लगभग अदृश्य हो गई हैं। कवि का ध्यान अब केवल नागमती की प्रसन्नता पर ही है। पद्मावती को देखते ही नागमती 'ईर्ष्या से दहक' उठती है, जिसकी ओर जायसी का ध्यान जाता है।

पतियों के विशिष्ट लहजे में रतनसेन अपनी पहली पत्नी को सदैव ज्येष्ठ स्थान पर रखने का आश्वासन देता है। हालाँकि वह सचाई से अवगत है; किन्तु वह कर ही क्या सकती है? उसे सिंहल से लौटे अपने पति के साथ ही सन्तुष्ट रहना है। किन्तु कटाक्षों से कोई हानि नहीं होगी। वह अपने पति की तुलना एक ऐसे हाथी से करती है, जो स्नान के पश्चात् शरीर पर किए गए चन्दन का लेप के बावजूद धूल अवश्य छिड़कता है।

रतनसेन अपनी नवविवाहिता पत्नी से भी उसी प्रकार आचरण करता है—पहली पत्नी होने के नाते नागमती का स्थान पद्मावती से ऊपर है : 'किन्तु क्या मुझे यह कहने की आवश्यकता है कि तुम ही मेरी जीवन रेखा हो?' पद्मावती के तरकश में भी नागमती की ओर फेंकने के लिए कटाक्ष के बाण हैं, 'मैं तुम्हारा 'सत्य' जानती हूँ; लेकिन कोई उस शरीर का क्या कर सकता है जिसमें किसी नागिन का विष भरा हो।'

पति और दोनों पत्नियों के अलग-अलग वार्तालाप के पश्चात् हमें दोनों पत्नियों के बीच हुए घमासान के दर्शन होते हैं। यह झगड़ा राजमहल के

बाग से आरम्भ होता है और ऐसा लगता है मानो फूलों के पौधों, उनके गुणों और देखभाल को लेकर कोई चर्चा हो रही हो। परन्तु उनके मध्य होने वाले संवाद का प्रत्येक वाक्य द्विअर्थी था, जो एक-दूसरे को निशाना बनाते हुए बोला जा रहा था। बातों ही बातों में झगड़ा बढ़ते हुए मारपीट, घूँसों के प्रहार और परस्पर बाल खींचने तक जा पहुँचा। वे इस प्रकार लड़ती हैं, मानो नशे में हों और किसी में भी उन्हें अलग करने की हिम्मत नहीं होती है।

रतनसेन दौड़ता हुआ उस स्थान पर पहुँचता है और दोनों को शान्त करने का प्रयास करता है—उसके लिए दोनों ही महत्त्वपूर्ण हैं और वह उनमें से किसी को भी खोना नहीं चाहता। यहाँ इस बात को समझना अत्यन्त महत्त्वपूर्ण है कि जायसी के रतनसेन के जीवन में इन दोनों स्त्रियों के अलावा और कोई स्त्री नहीं है। इस प्रकार, जायसी ने रतनसेन के जीवन में आई दोनों स्त्रियों के प्रति उसके प्रेम को बहुत विश्वसनीय बनाया है।

कवि ने अपने नायक को उस राजसी मानसिकता से मुक्त दर्शाया है, जिसमें स्त्री को शारीरिक उपयोग की वस्तु माना जाता है। उसने अपनी दोनों

पत्नियों को बराबर का स्थान दिया है, किसी एक को दूसरे से श्रेष्ठ बताकर भावनात्मक ठेस नहीं पहुँचाई है। रतनसेन की विनती में जायसी ने स्वयं को प्रतिस्थापित किया है, मुहम्मद कहते हैं, 'विधाता ने (या स्वयं कवि ने) तुम्हारे भाग्य में शायद यही रचा है कि तुम दोनों गंगा और जमुना की तरह साथ रहो, जीवन के सुखों का उपभोग करते हुए अपने पति की सेवा करो।'

तुम्ह गंगा जमुना दुइ नारी लिखा मुहम्मद जोग।
सेव करहु मिलि दूनहूँ औ मानहु सुख भोग॥ —445

वैसे भी, तमाम झगड़ों के बावजूद दोनों स्त्रियों के पास एक-दूसरे को सहन करने के अतिरिक्त और कोई विकल्प भी नहीं था। उस काल के प्रचलन को देखते हुए रतनसेन द्वारा तीसरा विवाह न करना, उन दोनों के लिए कुछ हद तक आश्वस्त करने वाली बात थी।

यदि जायसी आधुनिक कवि होते तो उन दोनों की स्थिति एवं प्रेम के प्रति स्त्री एवं पुरुष के भिन्न दृष्टिकोण पर प्रकाश डालते। भले ही वे आधुनिक नहीं थे लेकिन फिर भी वे इतने 'पूर्व आधुनिक' अवश्य थे कि उन्होंने यह सुनिश्चित किया कि रतनसेन इन दोनों स्त्रियों के साथ अपने सम्बन्धों को लेकर गम्भीर दिखें।

ऐसा प्रतीत होता है कि ये तीनों सदैव प्रसन्नतापूर्वक रहते, यदि...

कृतघ्न पंडित : राघव चेतन

यहाँ पर आकर ऐसा प्रतीत होता है कि जैसे जायसी ने अपने महाकाव्य में कुछ जल्दबाजी दिखाई है। जैसे ही कथा सिंहल से चित्तौड़ पहुँचती है, इसका संगठित स्वरूप कुछ बिखरने सा लगता है। नियति द्वारा तय विनाश के माध्यम के रूप में अचानक ही कृतघ्न पंडित राघव चेतन प्रकट होता है।

वह ज्ञानी है, ज्योतिषी है, और उसके पास एक यक्षिणी भी है जो सम्मोहन या भ्रान्तियाँ पैदा करने में उसकी सहायता करती है। अन्य शब्दों में यह कहा जा सकता है कि वह वैयक्तिक एवं सामूहिक सम्मोहन कला में पारंगत है। जायसी इस पात्र का परिचय एक व्यंगात्मक टिप्पणी के साथ कराते हैं; 'वह कुछ 'अधिक ही बुद्धिमान' था।' (राघौ चेतनि चेतनि महा....) —446

एक अमावस्या तिथि को राजा पूछता है, 'आज कौन-सी तिथि (चन्द्र कैलेंडर के हिसाब से) है?' राघव चेतन लापरवाहीपूर्वक अतिआत्मविश्वास में उत्तर देता है, 'आज दूज है!' अन्य पंडित आश्चर्यचकित हो जाते हैं और जोर देते हैं कि 'आज अमावस्या है तथा दूज दो रात्रियों के बाद ही होगी।'

यह प्रतिष्ठा का प्रश्न बन जाता है और शीघ्र ही इस बात की शर्त लग जाती है कि हारने वाले को देशनिकाला दिया जाएगा। जैसे ही संध्या होती है, राघव चेतन यक्षिणी की सहायता से सामूहिक सम्मोहन की क्रिया करता है, जिससे कि सभी को चन्द्रमा द्वितीया (दूज) के आकार का दिखाई देता है। किन्तु अगली रात्रि, अर्थात् प्रथमा को, अन्य पंडित राजा का ध्यान इस ओर आकर्षित करते हैं कि चन्द्रमा का आकार द्वितीया तिथि की अपेक्षा छोटा दिखाई दे रहा है। राजा को समझ आ जाता है कि उसे मूर्ख बनाने का प्रयत्न किया गया है। तर्क की कसौटी पर एक बार फिर यह प्रमाणित हो गया कि हर चमकने वाली वस्तु सोना नहीं होती।

पहले तो राजा उस कपटी को मृत्युदंड देने पर विचार करता है, किन्तु उसके ब्राह्मण होने के कारण उसे केवल देशनिकाला देता है।

यहाँ कवि हमें राघव चेतन के पात्र में ले जाता है। उसे शैक्षणिक रूप से बहुत-सा ज्ञान है, किन्तु वह नैतिक रूप से विश्वस्त नहीं है, जो किसी भी सच्चे विद्वान की आधारभूत आवश्यकता होती है। अपने कपटी व्यवहार के पश्चात् भी लज्जित होने के स्थान पर वह अपने क्रोधित स्वर में चीखता है, 'मैंने इस दुष्ट राजा के लिए कितना कुछ किया किन्तु इसकी नजरों में विद्वानों का कोई मूल्य नहीं है।'

जैसा कि इस पुस्तक में पहले ही यह संकेत दिया जा चुका है कि *पद्मावत* में राघव चेतन ही एक ऐसा पात्र है, जिसमें कोई सद्गुण नहीं है। उसका नाम ही नाटकीय रूप से विडम्बना से भरा हुआ है। राघव अर्थात् रघुवंशज, जो प्राय: भगवान राम के लिए प्रयुक्त होता है; तथा चेतन का अर्थ

है सचेत या भिज्ञ। इस पात्र में न तो राम जैसा आदर्श है और न ही कोई नैतिक चेतना। वह जिस थाली में खाता है, उसी में छेद करता है; उसका सारा आचार-व्यवहार नीच प्रवृत्ति एवं नकारात्मक मंशा से प्रेरित है।

पद्मावती को जब उस गुणी व्यक्ति (जिसका वास्तविक अर्थ सुशिक्षित होता है, किन्तु यहाँ इस शब्द का प्रयोग राघव चेतन के नकारात्मक चरित्र के कारण पद्मावती के मन में भय पैदा कर रहा है) के देश-निष्कासन के बारे में पता चलता है तो वह चिन्तित हो जाती है। यहाँ हम उसके व्यावहारिक पक्ष को देखते हैं, 'राजा ने विवेक से काम नहीं लिया। जो व्यक्ति, यक्षिणी की सहायता से अमावस्या के दिन दूज का चन्द्रमा दिखा सकता है, वह

किसी दिन भारी विपत्ति का कारण भी बन सकता है। इसके अतिरिक्त वह एक कवि भी है तथा कवि की जिह्वा दुधारी तलवार की भाँति होती है, जो एक ओर तो जल सी शीतलता लिये होती है, तो दूसरी ओर अग्नि की लपटें। उस समय क्या होगा, जब वह अन्यत्र जाकर राजा के बारे में लोगों से बुरा-भला कहेगा? कोई व्यक्ति कठिन परिश्रम से ख्याति प्राप्त कर पाता है, किन्तु तनिक अविवेक से उसे खो देता है।'

कै गियान धनि अगम बिचारा। भल न कीन्ह अस गुनी निसारा॥
जेइँ जाखिनी पूजि ससि काढ़ी। सुरुज के ठाउँ करै पुनि ठाढ़ी॥
कबि के जीभ खरग हिरवानी। एक दिसि आग दोसर दिसि पानी॥
जनि अजगुत काढ़ै मुख भोरें। जस बहुतें अपजस होइ थोरें॥ —450

अपने पति के कुशलक्षेम का ध्यान रखते हुए पद्मावती, राघव चेतन को शान्त करना चाहती है; वह उसे अपने महल में बुलाती है। वह छज्जे के नीचे आकर खड़ा हो जाता है और जिस समय पद्मावती अपना एक अमूल्य कंगन उतारकर उसे उपहारस्वरूप दे रही होती है, वह उस पर उड़ती हुई दृष्टि डालता है। मात्र इस एक झलक ने ही राघव चेतन की चेतना को हर लिया। एक बार फिर अपने सौन्दर्य का प्रभाव देख पद्मावती धीरे से मुस्कुराती है एवं वहाँ से चली जाती है। राघव चेतन के सहायक उसे होश में लाते हैं और चैतन्य होते ही उसके मन में पहला विचार यह आता है कि किसी प्रकार उसे वैसा ही दूसरा कंगन प्राप्त करना होगा। 'बस यही उसके पूरे जीवन के लिए पर्याप्त होगा, ऐसा सोचकर उसी समय वह निश्चय करता है कि वह दिल्ली के तुर्क सुल्तान अलाउद्दीन के पास जाएगा जो अपने अलाई दीनार (शुद्ध सोने से बने सिक्कों) के लिए विख्यात था। यदि मैं उसे इस कमल (पद्मावती) के बारे में बता दूँ, तो वह मुझे दूसरा कंगन देने के लिए बाध्य हो जाएगा। उसके बारे में सुनकर वह चित्तौड़ पर इस प्रकार चढ़ाई कर देगा जैसे सूरज, आसमान पर करता है, और उसके ताप से मैं रतनसेन को उस प्रकार तड़पते हुए देखूँगा, जैसे जल के बिना मछली तड़पती है।'

वह तुरन्त दिल्ली के लिए चल देता है, राजमहल पहुँचता है, स्वयं को एक ब्राह्मण याचक के रूप में प्रस्तुत करता है तथा सुल्तान से भेंट करने की प्रतीक्षा करता है।

पद्मावती के अनुपम सौन्दर्य का बखान करते हुए जायसी हर्षोन्माद से भर गए। उसका दैवीय सौन्दर्य लोगों के पाप हर लेता है और उन्हें समाधि की अवस्था में ले जाता है। राघव चेतन को इसके गहन प्रभाव से मुक्त रखने के लिए कवि यहाँ एक और महत्त्वपूर्ण बात बताता है। पारस पत्थर में परिवर्तनकारी गुण होता है, किन्तु लोहे के अतिरिक्त यह अन्य किसी धातु पर प्रभाव नहीं डाल पाता। आपमें भी परिवर्तन की कुछ सम्भावनाएँ निहित होनी चाहिए। राघव चेतन में वे भी मौजूद नहीं हैं।

इसके अलावा, अब हम इस वास्तविक दुनिया में हैं, सिंहल के आदर्श लोक से कोसों दूर।

कठोर यथार्थ को प्रस्तुत करने वाले इस महाकाव्य में गौर करने वाली एक बात यह भी है कि चारित्रिक रूप से पतित होने के बावजूद राघव चेतन ही एकमात्र ऐसा व्यक्ति है, जिसके पास 'चमत्कारिक क्षमताएँ' हैं।

सन्देश स्पष्ट है। वास्तविक जीवन में चमत्कार नहीं होते, होता है तो सिर्फ मनुष्य का नजरिया, उसका साहस और अन्य मानवीय गुण। चमत्कार के अन्य सभी दावों को सकारात्मक संशय की नजर से देखने में ही समझदारी है।

अलाउद्दीन का प्रवेश

कामेच्छा के अपने अन्वेषण में जायसी ने अपने महाकाव्य में अलाउद्दीन को पुरुष कामेच्छा के एक विशिष्ट पहलू को प्रस्तुत करने हेतु चुना है। रतनसेन की तरह अलाउद्दीन भी पद्मिनी के अप्रतिम सौन्दर्य के बारे में सुनकर जुनूनी हो जाता है। अन्तर मात्र इतना है कि वह उसे कठोर बल प्रयोग द्वारा प्राप्त करना चाहता है। रतनसेन ने पद्मावती तक पहुँचने के लिए स्वयं को 'प्रेम योगी' के रूप में परिवर्तित कर लिया था तथा उसके प्रति अपनी निष्ठा और

समर्पण साबित करने का हरसम्भव प्रयास किया था। उसे प्राप्त करने के पूर्व उसने उसका हृदय जीत लिया था; सती होने के लिए भी तैयार था, यहाँ तक कि सम्भावित मृत्युदंड का सामना करने को भी। अलाउद्दीन ने इस प्रकार का कोई कार्य नहीं किया। उसने पद्मिनी की इच्छा-अनिच्छा की भी परवाह नहीं की। उसके लिए वह मनुष्य नहीं, महज एक सम्पत्ति और अपनी ताकत के प्रदर्शन का एक जरिया थी।

जायसी के अनुसार पद्मावती के प्रति अलाउद्दीन की यह चाहत कतई न्यायोचित नहीं थी। एक व्यक्ति के रूप में पद्मिनी के प्रति वह निश्चित रूप से असंवेदनशील है तथा आक्रामक रूप से हठी व चालाक भी है; किन्तु फिर भी जायसी का अलाउद्दीन कोई दानव नहीं है। दुर्गुणों के साथ-साथ उसमें सद्गुण भी हैं। एक शासक के रूप में वह योग्य है तथा धर्म और जातिगत भेद के बगैर अपनी प्रजा की भलाई के प्रति फिक्रमन्द रहता है। दान देते समय वह याचकों के मध्य धर्म के आधार पर कोई भेदभाव नहीं करता। वह इतने बड़े साम्राज्य पर इस प्रकार शासन करता है मानो 'सारे ब्रह्मांड का भार' उसी के कंधों पर है तथा इतने बड़े साम्राज्य को चलाने के लिए आवश्यक गुप्तचर तंत्र को भी नियंत्रित करता है। जायसी ने अपने काव्यात्मक अतिशयोक्ति का प्रयोग करते हुए कहा है कि अलाउद्दीन की नजरें हर जगह थीं, धरती पर भी और आकाश पर भी...यदि कोई राजा इतना सतर्क एवं जानकार न हो तो इतनी कुशलतापूर्वक शासन कैसे कर सकता है?

यह विवरण ऐतिहासिक अलाउद्दीन खिलजी से काफी मिलता-जुलता है, जिसके कारण *पद्मावत* में उसका चरित्र-चित्रण विश्वसनीय लगता है।

लेकिन, इसके अतिरिक्त कुछ और भी है। एक महान कवि द्वारा रचित महाकाव्य का पात्र होने के कारण, *पद्मावत* का अलाउद्दीन जीवन के उतार-चढ़ावों एवं राजनैतिक क्षणभंगुरता पर गम्भीर चिन्तन भी कर सकता है। यहाँ हम वासुदेवशरण अग्रवाल के शब्दों को एक बार फिर से याद करें—'*पद्मावत* से एक लघु रामकथा भी निकाली जा सकती है।'

उसके द्वार पर एक विचित्र याचक के होने का वर्णन जायसी निम्नलिखित शब्दों में करते हैं—

"जैसे ही शाह ने उस याचक के बारे में सुना, उसे दया आ गई तथा उसने आदेश दिया, 'उस याचक से पूछो कि वह किस मार्ग से आया है। आखिर एक न एक दिन हम सभी को उसी मार्ग से (परलोक) जाना है; अच्छा हो कि हम उस मार्ग को पहले से ही जान लें।'"

राजा दिल्ली के बारे में भी काफी चिन्तित था—'राजनीतिक सत्ता को पाने और उसे बनाए रखने के लिए बड़े प्रयत्न करने पड़ते हैं। आप इस मामले में जरा भी असावधान नहीं हो सकते कि दिल्ली, ढीली हो जाए (जायसी द्वारा यहाँ शब्द-क्रीड़ा की गई है, दिल्ली के ढीले हो जाने का अभिप्राय सत्ता पर पकड़ कमजोर हो जाने से है)। एक से बढ़कर एक राजा दिल्ली की सत्ता पर काबिज हुए और समय के साथ धूल में मिल गए। जब तक दिल्ली समृद्ध है, तब तक इसका अस्तित्व बना रहेगा, यानी जब तक यहाँ के दरबारी और प्रजा सुखी रहेगी, तब तक दिल्ली की सत्ता बनी रहेगी। यदि कोई शासक इस बात का ध्यान नहीं रखेगा, तो ध्यान रहे—*रावण की लंका भी जल गई थी और उसकी आँच में लोगों ने हाथ सेंके थे, लंका में कोई यौवन और सुख शेष न रहा था।* व्यक्ति को बिना किसी भेदभाव के भिक्षा देनी चाहिए, याचक चाहे ब्राह्मण हो अथवा कोई चारण।'

अलाउद्दीन के आदेश के अनुसार याचक को लाया जाता है और वह धरती पर माथा टेककर सम्मान प्रदर्शित करता है—

मया साहि मन सुनत भिखारी। परदेसी कहँ पूँछु हकारी॥
हम पुनि है जाना परदेसा। कौनु पंथ गवनब केहि भेसा॥
ढीली राज चिन्त मन गाढ़ी। यह जग जैस दूध महँ साढ़ी॥
सौंति बिरोरि छाँछि कै फेरा। मथि घिउ लीन्ह महिउ केहि केरा॥
एहि ढीली कत होइ होइ गए। कै कै गरब छार सब भए॥
तेहि ढीली का रहि ढिलाई। साढी गाढि ढीलि जब ताई॥
रावन लंक जारि सब तापा। रहा न जोबन औ तरुनापा॥
भीखि भिखारिहि दीजिअै का बाँभनु का भाँट।
अग्याँ भई हँकारहु धरती धरै लिलाट॥ —459

राघव चेतन सीधे अपनी बात पर आता है। वस्तुत: वह यहाँ कोई भिक्षा लेने नहीं, बल्कि वह उस स्त्री को बर्बाद करने के लिए आया था, जिसने इसके

प्रति इतनी उदारता दिखाई थी। वह अलाउद्दीन को पद्मिनी के बारे में बताता है। सुल्तान उसकी बात को अविश्वास जताते हुए नकार देता है और कहता है, 'मेरे महल में उस जैसी कई पद्मिनियाँ हैं।' वह कपटी पंडित इतनी आसानी से हार नहीं मानने वाला। यह जानकर कि सुल्तान उसे एक साधारण भिखारी समझकर व्यवहार कर रहा है, अपनी साख बनाने के लिए वह अपनी विद्वत्ता का परिचय देता है। वह यह भी दावा करता है कि वह सातों महाद्वीपों का भ्रमण कर चुका है और उसे पूरी दुनिया का ज्ञान है। वह कहता है, 'मैं असत्य नहीं बोल रहा हूँ। मैं एक याचक के रूप में, इस दुनिया के सर्वाधिक शक्तिशाली राजा के समक्ष उपस्थित हूँ—वह राजा जो धर्म के अनुसार शासन करता है। सभी राजपरिवार आपका सम्मान करते हैं। मैं आपसे असत्य बोलने का साहस कैसे कर सकता हूँ?'

सुल्तान की रुचि जाग्रत होने पर राघव चेतन बोलना जारी रखता है और कामशास्त्र में वर्णित चार प्रकार की स्त्रियों का वर्णन करता है। सुल्तान के समक्ष स्वयं को विद्वान प्रमाणित कर वह पद्मिनी पर आता है। 'वह सिंहल से लाई गई 'पद्मिनी' श्रेणी की स्त्री है जिसकी काया शुद्ध स्वर्ण के समान है और कमल-सी सुगन्ध से युक्त है। सत्य तो यह है कि मैं उसका वर्णन नहीं कर सकता क्योंकि उसका सौन्दर्य किसी कवि के शब्दों एवं चित्रकार की कल्पना के परे है।' जैसा कि अपेक्षित है, यह वर्णन कई पदों में है, और यह ठीक उसी प्रकार से किया गया है जैसे हीरामन ने रतनसेन से किया था, जिसमें पद्मिनी की विद्वत्ता का भी उल्लेख है।

राघव चेतन अलाउद्दीन को इन पाँच अमूल्य उपहारों के बारे में भी बताता है जो पद्मिनी को समुद्र एवं लक्ष्मी से मिले थे। 'सिकन्दर के पास भी ऐसे दुर्लभ उपहार नहीं थे। आपके पास पद्मावती के साथ-साथ वो समस्त उपहार भी होने चाहिए।'

अलाउद्दीन स्वयं को अपने समय का सिकन्दर मानता था। उसे सरकारी प्रार्थनापत्रों तथा सिक्कों में सिकन्दर सानी (सिकन्दर द्वितीय) के नाम से उल्लिखित किया जाता था। अब उसे इन सभी दुर्लभ वस्तुओं को प्राप्त करना था, जिन्हें सिकन्दर प्रथम भी प्राप्त नहीं कर पाया था।

उसने राघव चेतन को न केवल ढेरों उपहार प्रदान किए बल्कि उसे चित्तौड़ के सिंहासन पर बिठाने का वादा भी किया। कुछ भी हो, राघव चेतन

को तो अपना पुरस्कार पहले ही मिल गया। प्रतिशोध लेने की उसकी नीच मंशा घटनाक्रम को कुछ इस प्रकार मोड़ देती है, जिसकी परिणति सौन्दर्य की प्रतिमान पद्मिनी, उसके समर्पित प्रेमी तथा उसकी प्रतिद्वंद्वी नागमती के मुट्ठी भर राख में बदल जाने से होने वाली थी।

हर काल और समाज में कुछ ऐसे लोग अवश्य होते हैं जो अपनी क्षुद्रता के कारण प्रेम एवं सौन्दर्य को नष्ट करते हैं। जायसी कृत पद्मावत राघव चेतन नामक चरित्र के माध्यम से हमें ऐसे तत्त्वों के प्रति सावधान करती है।

चित्तौड़ का रण

अलाउद्दीन अपने दूत सरजा के द्वारा रतनसेन को सन्देश भेजता है कि वह समुद्र एवं लक्ष्मी से मिले पाँच अमूल्य उपहारों के साथ सिंहल की पद्मिनी को उसे सुपुर्द कर दें। क्रोधित रतनसेन, सरजा से मर्यादा में रहने को कहता है। सरजा उसे प्रलोभन देने का प्रयास करते हुए कहता है, 'सुल्तान आपको चंदेरी का राज सौंप देंगे। उनका प्रस्ताव स्वीकार कर लें। एक दासी—पद्मिनी के लिए इतना परेशान क्यों होना?'

उपर लेहि चँदेरी का पदुमिनि एक दासि। —490

इस अपमानजनक प्रस्ताव पर रतनसेन द्वारा दिया उत्तर महज एक गौरवशाली राजा का ही उत्तर नहीं था, बल्कि एक स्वाभिमानी गृहस्वामी का भी उत्तर था, 'तुम्हारा स्वामी भले ही एक सम्राट हो सकता है, किन्तु हर पुरुष अपने महल रूपी घर का स्वामी होता है।'

मँदिर एक कहूँ आपन साजू। —489

इस कथन का तात्पर्य बिलकुल स्पष्ट है तथा यह केवल अलाउद्दीन के लिए ही नहीं, बल्कि हर शासक के लिए कहा गया है—'हर गृहस्थी की पवित्रता का सम्मान होना चाहिए।'

रतनसेन आगे कहता है, 'यदि मुझे अपनी गृहस्वामिनी से अलग होने का अपमान सहना पड़े तो चंदेरी या फिर चित्तौड़ का मूल्य ही क्या रह जाएगा? योगी-तपस्वियों को छोड़कर हर पुरुष गृहस्थ जीवन ही जीता है...(और जहाँ तक पद्मावती का सम्बन्ध है) मैंने विक्रमादित्य जैसा दृढ़ निश्चय करके सिंहल को जीता और उसे (पद्मावती को) प्राप्त किया है, और तुम्हारा सम्राट यह सोचता है कि वह मुझ जैसे सिंह पर अपनी इच्छा थोप पाएगा? ऐसा पत्र लिखने वाला कोई क्षुद्र मानसिकता से ग्रसित व्यक्ति ही हो सकता है, किसी सम्राट से ऐसी अपेक्षा नहीं की जा सकती।'

जौं पै ग्रि हिनि जाइ घर केरी। का चितउर केहि काज चँदेरी॥
जिऔं लेइ घर कारन कोई। सो घर देइ जो जोगी होई॥
बिक्रम सरिस कीन्ह जेइँ साका। सिंघल दीप लीन्ह जौं ताका॥
ताहि सिंघ कै गहै को मोंछा। जौं अस लिखा होइ नहिं ओछा॥—491

वह सरजा के स्वामी को प्रेम एवं दृढ़निश्चय में उसका मुकाबला करने की चुनौती देता है, 'यदि वास्तव में वह पद्मिनी स्त्री चाहता है तो उसे स्वयं सिंहल जाना होगा।'

चाहै नारि पदुमिनी तौ सिंघल दीपहि जाउ॥ —491

रतनसेन और अलाउद्दीन की इच्छाओं के अन्तर को जायसी यहाँ बहुत पुरजोर ढंग से रेखांकित कर रहे हैं। दोनों ही पुरुष एक बेहद खूबसूरत स्त्री की चाह में गिरफ्त हैं। एक ने तप और साधना की है, अनगिनत कष्ट उठाए हैं, उस स्त्री की स्वीकृति प्राप्त की है, जिसे वह पाना चाहता है तथा एक योद्धा होते हुए भी कभी बल प्रयोग पर विचार नहीं किया। दूसरे को उस स्त्री की स्वीकृति अथवा अस्वीकृति से कोई सरोकार नहीं है। शक्ति प्रदर्शन तथा आक्रामकता के अतिरिक्त प्रेम के किसी अन्य तरीके की वह कल्पना भी नहीं कर सकता। यहाँ तक कि उसका दूत भी उस स्त्री को दासी के रूप में सम्बोधित करता है।

रतनसेन के तर्कसंगत उत्तर से अप्रभावित सरजा अपने मालिक की बात पर अड़ा रहकर रतनसेन की चुनौती को उपहासपूर्ण ढंग से नकार देता है, 'सिंहल की पद्मिनियाँ मेरे मालिक के पास स्वयं चलकर आएँगी। जिसकी गुलामी सारी दुनिया करती हो, उसके सामने सिंहल की क्या हैसियत है?'

इसी जगह पर देवगिरी की राजकुमारी, छिताई का उल्लेख आता है। 'सुल्तान ने उसे पाने की इच्छा की और पा लिया', सरजा अकड़ के साथ बोलता है। हमने पहले अध्याय में छिताई चरित की संक्षेप में चर्चा की है; इस पाठ में सरजा की गर्वोन्मत्त बातों से हमें अलाउद्दीन की मानवीयता के बारे में कोई संकेत प्राप्त नहीं होता है।

अब रतनसेन के पास चुनौती स्वीकार करने के अतिरिक्त और कोई विकल्प नहीं है। उधर सरजा भी अलाउद्दीन को सारी सूचना देता है। अब युद्ध होना तय है। दोनों पक्ष तैयारी करते हैं और जैसा कि अपेक्षित है, कवि ने अपने ज्ञान के प्रदर्शन के साथ-साथ अतिशयोक्ति का भी खूब प्रयोग किया है। इस बार हमारे समक्ष घोड़ों की पचीस नस्लों का विवरण प्रस्तुत होता है। बाद में, युद्ध का वर्णन करते समय वह अस्त्र-शस्त्रों तथा युद्ध पैंतरेबाजी की विस्तृत व्याख्या करते हैं।

सुल्तान अपने अधीन सभी सामन्तों को यह सन्देश भेजता है कि वे चित्तौड़ के विरुद्ध उसके अभियान में सम्मिलित हों। चित्तौड़ पर हमले के निर्णय के प्रभाव का वर्णन अतिशयोक्ति के साथ किया गया है। जैसा कि हम जानते हैं, पृथ्वी शेषनाग के फन पर टिकी है एवं शेषनाग स्वयं कच्छप पर विराजमान है। निद्रा के अपने चारित्रिक गुण को छोड़ कच्छप चलायमान हो गया है; सागर में मंथन हो रहा है; धरती रह-रह कर काँप रही है। अलाउद्दीन की युद्ध सम्बन्धी तैयारियों का प्रभाव ही कुछ ऐसा है।

अतिशयोक्ति अलंकार जायसी एवं उनके समकालीन कवियों की रचनाओं का अभिन्न अंग रहा है। किन्तु जायसी की रचनाओं में स्वाभाविक रूप से दिखाई देने वाले हिन्दू पौराणिक कथाओं के रूपक एवं संकेत महत्त्वपूर्ण बात है।

अलाउद्दीन की ओर से युद्ध करने वाले सभी योद्धा मुस्लिम (जायसी की अपनी भाषा में तुर्की) ही नहीं होंगे। वह इस युद्ध में शामिल होने के लिए भारत की चारों दिशाओं से योद्धाओं को आमंत्रित करेगा।

अपने अन्य समकालीनों की तरह जायसी को भी भारत की भौगोलिक स्थिति का भलीभाँति ज्ञान है, जो महाकाव्य में इस जगह पर एवं अन्यत्र भी देखने को मिलता है। इसकी झलक हमें उनके इस वाक्यांश से मिलती है—'उत्तर में हिमालय से लेकर दक्षिण में महासागर तक, पूर्व में गजनी (अफगानिस्तान) से लेकर पश्चिम में गौर (बंगाल) तक' (हेम सेत गौर गजना)।

जायसी के काव्यात्मक 'विवरण' के अनुसार अलाउद्दीन की सेना में (अन्य अनेक जगहों के अतिरिक्त) कश्मीर, उड़ीसा, बंगाल, सिंध यहाँ तक कि कामरूप (वर्तमान असम) एवं रामेश्वरम तक के जागीरदार थे। सिर्फ भारत के ही नहीं, बल्कि रूम (कुस्तुनतुनिया अथवा कांस्टेंटिनोपल) और सीरिया के सुल्तानों ने भी इस युद्ध में भाग लिया। (रहा न रूम साम सुलतानू)

राजस्थान के हिन्दू राजाओं (राजस्थान के बाहर के अन्य हिन्दू राजाओं को इस युद्ध में अलाउद्दीन का साथ देते हुए दर्शाया गया है) की नजरों में चित्तौड़ का महत्त्व इस स्थान पर दिखाई देता है। हमें बताया जाता है कि अलाउद्दीन के हिन्दू जागीरदार 'चित्तौड़ पर उसके अभियान सम्भावित हमले के बारे में सुनकर' उसे यह बताने के लिए एक साथ उससे मिलने जाते हैं कि 'चित्तौड़ सारे हिन्दुओं के लिए माँ के समान है और बुरे वक्त में कोई भी अपनी माँ से सम्बन्ध नहीं तोड़ता। रतनसेन ने जौहर लिया है, वह सम्मानीय

राजा है। हिन्दुओं की नियति पतंगे के समान है, और चित्तौड़ की रक्षा के लिए हम पतंगों की तरह ही आग की तरफ भागेंगे। आप या तो हमारे लिए सुखद हवा के झोंके की तरह बन जाएँ और चित्तौड़ पर आक्रमण का विचार त्याग दें, अथवा हमें प्रसन्नतापूर्वक पान का बीड़ा देकर विदा करें और हमें अनुमति दें कि चित्तौड़ की रक्षा में अपना सर्वस्व न्योछावर कर पाएँ।'

यह सुनकर अलाउद्दीन सहज भाव से मुस्कुराता है। वह उन्हें यह कहते हुए विदा देता है कि "आप लोग तीन दिन के भीतर तय कर लें। अब यदि कोई आग में कूदने पर ही आमादा है, तो उसके लिए कोई क्या कर सकता है?"

करत जो राय साहि कै सेवा। तिन्ह कहँ पुनि अस आउ परेवा॥
सब होइ एकहि मतें सिधारै। पातसाहि कहँ आइ जोहारै॥
चितउर है हिन्दुन्ह कै माता। गाढ़ परैं तजि जाइ न नाता॥
रतनसेनि है जौहर साजा। हिन्दुइ माँह अहै बड़ राजा॥
हिन्दुन्ह केर पनिग कर लेखा। दौरे परहिं आगि जहँ देखा॥
किरिपा करसि त करसि समीरा। नाहिं त हमहिं देहि हँसि बीरा॥
हम पुनि जाइ मरहिं ओहि ठाऊँ। मेटि न जाइ लाज कर नाऊँ॥
दीन्ह साहि हँसि बीरा आवहिं तीन दिन बीच।
तिन्ह सीतल को राखे जिन्हैं आगि महँ मीच॥ —502

भारत में पान का बीड़ा (जिसमें सुपाड़ी, कत्था, चूना एवं स्वादानुसार अन्य सामग्रियाँ मिली होती हैं) अवसर के अनुरूप सम्मान प्रदर्शित करने, चुनौतीपूर्ण दायित्व सौंपने तथा सम्मानपूर्वक विदाई देने का प्रतीक माना जाता है। अलाउद्दीन के जागीरदार उससे निवेदन कर रहे हैं कि वह परस्पर सम्मान के साथ उन्हें जाने की अनुमति प्रदान करे। अलाउद्दीन उनकी भावनात्मक दशा की कद्र तो करता है, लेकिन वह अपने लक्ष्य के प्रति भी एकदम स्पष्ट है। दोनों पक्ष युद्ध में परस्पर सम्मानित प्रतिद्वंद्वियों की तरह आमने-सामने होंगे। उनमें से कोई भी कायर अथवा राक्षसी प्रवृत्तियों का नहीं है।

यहाँ पहली बार जौहर शब्द का प्रयोग किया गया है। यहाँ इस शब्द का प्रयोग रतनसेन एवं उसके योद्धाओं के अन्तिम श्वास तक युद्ध करने के दृढ़निश्चय को रेखांकित करने के लिए किया गया है।

जौहर एक राजपूत प्रथा है जिसमें आर-पार के युद्ध के लिए पुरुषों के रणभूमि में जाने के पश्चात् (जिसमें उनके जीवित बचकर आने की आशा न के बराबर होती है) स्त्रियाँ बन्द किले में सामूहिक आत्मदाह करती हैं। किसी आततायी से बचने का यही अन्तिम उपाय होता था। महत्त्वपूर्ण बात यह है कि यह कोई हिन्दू प्रथा नहीं थी, लेकिन सिर्फ राजपूत समुदाय में प्रचलित थी। अन्य हिन्दू योद्धा समुदायों जैसे मराठा अथवा जाट समुदाय में शायद ही कभी यह प्रथा देखने को मिली हो। वर्तमान समय में, हमें इसे एक क्षेत्र विशेष की ऐतिहासिक घटना के रूप में देखना चाहिए। जौहर को—शाब्दिक अथवा दृश्यिक, किसी भी रूप में महिमामंडित करने से हमें केवल पुरुषों की स्त्रियों पर पूर्ण आधिपत्य प्राप्त करने की लोलुपता तथा स्त्रियों के उनके समक्ष आत्मसमर्पित कर देने के ही संकेत मिलते हैं। इस तरह के कृत्यों का महिमामंडन करना आधी मानवता के अस्तित्व को नकारना है।

किन्तु तत्कालीन सन्दर्भों को जाने बिना वर्तमान समय के नैतिक मापदंडों से ऐतिहासिक पात्रों का आकलन करना भी सरासर नासमझी और त्रुटि है।

इस दृष्टिकोण से यह अत्यधिक उल्लेखनीय है कि जायसी सोलहवीं शताब्दी में लिखे गए अपने महाकाव्य में चौदहवीं शताब्दी में घटित जौहर की घटना के सम्बन्ध में विवरण सबसे अन्त में देते हैं। किसी भी तरह के महिमामंडन के बिना, वे चित्तौड़ के जौहर का वर्णन मात्र तीन शब्दों में करते हैं।

रतनसेन भी अपने मित्रों एवं सेनाओं को एकत्रित कर रहा है। पूर्व में बताए गए उन सभी राजाओं, जिन्होंने अलाउद्दीन को रतनसेन के पक्ष में जाने का निर्णय सुनाया था, के अतिरिक्त अन्य अनेक योद्धा रतनसेन की सेना में सम्मिलित होते हैं। तोमर, परमार, बघेल, चौहान, चंदेल एवं कई अन्य रतनसेन की ओर से युद्ध करने का निर्णय लेते हैं। इसमें एक रोचक तथ्य यह है कि इस सूची में खत्री एवं अग्रवार का भी उल्लेख है। खत्री, पंजाब की अत्यन्त सम्पन्न एवं सुप्रसिद्ध वणिक जाति है। यह कहा नहीं जा सकता कि 'अग्रवार' शब्द अग्रवाल के लिए प्रयोग किया गया है अथवा नहीं, पर यह भी एक वणिक जाति है जो अपनी उत्पत्ति क्षत्रियों से हुई मानती है। जो भी हो, इस महाकाव्य से हमें पूर्व-आधुनिक काल में भारत में विभिन्न जातियों के व्यवसाय एवं उनके सामाजिक श्रम विभाजन के संकेत मिलते हैं।

यदि हम ध्यान से पढ़ें तो पद्मावत तथा इसी तरह की अन्य साहित्यिक रचनाएँ ब्रिटिश राज से पहले के भारतीय इतिहास को समझने में सहायक हो सकती हैं।

यह सहज ही समझा जा सकता है कि रतनसेन और उनके मित्रों की सेना एवं उनकी तैयारी का स्तर अलाउद्दीन की सेना के सामने कुछ भी नहीं हैं। *सर्वाधिक महत्त्वपूर्ण बात यह है कि रतनसेन की ओर से युद्ध लड़ने वाले राजाओं की सूची में उसके ससुर एवं सिंहल नरेश राजा गन्धर्वसेन का कोई उल्लेख नहीं है।*

अपने काव्य में रूपकों एवं अतिशयोक्ति के उन्मुक्त प्रयोग करने के लिए प्रसिद्ध जायसी, इस स्थान पर सिंहल जैसे काल्पनिक आदर्शलोक के लिए किसी भी प्रकार के रूपक एवं अतिशयोक्ति के इस्तेमाल से बचते हैं। सिंहल न केवल वास्तविक संसार से परे है, बल्कि काव्य स्वातंत्र्य से भी परे है। केवल सिंहल के हाथियों को ही रतनसेन की सेना में सम्मिलित बताया गया है। और तो और, इस स्थान पर ऐसी किसी दैवीय सहायता का संकेत नहीं किया गया है, जैसी कि उसे पद्मावती से प्रेम करने के कारण सिंहल में मिलने वाले मृत्युदंड के समय प्राप्त हुई थी।

वह सिंहल था; यह चित्तौड़ है। वह अपने प्रेम को प्राप्त करने के लिए एक प्रेम-योगी का संघर्ष था; यह एक पति का अपनी पत्नी के लिए, एक राजा का अपने राज्य के लिए होने वाला संघर्ष है। वह परी कथाओं का काल्पनिक आदर्शलोक था, यह यथार्थ जीवन का राज्य है। किसी भी तरह की दैवीय सहायता और चमत्कार का यहाँ कोई स्थान नहीं है।

संक्षेप में कहा जाए तो जायसी ने रतनसेन को 'करो या मरो' की स्थिति में डाल दिया है। वह अपने प्रतिद्वंद्वी की शक्ति जानता है और अपने योद्धाओं से कहता है, 'जो कुछ भी किया जा सकता था, हमने किया; अब हमें केवल युद्ध करना है और वीरगति प्राप्त करनी है।'

राजैं कहा कीन्ह सो करना। भएउ असूझ सूझ जस मरना॥ —512

ये शब्द उसकी वीरता के साथ-साथ कठिन यथार्थ की स्वीकारोक्ति पर भी प्रकाश डालते हैं।

युद्ध के दृश्यों का विस्तृत वर्णन किया गया है। तलवार से लेकर तोप तक विभिन्न शस्त्रों का विस्तार से परिचय दिया गया है। हमें यह भी

ज्ञात होता है कि अलाउद्दीन की सेना में सीरिया, अफ्रीका और पुर्तगाल (फिरंगी) के सैनिकों के अलावा भाड़े के सैनिक भी शामिल थे। समकालीन काव्य परम्परा का अनुसरण करते हुए कवि वर्णन करता है कि किस प्रकार पिशाचगण आनन्द मना रहे थे। यहाँ तक कि वे विवाह उत्सव का भी आनन्द उठा रहे थे, क्योंकि उनके सामने मृत योद्धाओं का मांस बहुतायत में उपलब्ध था। (अनँद बियाह करहिं मँसुखाए, अब भख जरम जरम कहँ पाए) 'जो कभी दूसरों (जानवरों) का मांस खाते थे, आज उन्हें खाया जा रहा है'—कवि इस विडम्बना की ओर इशारा करते हुए एक दार्शनिक निष्कर्ष पर पहुँचते हैं—'कोई भी व्यक्ति सशरीर परलोक नहीं जा सकता, फिर भी हर कोई इसे स्वस्थ और पुष्ट बनाने में लगा रहता है, लेकिन इसका महत्त्व तभी सामने आता है, जब इसे परखा जाए अथवा जब उसके सत्कर्मों का मूल्यांकन हो।'

काहूँ साथ न तनु गा सकति मुऐ पै पोखि।
ओछ पूर तब जानब जब भरि आउब जोखि॥ —519

किले के भीतर से युद्ध करने की प्रतिकूल परिस्थिति और अलाउद्दीन की सैन्य क्षमता और संसाधनों से कमतर होने के बावजूद, रतनसेन की वीरता एवं युद्ध कौशल अद्वितीय है। कवि द्वारा किए गए आमने-सामने के युद्ध के वर्णन तथा युद्ध के सामान्य वर्णन में यह तथ्य स्पष्ट रूप से बार-बार हमारे सामने आता है। कुछ पदों में यह सारा वर्णन करने के बाद जायसी ने इसे संक्षिप्त रूप में एक दोहे में इस प्रकार व्यक्त किया है; 'शाह की सेना में चारों दिशाओं से हमला किया, किला चारों ओर से आग से घिरा हुआ था, सूर्य ने चन्द्रमा पर ग्रहण लगा दिया, और अपनी बारी आने पर चन्द्रमा, सूर्य पर ग्रहण लगाने वाला राहु बन गया।'

लागि कटक चारिहुँ दिसि गढ़ सो परा अगिडाहु।
सुरुज गहन भा चाँदहि चाँद भएउ जस राहु॥ —522

जायसी ने आमतौर पर रतनसेन की तुलना चन्द्रमा से की है। यहाँ अलाउद्दीन सूर्य के समान है जो चन्द्रमा को ग्रहण लगा रहा है, लेकिन रतनसेन भी राहु की तरह उस पर ग्रहण लगा रहा है।

रतनसेन के प्रति लगाव होने के बावजूद जायसी ने रतनसेन और अलाउद्दीन की सैन्य क्षमता और शक्ति के मध्य अन्तर की उपेक्षा नहीं की है। कटु यथार्थ के प्रति उनकी यह समझ युद्ध-दृश्यों के वर्णन में सामने आती है। इसके अतिरिक्त, नैतिक रूप से रतनसेन के प्रति जायसी की सहानुभूति होने का यह अर्थ नहीं है कि अलाउद्दीन की छवि पूरी तरह से नकारात्मक ही दिखाई जाए। यही कारण है कि जायसी की *पद्मावत* चित्तौड़ की पद्मिनी की कथा सुनाने वाली अन्य काव्य रचनाओं से कहीं अधिक सशक्त एवं प्रभावशाली है।

अलाउद्दीन की घेराबन्दी लगातार आठ वर्ष तक चलती है। लेकिन ऐतिहासिक दस्तावेज़ों के अनुसार ये घेराबन्दी महज आठ माह तक ही थी—यानी जनवरी 1303 से अगस्त 1303 तक। अलाउद्दीन किले में बलपूर्वक नहीं घुसना चाहता था क्योंकि वह जानता था कि इसका परिणाम जौहर होगा और वह पद्मिनी को नहीं पा सकेगा। इसी बीच दिल्ली से कुछ परेशान करने वाली खबरें आने लगती हैं। यह मात्र काव्योक्ति नहीं है। सन् 1303 के उत्तरार्ध में मंगोल हमलावरों के कारण दिल्ली सल्तनत के सामने खतरा उत्पन्न होने लगा था। 13वीं-14वीं शताब्दी में मंगोल योद्धा बड़े क्रूर आक्रमणकारी माने जाते थे और जहाँ भी वे आक्रमण करते थे, वहाँ तबाही मचा देते थे। उन्होंने सन् 1297 में भारत पर हमला करना शुरू कर दिया था, जो दिल्ली सल्तनत के लिए एक स्थायी खतरा था। सन् 1303 में जब अलाउद्दीन चित्तौड़ अभियान में व्यस्त था, मंगोलों का बहुत भयंकर और गम्भीर हमला हुआ था। बड़े ही दृढ़निश्चय एवं कुशल नेतृत्व के साथ अलाउद्दीन ने मंगोल आक्रमण को निष्क्रिय करने में सफलता प्राप्त की।

पद्मावत जिस सामान्य बात को कहना चाहती है, यह क्षण उसका एक बेहतरीन उदाहरण प्रस्तुत करता है। इस स्थान पर काव्यात्मक कल्पना तथा ऐतिहासिक तथ्यों का बड़ा रोचक मिश्रण है। आठ वर्ष तक किले की घेराबन्दी एक काव्यात्मक अतिशयोक्ति है, लेकिन इसी काव्यात्मक अतिशयोक्ति के मध्य 'दिल्ली से आने वाली खबरें' ऐतिहासिक यथार्थ थीं। तो इस प्रकार, इस महाकाव्य की केन्द्रीय पात्र पद्मावती जहाँ 'वास्तविकता से भी अधिक है', वहीं युद्ध ऐतिहासिक तथ्य है।

यहाँ, यह बात पुन: दोहराने की आवश्यकता है कि यद्यपि *पद्मावत* तथा अन्य तत्कालीन ग्रंथों से हमें उस समय के समाज एवं संस्कृति में झाँकने

और जानने का अवसर मिलता है, किन्तु इन्हें इतिहास जानने के दृष्टिकोण से पढ़ना न सिर्फ व्यर्थ है, बल्कि हानिकारक भी; इसी प्रकार ऐतिहासिक दृष्टिकोण से उनके पात्रों और घटनाओं पर बहस करना भी अर्थहीन है। ये मानना और भी गलत है कि जायसी तथा अन्य समकालीन कवियों को इतिहास की कोई जानकारी नहीं थी। हमें यह बात अच्छी तरह से समझ लेनी चाहिए कि परम्पराओं की गहरी पकड़ तथा भूतकाल व वर्तमान की समुचित जानकारी के बिना *पद्मावत* जैसे महाकाव्य की रचना सम्भव नहीं है। किन्तु फिर भी, यह कवि की रचनात्मक कल्पनाशीलता का उत्कृष्ट उदाहरण है, तथ्यों और सूचनाओं के संग्रह का नहीं।

कथा की ओर वापस आते हैं। अलाउद्दीन दिल्ली से मिलने वाली खबरों को लेकर चिन्तित है—चित्तौड़ की घेराबन्दी अब तर्कसंगत नहीं है। उसे दिल्ली शीघ्र ही वापस लौटना होगा। उसे एकाग्रचित्त होकर काम करने की आवश्यकता है। 'एक कार्य के बारे में सोचना और दूसरे कार्य को करना, स्वस्थ मन की निशानी नहीं है', अपने मन में यह विचार करने के बाद सुल्तान, रतनसेन को छल-कपट से परास्त करने का निर्णय लेता है। उसे 'पान का बीड़ा देकर' (आदर और सम्मान प्रदर्शित करने का सांकेतिक व्यवहार) ही जीता जा सकता है अन्यथा उसे जीतना सम्भव नहीं है।

पाहन कर रिपु पाहन हीरा। बेधौं रतन पान दै बीरा॥ —533

कपटपूर्ण युद्धविराम

अलाउद्दीन अपने मन में निश्चय करके अपने पूर्व प्रस्ताव में कुछ आवश्यक संशोधनों के साथ सरजा को फिर से रतनसेन के दरबार में भेजता है। अब रतनसेन को समुद्र द्वारा दिए हुए पाँच बहुमूल्य उपहार ही सौंपने आवश्यक थे। इसके बदले में उसे चंदेरी का किला और चित्तौड़ के शासक के रूप में

सुल्तान का संरक्षण भी प्राप्त होगा। सरजा चेतावनी के साथ सन्देश देता है, 'आप पिंजरे में कैद पंछी की तरह हैं। आप समझदारी का परिचय दें अन्यथा कुछ ही दिनों में आपका यह किला ढहा दिया जाएगा। आपकी वही दशा होगी, जो हमीर की हुई थी।'

रणथम्भौर का राजा हमीर कुछ ही वर्ष पूर्व अलाउद्दीन के हाथों पराजित होकर मृत्यु को प्राप्त हुआ था।

रतनसेन ने पूरी निर्भीकता के साथ सरजा को उत्तर दिया, 'हमीर अपने निर्णय के साथ जिया और मरा, मैं भी ऐसा ही करूँगा। बल्कि मैं उससे कहीं अधिक वीर और शक्तिशाली हूँ। मेरे पास साठ वर्ष और सोलह लाख सैनिकों के भोजन की व्यवस्था है। युद्ध के लिए तैयार रहो, मैं जौहर करने के लिए दृढ़संकल्प हूँ।'

प्रसंगवश, उन पाठकों को पुनः यह स्मरण कराना आवश्यक है जो काल्पनिक साहित्य को इतिहास की तरह पढ़ते हैं : साठ वर्ष एवं सोलह लाख सैनिकों का जिक्र महज एक काव्यात्मक अतिशयोक्ति है। इसमें तथ्य कम और भावना अधिक है। आपको इस प्रकार की अतिशयोक्ति केवल *पद्मावत* में ही नहीं बल्कि विश्व भर के पूर्व आधुनिक युगीन साहित्य में देखने को मिलती है।

सभी तरह की शूर-वीरता होने के बावजूद अलग-अलग कारणों से दोनों पक्ष इस शत्रुता को शीघ्र समाप्त करना चाहते हैं। इसके बाद सरजा अपनी बात विनम्रतापूर्ण रखता है, जिसके प्रत्युत्तर में रतनसेन भी शान्त होकर कहता है, 'सरजा, इस बात को कौन नकार सकता है कि सभी लोग बादशाह का सम्मान करते हैं?'

अनु सरजा को मेटै पारा। पातसाहि बड़ आहि हमारा॥ —537

युद्ध विराम का प्रस्ताव स्वीकार कर लिया जाता है, तथा समुद्र के द्वारा दिए गए पाँच मूल्यवान उपहारों—हंस, स्वर्ण पक्षी, अमृत, बाघ तथा पारस पत्थर के साथ चित्तौड़ के दूतों को अलाउद्दीन के शिविर में भेजा जाता है। बादशाह अगले ही दिन चित्तौड़ जाने की इच्छा व्यक्त करता है और राजा उसके सम्मान में भव्य दावत के इन्तजाम का आदेश देता है।

जायसी इसके पहले भी एक भव्य दावत के आयोजन—सिंहल में हुए

विवाह समारोह के दौरान—का वर्णन कर चुके थे, किन्तु इसका वर्णन कई गुना अधिक भव्य है। यह केवल एक कवि की दृष्टि से ही नहीं, बल्कि एक पाक-कलाविद् की दृष्टि से किया गया वर्णन भी है। जायसी ने दावत की तैयारी एवं भोजन पकाने की सारी प्रक्रिया का बारीकी से वर्णन किया है, जैसे—उपयुक्त पशु, मछली, सब्जियों, अनाजों—विशेषकर चावल का चयन, मछली, मांस और सब्जियों की समुचित सफाई एवं कटाई; भोजन पकाने के लिए सही मात्रा और उपयुक्त तापमान सुनिश्चित करना इत्यादि। प्रसंगवश, वर्तमान समय में सब्जी के रूप में सर्वाधिक प्रचलित आलू का कोई उल्लेख इस वर्णन में नहीं है, क्योंकि यह जायसी के काल से कई शताब्दी बाद भारत आया था।

इस दावत में परोसे जाने वाले व्यंजनों की संख्या दर्जनों में है, तथा प्रत्येक की पाक विधि को बड़े जतन के साथ विस्तारपूर्वक बताया गया है। सभी प्रकार की मिठाइयों, पेय पदार्थों (मद्य रहित) एवं दावत के अन्त में प्रस्तुत किए जाने वाले पान के बीड़े तक का वर्णन बड़ी बारीकी से किया गया है। मैं इतना योग्य तो नहीं हूँ कि इन वर्णनों के गुण-दोष पर कोई टिप्पणी कर सकूँ, लेकिन जिस प्रकार से जायसी ने विभिन्न व्यंजनों का वर्णन किया है, उसके आधार पर यह अवश्य कह सकता हूँ कि जायसी भोजन के शौकीन होने के साथ-साथ एक श्रेष्ठ पाक-कलाविद् भी थे।

लेकिन इसके विपरीत भी हो सकता है। जायसी एक ऐसे कवि हैं जो किसी विद्वान की तरह जिज्ञासु थे। उन्हें 'भारतीय सत्य का शोधार्थी' कहा गया है। एक वास्तविक शोधार्थी के लिए केवल गूढ़ आध्यात्मिक तत्त्वों की खोज करना ही शोध नहीं होता। यह भी काफी सीमा तक सम्भव है कि भोजन के रसिक एवं अच्छे पाकविज्ञ न होते हुए भी उहोंने सारी सूचनाएँ इसलिए एकत्रित की हो ताकि उनकी काव्य रचना विश्वसनीय और सही प्रतीत हो। यह बात उनके भोजन सम्बन्धी वर्णन के लिए ही नहीं वरन् अन्य वर्णनों के लिए भी सत्य हो सकती है। जो भी हो, इस सबके पश्चात् जायसी अपने मूल कवि अवतार में लौट आते हैं, और बड़ा मार्मिक दार्शनिक वक्तव्य देते हैं : 'यहाँ बताए गए सारे व्यंजनों का सार तभी है जब वे जल के सम्पर्क में आएँ। यदि आप गौर करें तो पाएँगे कि सारा स्वाद जल पर निर्भर करता है। जल ही अमृत है। यही शरीर में प्राण को बनाए रखता है। दूध और घी

जल के ही अन्य रूप हैं। यदि शरीर को जल न मिले तो प्राण निकल सकते हैं। जल ही प्रकाश को बनाए रखता है; माणिक्य और मोती भी जल में ही मिलते हैं। जल दोष रहित होता है, इसका स्पर्श गन्दगी को दूर करता है। और, इतने सारे गुणों के बाद भी जल विनम्र होकर सदैव नीचे की ओर प्रवाहित होता है। मलिक मुहम्मद जायसी कहते हैं कि गहरा जल ही समुद्र तक पहुँचता है, उथला जल नहीं। संतृप्त (व्यक्ति एवं बर्तन) धीर-गम्भीर और शान्त होता है, जबकि खाली बर्तन अधिक शोर करता है।'

जति परकार रसोइँ बखानी। तब भइ जब पानी सौं सानी॥
पानी मूल परेखौ कोई। पानी बिना सवाद न होई॥
अंब्रित पानि न अंब्रित आना। पानी सों घट रहै पराना॥
पानि दूध महँ पानी घीऊ। पानि घटें घट रहै न जीऊ॥
पानी माहँ समानी जोती। पानिहि उपजै मानिक मोती॥
पानी सब महँ निरमरि करा। पानि जो छुवै होइ निरमरा॥
सो पानी मन गरब न करई। सीस नाइ खाले कहँ ढरई॥
मुहमद नीर गँभीर जो सो नै मिलै समुँद।
भरे ते भारी होइ रहे छूँछे बाजहिं दुंद॥ —551

मनुष्य जीवन और उसके समूचे अस्तित्व में जल के महत्त्व को नकारा नहीं जा सकता। जिस प्रसंग के माध्यम से कवि ने जल की महत्ता पर प्रकाश डाला है, उससे निश्चित ही उनकी विद्वत्ता झलकती है। *कोई हल्का कवि होता तो दावत समारोह के वर्णन में जल की उपयोगिता पर शायद ध्यान ही न देता। जायसी महान कवि हैं, वे न केवल जल के महत्त्व को समझते हैं बल्कि सामान्य सी समझी जाने वाली अन्य वस्तुओं के महत्त्व को भी समझते हैं। उनसे यह सीखा जा सकता है कि ऐसे व्यक्तियों, वस्तुओं, स्थान एवं रीतियों, जिन्हें प्राय: हम अनुपयोगी समझते हैं, के प्रति हमारा दृष्टिकोण कैसा होना चाहिए; उदाहरण के लिए व्यक्तिगत, सामाजिक एवं राजनैतिक क्षेत्र में सहिष्णुता।*

इस पद के विचारोत्तेजक मूल्य वे लोग ही समझ सकते हैं, जिन्हें हिन्दी/उर्दू भाषा के मुहावरों की समझ है। जल अथवा पानी, व्यक्ति के सम्मान, उसके अस्तित्व एवं किसी वस्तु की चमक का प्रतीक भी है। सम्राट अकबर

के नौरत्नों में से एक एवं हिन्दी भाषा के महान कवि रहीम ने एक दोहे में यह बात बेहद सटीक तरीके से कही है—

रहिमन पानी राखिए, बिन पानी सब सून।
पानी गए न ऊबरे, मोती, मानुस चून॥

(मनुष्य को हमेशा अपने आत्मसम्मान (पानी) के संरक्षण के प्रति जागरूक रहना चाहिए। पानी (आत्मसम्मान) के बिना इस संसार में सब कुछ अपूर्ण है। जिस तरह बिना पानी के आटे का अस्तित्व नहीं है, और बिना रंगत के मोती का कोई मूल्य नहीं है, उसी तरह आत्मसम्मान (पानी) के बिना मनुष्य का कोई मूल्य नहीं है।)

अगले ही दिन अलाउद्दीन चित्तौड़ के किले में पहुँचता है। उसे पूरे किले का भ्रमण कराया जाता है। रूपकों से युक्त अपने वर्णन एवं विवरणों के अतिरिक्त जायसी यहाँ सबसे महत्त्वपूर्ण दृश्य रचते हैं—अलाउद्दीन को होने वाले आश्चर्यों का वर्णन। उसे किले के एक ऊँचे शिखर पर ले जाया जाता है, जहाँ से वह सम्पूर्ण नगर का अवलोकन कर सकता है। वह पाता है कि इन्द्रपुरी की तरह सुन्दर इस शहर में पानी से भरे जलाशय, बाग एवं सुसज्जित घर हैं। सुडौल एवं प्रसन्न लोग अपनी जीवनचर्या में मगन हैं। लोग अपने काम पर जा रहे हैं, खेलकूद में व्यस्त हैं और जीवन का आनन्द ले रहे हैं। उनकी दिनचर्या इतनी सामान्य है, जैसे कि किले की कोई घेराबन्दी ही नहीं हुई हो।

चैन चाउ तस देखा जनु गढ़ छेका नाहिं। —554

घेराबन्दी के बावजूद चित्तौड़ भलीभाँति किलाबन्द तथा युद्ध के लिए तैयार तो है लेकिन विकृत युद्धोन्माद से ग्रस्त नहीं। यदि महिमामंडन करना ही है, तो वह जौहर का नहीं, बल्कि युद्ध की आशंका के बावजूद जायसी की कल्पना के चित्तौड़ की जनता के सामान्य जीवनयापन का होना चाहिए।

महल में घूमते हुए अलाउद्दीन के विचारों में केवल पद्मावती ही थी। जायसी ने उसकी अन्तर्तम सोच एवं भावनाओं को किसी प्रेमी के हृदय की तरह व्यक्त किया है। वही रूपक, वही पारम्परिक कथन दोहराए गए हैं, 'केवल प्रेमी ही प्रेम के रस को समझ सकता है'। पद्मावती के महल की

भव्यता को निहारते हुए वह मन ही मन कहता है कि 'इस महल में रहने वाली का सौन्दर्य कितना भव्य होगा।'

यह स्पष्ट है कि वह 'प्रेम' से पीड़ित है। और वह प्रयास भी कर रहा है; आखिरकार, युद्ध विराम का प्रस्ताव भेजना भी इसी का एक हिस्सा है। वह वास्तव में पद्मावती के प्रति प्रबल कामेच्छा से पीड़ित है। किन्तु जायसी के अनुसार, यदि विस्तृत परिप्रेक्ष्य में देखा जाए तो रतनसेन की तुलना में अलाउद्दीन की इच्छा और उसके प्रयास खोखले हैं।

यह तो सत्य है कि अलाउद्दीन पद्मावती को पाने की चाहत से बुरी तरह पीड़ित है, किन्तु इस अवसर पर भी वह पद्मावती की भावनाओं को जानने का विचार उसके मन में नहीं आता। उसके मुख से एक भी ऐसा शब्द नहीं निकलता है, जो उसके मन में उठ रहे इस प्रश्न की ओर संकेत करता हो, 'क्या वह भी मुझे पसन्द करती है?' जहाँ तक अलाउद्दीन का सम्बन्ध है उसकी नजरों में पद्मावती की इच्छा-अनिच्छा का कोई महत्त्व नहीं है। उसका प्रेम उसी प्रकार अर्थहीन है जिस प्रकार उसका युद्ध विराम का प्रस्ताव।

दावत चल रही है। हर ओर उत्सव सा माहौल है। किन्तु चित्तौड़ के दो योद्धा—गोरा और बादल, अलाउद्दीन पर विश्वास करने की बात से काफी परेशान हैं। उनकी राय में अलाउद्दीन को महल के अन्दरूनी कक्षों में ले जाना उचित नहीं है। वे आशंकित हैं और राजा को सुल्तान के प्रति सचेत रहने का परामर्श देते हैं। रतनसेन उनकी इस बात से नाखुश होता है, और उनसे कहता है कि उन्हें प्रकृति के इस नियम पर यकीन करना चाहिए कि भलाई का फल सदैव भला ही होता है। वह उनसे कहता है कि सुल्तान के प्रति ऐसी नकारात्मक सोच न रखें, क्योंकि नकारात्मकता ही नकारात्मकता को जन्म देती है। वे दोनों योद्धा इस व्यर्थ की उदारता से नाराज हो जाते हैं, तथा झुँझलाकर स्वयं को इस आयोजन से अलग कर लेते हैं।

दर्जनों सुन्दर स्त्रियाँ अतिथियों को भोजन परोस रही हैं। अलाउद्दीन राघव चेतन से पद्मिनी की ओर संकेत करने को कहता है। वह बताता है कि इन स्त्रियों में से कोई भी उसकी परछाईं के बराबर भी नहीं है। भले ही ये सभी दासियाँ सुन्दर हैं, पर पद्मिनी के सामने इन सबकी सुन्दरता उसी

प्रकार फीकी पड़ जाएगी जैसे चन्द्रमा की उपस्थिति में तारों की चमक फीकी पड़ जाती है।

भोजन-मिष्ठान और शरबत पीने के बाद भी सुल्तान जाने की जल्दी में नजर नहीं आता है। वह पद्मावती की झलक पाने की अभिलाषा में शतरंज खेलने का प्रस्ताव रखता है।

पद्मिनी की झलक

आप सोच रहे होंगे कि आखिर सुल्तान को पद्मिनी की झलक कैसे देखने को मिली, और क्या दर्पण में उसके प्रतिबिम्ब को दिखाने की तथाकथित कहानी सही है?

इस प्रश्न का उत्तर देने के पूर्व यह जान लेना अत्यन्त महत्त्वपूर्ण है कि इतिहास में इस प्रकार की किसी घटना का जिक्र नहीं है। ऐसा हो ही नहीं सकता क्योंकि पद्मिनी से सम्बन्धित ये सारी बातें किसी समकालीन एवं इसके बाद के ऐतिहासिक वृत्तान्तों/दस्तावेज़ों में अंकित नहीं हैं। किसी ऐतिहासिक आख्यान के लेखन के लिए शिलालेखों, ऐतिहासिक घटनाओं, आधिकारिक दस्तावेज़ों तथा राजकीय घोषणाओं जैसे स्रोतों को अपेक्षाकृत अधिक विश्वसनीय माना जाता है। भले ही उनमें सम्बन्धित राजा का बढ़ा-चढ़ाकर गुणगान किया गया हो, फिर भी वे तथ्यपरक होते हैं। उदाहरण के लिए, दिल्ली दरबार के दस्तावेज़ों के अनुसार चित्तौड़ पर कब्जा कुछ महीनों का ही था, क्योंकि मंगोलों के आक्रमण की सूचना से परेशान सुल्तान को शीघ्र ही दिल्ली वापस लौटना पड़ा था। जायसी की अतिशयोक्तिपूर्ण काव्यात्मकता इस घेराबन्दी की अवधि को खींचकर आठ साल कर देती है और मात्र यह संकेत देती है कि अलाउद्दीन को कुछ घरेलू समस्याओं के कारण वापस जाना पड़ा था; इसी तरह जायसी ने यह भी लिखा है कि

अलाउद्दीन का विश्वसनीय योद्धा और दूत सरजा शेर की सवारी करके चित्तौड़ गया था और उसके हाथ में चाबुक की जगह एक सर्प था। 'उसे पद्मिनी की झलक कैसे देखने को मिली?' और इसी तरह के अन्य प्रश्न ऐतिहासिक दृष्टिकोण से न तो पूछे जा सकते हैं, और न ही उनका कोई उत्तर दिया जा सकता है।

इन प्रश्नों पर संवेदनशील तरीके से कथा, इतिहास तथा साहित्यिक कल्पना के दायरे में रखकर विचार करना चाहिए। अन्य शब्दों में, आप जायसी के वर्णन की तुलना केवल राजपूताना की कथाओं में उपलब्ध विवरणों से कर सकते हैं। और, फिर से वही प्रश्न सामने आएगा, 'जायसी के अलाउद्दीन को पद्मिनी की झलक कैसे मिली?' 'जायसी का वर्णन अन्य वर्णनों से किस प्रकार भिन्न है?' अथवा, 'जायसी का रतनसेन क्यों और कैसे सहमत हो गया?'

जायसी का रतनसेन ऐसी किसी बात के लिए सहमत नहीं था।

जायसी ने तो इस बात का भी उल्लेख तक नहीं किया है कि रतनसेन और अलाउद्दीन के बीच दर्पण में पद्मिनी की झलक दिखाने सम्बन्धी कोई चर्चा भी हुई थी।

जैसा कि पहले बताया जा चुका है कि जायसी को अपने आख्यान का विचार राजस्थान की पुरानी दंतकथा 'सिंहल की पद्मिनी' से मिला था। उन्होंने अपनी काव्यात्मक कल्पना का प्रयोग करते हुए अपने आख्यान को सिंहल और चित्तौड़ के इर्द-गिर्द विकसित किया है। उन्होंने गोरा एवं बादल नामक वीर योद्धाओं पर केन्द्रित मौखिक परम्परा में उपलब्ध 'गोरा बादल की बात' एवं 'गोरा बादल री चौपाई' को पद्मावती के महाकाव्य में बदल दिया। उन्होंने अपने महाकाव्य में नागमती के पक्ष को एक अभूतपूर्व स्थान दिया और रतनसेन के चरित्र का महत्त्वपूर्ण रूपान्तरण किया। जायसी ने रतनसेन को एक साधारण राजा के स्तर से उठाते हुए एक मार्मिक एवं त्रासद प्रेमकथा के नायक में परिवर्तित कर दिया; महाकाव्य का एक ऐसा चरित्र जिसका विस्तार कल्पना लोक से लेकर वास्तविक संसार तक है।

जैसा कि हम जानते हैं कि पद्मिनी के बारे में राजस्थान के दोनों काव्य—हेमरतन द्वारा 1588 में रचित 'चौपाई' और जटमल द्वारा 1627 में रचित 'बात', *पद्मावत* के बाद ही लिखे गए हैं। लेकिन इन रचनाओं से हम निश्चित रूप से उन कथाओं का अनुमान लगा सकते हैं जो जायसी ने सुनी होंगी। दोनों ही गोरा और बादल की वीरता पर केन्द्रित हैं। जटमल की 'बात' में रतनसेन काफी कमजोर पात्र के रूप में सामने आता है।

जटमल द्वारा दिए गए ब्योरे के अनुसार रतनसेन, पद्मिनी की एक झलक पाने की अलाउद्दीन की माँग के आगे झुक जाता है। पद्मिनी को उसकी इस बात से एतराज होता है तथा वह अपने स्थान पर एक सुन्दर परिचारिका को बिठा देती है ताकि सुल्तान सन्तुष्ट हो जाए। किन्तु राघव चेतन अलाउद्दीन को बता देता है कि उसे बेवकूफ बनाया गया है। अलाउद्दीन, रतनसेन से इस बात की शिकायत करता है। क्रोधित रतनसेन 'सुल्तान को धोखा देने के लिए पद्मिनी को बुरी तरह डाँटता है' और उसे सुल्तान को एक झलक दिखाने का आदेश देता है। तब पद्मिनी एक झरोखे से अपना मुख दिखाती है, जिसका अलाउद्दीन पर आशानुरूप प्रभाव पड़ता है; और अब वह अपने

शिविर में वापस जाने की इच्छा व्यक्त करता है। वह 'भाई' रतनसेन की उदारता की प्रशंसा करता है :

कोप कियो राजान कहइ पदमन प्रति अइसइ।
मुख दिखाउ अब वेग कपट मंडउ तउ कइसइ॥
मुख काढ्यो पदमावती जाम बारी तइ बाहर।
निखि गिड्यउ सुलतान थांभ लीनउ त सुथाहर॥
खिण एक सँभालइ आप कूँ साह कहइ देरइ चलउ।
क्या सिफत करूँ हूँ राय की रतनसेन भाई भलउ॥ —66

(देखें—ब्रजेन्द्र कुमार सिंघल कृत रानी पद्मिनी,
वाणी प्रकाशन, दिल्ली 2017, पृष्ठ 185)

जटमल के अनुसार रतनसेन एक लालची व्यक्ति है जो बन्दी बनाए जाने और यातनाएँ दिए जाने के पूर्व सुल्तान से बख्शीस लेता है। वह कैद से ही यह सन्देश भेजता है कि पद्मिनी को सुल्तान के पास भेज दिया जाए, जिससे उसकी यातनाएँ समाप्त हों।

हेमरतन का रतनसेन इससे कुछ बेहतर है। उनके वर्णन के अनुसार रतनसेन, सुल्तान के इस निवेदन को स्वीकार कर लेता है कि युद्ध विराम की दावत में स्वयं पद्मिनी उसे भोजन परोसेगी। पद्मिनी भोजन पकाने के लिए तो सहमत हो जाती है, किन्तु अलाउद्दीन के सामने आने से मना कर देती है।

हेमरतन का वर्णन याद कीजिए, जब रतनसेन अपनी पहली पत्नी प्रभावती द्वारा पकाए गए भोजन की गुणवत्ता पर प्रश्न उठाता है तो नाराज प्रभावती, रतनसेन पर व्यंग्य करते हुए उसे 'सिंहल की पद्मिनी' लाने के लिए ताना देती है। अतः, इस ब्योरे के अनुसार पद्मिनी केवल रूपवती स्त्री ही नहीं है, अपितु पाक कला में दक्ष भी है। दूसरी ओर, पाक कला और व्यंजनों में पूरी रुचि होने के बावजूद जायसी ने अपनी पद्मावती को पाक कला निपुण नहीं दर्शाया है। उसका चित्रण एक विदुषी स्त्री की तरह किया है जिसका झुकाव अध्ययन की ओर है।

हेमरतन के अनुसार, दावत के दौरान अलाउद्दीन इस बात को लेकर भ्रमित है कि भोजन परोसने वाली स्त्रियों में से पद्मिनी कौन है। राघव उसे बताता है, 'उसे देख पाना इतना आसान नहीं है, इसका केवल एक ही उपाय

है कि रतनसेन को बन्दी बना लिया जाए और उसे स्वतंत्र करने के बदले में पद्मिनी की माँग की जाए।' इसी बीच, सुल्तान को देखने की उत्सुकता के चलते पद्मिनी झरोखे पर आ जाती है। (जायसी के वर्णन में भी ठीक ऐसा ही है) राघव उसकी ओर संकेत करता है, उसकी क्षणिक झलक पाकर ही सुल्तान अपने होशोहवास खो बैठता है। सुल्तान को विदा करने के लिए रतनसेन जैसे ही किले के बाहर आता है, बन्दी बना लिया जाता है और बदले में यह माँग रखी जाती है कि 'यदि रतनसेन को जीवित पाना चाहते हो तो पद्मिनी को भेज दो।' रतनसेन की पहली पत्नी का पुत्र वीरभान इसे अपनी माँ के जीवन में विपत्ति के रूप में आई स्त्री से छुटकारा पाने के एक अच्छे अवसर के रूप में देखता है। पद्मिनी इस मुसीबत से बचने के लिए गोरा और बादल की सहायता लेती है। (डॉ. माताप्रसाद गुप्त द्वारा सम्पादित *पद्मावत*, हिन्दुस्तानी अकादमी : इलाहाबाद, 1973, पृ. 22-23 देखें)।

जायसी ने इन कथाओं को अपने सृजनात्मक उद्देश्य से पुनः सुगठित किया। उनका रतनसेन कमजोर और लालची नहीं है। वह अलाउद्दीन की युद्ध विराम संधि स्वीकार करता है, लेकिन जायसी के वर्णन में अलाउद्दीन की ओर से पद्मावती की झलक पाने के 'निवेदन' का कोई जिक्र ही नहीं है। जायसी ने रतनसेन का जैसा चरित्र प्रस्तुत किया है, ऐसा अशिष्ट निवेदन न सिर्फ तत्काल ठुकरा दिया जाता बल्कि प्रस्तावित संधि भी रद्द कर दी जाती। वीर एवं व्यावहारिक राजा के तौर पर जायसी के रतनसेन को पाँच अमूल्य वस्तुएँ उपहारस्वरूप देना तो मान्य था; किन्तु अपनी पत्नी को इस प्रसंग में लाना किसी प्रकार स्वीकार्य नहीं था। दूसरी ओर, एक सम्मानित व्यक्ति की तरह वह सुल्तान के वचनों को उनके कद के अनुरूप महत्त्व देता है तथा गोरा एवं बादल को उनकी 'नकारात्मकता' के लिए डाँटता है। उसे कायरता अथवा लालच के लिए नहीं बल्कि मानवीय गुणों के लिए कष्ट उठाते हुए दिखाया गया है। यहाँ तक कि कैद में होते हुए भी वह शालीनता और मौन के साथ अत्याचारों को सहन करता है। जायसी की *पद्मावत* के अनुसार, चित्तौड़ में भी कोई रतनसेन के बदले पद्मिनी को सौंपने के बारे में सोचता तक नहीं है।

एक समर्पित मुसलमान, सूफी एवं प्रेमपीड़ा के महान कवि के रूप में जायसी ने अपने महाकाव्य में एक हिन्दू राजा को त्रासद प्रेमाख्यान के नायक

के रूप में रूपान्तरित किया। इसी तरह आधी शताब्दी पूर्व हिन्दू कवियों ने *छिताई चरित* में अलाउद्दीन को पिता तुल्य गुणों से युक्त व्यक्ति के रूप में प्रस्तुत किया था।

पद्मावत एवं *छिताई चरित*, दोनों ही रचनाएँ, किसी समुदाय विशेष की वीरता के यशोगान अथवा सामाजिक अस्मिता को महिमामंडित करने के लिए नहीं लिखी गईं, बल्कि इनकी रचना प्रेम और कामना के बारे में मानवीय भावनाओं के अन्वेषण हेतु की गई थी।

जायसी की कथा में, अलाउद्दीन शतरंज खेलने का प्रस्ताव रखता है। उसे कुछ ऐसा आभास या आशा थी कि पद्मावती अवश्य ही उस सुल्तान पर एक दृष्टि डालना चाहेगी, जिसका आतिथ्य उसका पति कर रहा है। जब वह शतरंज खेलने बैठता है, तब दर्पण को चुपचाप एक ऐसे कोण में व्यवस्थित करके रखता है, जिससे यदि पद्मिनी झरोखे पर आए तो वह उसका प्रतिबिम्ब देख सके। पद्मावती की एक झलक दिखाना तो दूर की बात, रतनसेन को अलाउद्दीन की इस चाल के बारे में भी कोई जानकारी नहीं है।

ठीक इसी समय, पद्मावती की सखियाँ उसे सलाह देती हैं कि वह सुल्तान को कम-से-कम एक बार तो देख लें। ये सब नवयौवना दासी हैं जो सहज रूप से इतने महत्त्वपूर्ण व्यक्ति को अपने आसपास पाकर उत्तेजित हैं। वे उसकी भव्यता से प्रभावित हैं, तथा उसके व्यक्तित्व एवं शक्ति के लिए अतिशयोक्तिपूर्ण विशेषणों का प्रयोग करती हैं। वे अपनी रानी को उकसाते हुए कहती हैं कि सुल्तान फिर दोबारा चित्तौड़ नहीं आएगा : 'पद्मावती, कम-से-कम एक बार तो उसे देख लो ताकि तुम्हारे मन में किसी तरह का पश्चात्ताप न रहे।'

पातसाहि ढीली कर कत चितउर महँ आव।
देखि लेहि पदुमावति हियँ न रहै पछिताव॥ —568

'पछिताव' अभिव्यक्ति का प्रयोग कर कवि ने कैसी विडम्बना का सृजन किया है!

भविष्य में किसी प्रकार का पछतावा न हो, इसलिए उसे सुल्तान की एक झलक पाने के लिए उकसाया जाता है। उसे क्या पता था कि इस एक क्षण का उसे जीवनपर्यन्त अफसोस रहेगा। नियति के इस मोड़ पर उसे सावधान

करने के लिए कोई हीरामन मौजूद नहीं है। सम्पूर्णता के लोक से आई अद्वितीय सौन्दर्य की मूर्ति पद्मावती, इस कपटपूर्ण लोक में इस नाजुक पल से स्वयं ही गुजरती है और नियति के हाथ परास्त होती है। सिंहल के ज्योतिषियों की भविष्यवाणी सत्य होनी है। जम्बूद्वीप में 'यम पद्मावती को ले जाएगा।'

ट्रैजिक कहानियाँ ऐसी ही होती हैं; कोई गलती न होने पर भी व्यक्ति को कष्ट भोगने पड़ते हैं।

नियति में क्या लिखा है, इस बात से सर्वथा अनभिज्ञ युवा रानी खिलखिलाती हुई झरोखे पर आ जाती है, और अन्ततः अलाउद्दीन दर्पण में उसकी एक झलक पा ही लेता है। उस झलक से सम्मोहित अलाउद्दीन न केवल शतरंज की बाजी हार जाता है बल्कि अपनी चेतना भी खो बैठता है। केवल वह कपटी पंडित राघव चेतन, जो कि इस सारे षड्यंत्र के मूल में है, ही चेतना खो बैठने के वास्तविक कारण को जानता है। वह सभी को आश्वस्त करता है, 'चिन्ता की कोई बात नहीं, शायद सुल्तान ने कोई खराब पान चबा लिया है।'

उस रात सुल्तान किले में ही विश्राम करता है। प्रातःकाल, उसे विस्मयकारी सौन्दर्य का स्मरण होता है जो कि उसे एक स्वप्न सा प्रतीत होता है। वह इससे उबर नहीं पाता और अपने विश्वासपात्र राघव से कहता है, 'यदि मैं उसे पाने में असफल होता हूँ तो बेहतर होगा कि कोई बाघ ही मुझे मारकर खा जाए।'

यहाँ हमें काव्यात्मक उत्कृष्टता का एक और उदाहरण देखने को मिलता है। जायसी ने यह स्पष्ट नहीं किया कि मूलतः यह विचार किसके दिमाग की उपज है, वे बस इतना ही पाठकों को बताते हैं, 'उनके (सुल्तान और राघव चेतन) बीच यह तय हुआ कि अब आगे क्या करना है...'

अध्याय-5

राम और सीता का ओझल होना

रतनसेन की अग्नि परीक्षा और देवपाल की नीचता

चित्तौड़ के शासक, रावल रतनसिंह—जिन्हें *पद्मावत* में रतनसेन कहा गया हैं, के बारे में इतिहास और अन्य अभिलेखों से ज्यादा जानकारी नहीं मिलती है। गोरा और बादल की 'चौपाई' और 'बात' के द्वारा हमें यह बात पहले से ही ज्ञात है कि ये वीर योद्धा रतनसेन को कैद से मुक्त करा लेते हैं, और पद्मावती के साथ रतनसेन उन्हें आशीर्वाद देता है। कुछ अन्य स्रोतों के अनुसार, रतनसेन युद्ध में मारा जाता है, लेकिन जैन स्रोतों के अनुसार अलाउद्दीन उसे बन्दी बनाकर चित्तौड़ से ले जाता है। इन सभी विषयों पर एवं सिंहल की पद्मिनी की ऐतिहासिकता पर विद्वानों की राय हमें पहले से ही ज्ञात है। लेकिन, हम अपना ध्यान जायसी के आख्यान पर ही केन्द्रित रखें।

जायसी हमें बताते हैं कि रतनसेन अपने सुरक्षादल को पीछे छोड़ता हुआ किले से बाहर आ जाता है; उसे बन्दी बनाने के पूर्व सुल्तान का हाथ किसी अभिन्न मित्र की तरह उसके कंधों पर होता है। अलाउद्दीन की कुटिलता का वर्णन जायसी एक रूपक के माध्यम से करते हैं, 'उसने अमृत के प्याले में रतनसेन को जहर दे दिया।' अलाउद्दीन, रतनसेन को बन्दी बनाकर दिल्ली ले जाता है और पूरे चित्तौड़ में सनसनी फैल जाती है, 'आज दिन में ही सूरज अस्त हो गया है, चित्तौड़ में चारों ओर अंधकार छा गया है।'

आजु सूर दिन अँथवा भा चितउर अँधियार। —576

एक महान कवि को महज शब्दों में ही हर परिस्थिति को सही और गलत बताने एवं विश्लेषण करने की आवश्यकता नहीं होती। वह परिस्थितियों का निर्माण करता है और उसके माध्यम से ही अपनी बात कहता है। जायसी इस कसौटी पर एकदम खरे उतरते हैं। रतनसेन को क्रूरतापूर्वक

यातनाएँ दी जाती हैं और अपमानित किया जाता है। उसे कठिन से कठिन यातना दी जाती है, ताकि उसे हर पल सुल्तान की 'महान शक्ति' याद आती रहे। उसे एक स्पष्ट और निर्दयी विकल्प दिया जाता है, पद्मावती को सौंप दो, अन्यथा...

उत्पीड़क को अपने कैदी से सिर्फ अवज्ञापूर्ण खामोशी ही मिलती है।

इस पूरे खंड में जायसी की काव्य क्षमता देखते ही बनती है। अलाउद्दीन की 'शक्ति और प्रतिष्ठा' का वर्णन करने वाला प्रत्येक पद, पाठकों के मन-मस्तिष्क में रतनसेन की नैतिक शक्ति और वीरता को गुंजायमान करता है। हमें यह बताया जाता है कि चित्तौड़ के आसपास की जनता और राजा ही नहीं, बल्कि सुदूर खुरासान (ईरान) और बीदर (कर्नाटक) तक लोगों के मन में अलाउद्दीन के प्रति दहशत का भाव पैदा हो जाता है। ऐसा क्यों हुआ?

क्योंकि, वे इस बात पर यकीन ही नहीं कर पा रहे थे कि चित्तौड़ के रतनसेन जैसे वीर और शक्तिशाली राजा को उसने बन्दी बना लिया है। जायसी यह सुनिश्चित करते हैं कि दिल्ली के सुल्तान की ताकत और प्रतिष्ठा का वर्णन उनके नायक रतनसेन की वीरता और चरित्र को ही उभारे।

काव्यशास्त्री आनन्दवर्धन इसे ध्वनि का बेहतरीन प्रयोग बताते हैं—ध्वनि के एक रूप में बात यों कही जाती है कि उसका अर्थ ही उलटा निकलता है, ऐसा ही यहाँ हो रहा है।

जटमल के आख्यान में रतनसेन यातनाओं के सामने दयनीय रूप से टूट जाता है। वह चित्तौड़ सन्देश भेजता है कि पद्मिनी को सुल्तान के पास भेज दिया जाए। उनकी नजरों में पद्मिनी महज एक रानी थी, जो कई रानियों में सबसे खूबसूरत थी। इसके विपरीत जायसी का रतनसेन, साहस, धैर्य और सत्यनिष्ठा का प्रतीक है। वह तमाम यातनाओं और अपमान को मौन रहकर सहन करता है। उसकी नजरों में पद्मिनी महज एक रानी नहीं, बल्कि प्रेमिका थी। वह उसके लिए जीवन से बढ़कर थी, ठीक उसी तरह जैसे पाठक की नजरों में वह यथार्थ से भी बढ़कर है।

सिंहल में जब रतनसेन को मौत के घाट उतारने के लिए ले जाया जा रहा था, तब उसने हँसते हुए स्वयं को, 'मंसूर की तरह' कहा था, जो कि एक महान सूफी शहीद थे। जबकि यहाँ वह किसी योगी की तरह सारी यातनाओं

को मौन रहकर झेलता है। जीवन ने उसे कठिन शिक्षा दी है, 'दु:ख आपको जलाता है, भूनकर रख देता है; यह वज्र (देवताओं के राजा इन्द्र का हथियार) से अधिक घातक है। यह आपके मन से लोकलाज (या आत्मसम्मान) को छीन लेता है। जिसने दुख सहा है, केवल वही समझ सकता है।'

दुख जारै, दुख भूँजै, दुख खोवै सब लाज।
गाजहि चाहि गरुव दुख दुखी जान जेहि बाज॥ —580

तमाम यातनाओं के बाद भी रतनसेन अपना आत्मसम्मान नहीं खोता है। वह युद्ध के मैदान पर भी पराजित नहीं हुआ है। उसे धोखे एवं गद्दारी से बन्दी बनाया गया था। भले ही अलाउद्दीन ने छलपूर्वक रतनसेन को बन्दी बनाने में सफलता प्राप्त कर ली हो, लेकिन प्रेम और सम्मान के क्षेत्र अलाउद्दीन बुरी तरह पराजित होता है।

प्रेम योगी—रतनसेन के संयत मौन में आपको मंसूर की उपहासपूर्ण हँसी सुनाई दे सकती है।

उधर चित्तौड़ में 'गहन अंधकार' छाया हुआ है; चारों ओर मातम पसरा हुआ है। पद्मावती और नागमती, दोनों ही शोक में डूबी हुई हैं; इस स्थान पर जायसी ने पद्मावती को नागमती की तुलना में दार्शनिक ऊँचाई प्रदान की है। 'मेरे स्वामी, मैं तुम्हें कहाँ तलाश करूँ? तुम्हें कहीं और तलाश करने की क्या आवश्यकता है, तुम तो सदैव मेरे मन में हो?'

कवन खंड हौं हेरौं कहाँ मिलहु हो नाहँ।
हेरें कतहुँ न पावौं बसहु तौ हिरदै माहँ॥ —583

'आत्मानुभूति' से सम्बन्धित यह एक बड़ा बयान है, जो कबीर और अन्य संतों की याद दिलाता है। लेकिन यहाँ मन में बसे प्रियजन (मनुष्य या ईश्वर) की यह आत्मानुभूति, विडम्बनापूर्ण तरीके से महज स्थिति की भयावह उदासी की ओर इशारा करती है।

जायसी अब अपने आख्यान के समापन की ओर बढ़ रहे हैं। अन्त में रतनसेन की मृत्यु होनी तय है, परन्तु जायसी उसे अलाउद्दीन के हाथों मृत्यु को प्राप्त होते नहीं दिखाना चाहते थे, क्योंकि इससे उसकी छवि पर प्रतिकूल असर पड़ता, जो कि जायसी को मंजूर नहीं था। इस कार्य हेतु वे कुम्भलनेर के देवपाल (एक काल्पनिक चरित्र) को लेकर आते हैं।

देवपाल की कुदृष्टि लम्बे समय से पद्मावती पर थी। रतनसेन पर आई विपत्ति उसे एक सुनहरा अवसर प्रतीत हुई। पद्मावती को लुभाने के लिए वह एक दूती को भेजता है।

'दूती' शब्द, 'दूत' का ही स्त्री रूप है—जिसका अभिप्राय है सन्देशवाहक। जैसा कि कालिदास के प्रसिद्ध नाटक *मेघदूत* में—अपने देश से निर्वासित यक्ष, मेघ से यह अनुरोध करता है कि वह उसके सन्देशवाहक या दूत के रूप में उसका सन्देश उसकी प्रियतमा तक पहुँचाए।

लेकिन दूत के विपरीत, दूती शब्द को भारतीय साहित्य और लोककथाओं में बेहद नकारात्मक सन्दर्भों में प्रयोग किया जाता है। वह सही मायने में अभिसारिका नहीं है। वह विधिवत् रूप से देह व्यापार में भी लिप्त नहीं है। वह एकदम सामान्य जीवनयापन करती हुई स्त्री होती है।

लेकिन वह एक कार्य विशेष के लिए ही जानी जाती है। वह शक्तिशाली लोगों को वांछित स्त्रियाँ उपलब्ध कराती है, और अपनी 'विशेष' सेवाओं के लिए पुरस्कार प्राप्त करती है। वह आत्मविश्वास से भरी अपनी कुटिल युक्तियों के द्वारा अनभिज्ञ एवं अकेली स्त्रियों को वश में करने की क्षमता रखती है। तंत्र-मंत्र और सम्मोहन में विशेषज्ञता किसी दूती की अतिरिक्त योग्यता मानी जाती है।

देवपाल इस कार्य हेतु कुमुदिनी नामक एक बुजुर्ग ब्राह्मण दूती को भेजता है, जिसे दूती की सभी कलाओं में निपुणता हासिल है और वह आत्मविश्वास से भरी हुई है। वह अपने अनुभव से प्राप्त ज्ञान के साथ चित्तौड़ के लिए रवाना होती है, 'शरीर बुजुर्ग होता है, मन नहीं; एक जर्जर शरीर वाले व्यक्ति को भी कामेच्छा सता सकती है।' जायसी लिखते हैं, 'झुके हुए शरीर के साथ चल रहे एक बुजुर्ग व्यक्ति की नजरें आखिर किस तलाश में हैं? जाहिर है, वह अपनी खोई हुई जवानी की तलाश में है।'

मुहमद बिरिध जो नै चलै काह चलै भुइँ टोइ।
जोबन रतन हेरान है मकु धरती महँ होइ॥ —586

चित्तौड़ पहुँचकर वह अपना परिचय गन्धर्वसेन (पद्मावती के पिता) के पुजारी की पुत्री के रूप में देती है, जिसने 'पद्मावती को अपनी गोद में खिलाया था'।

यहाँ हमें, विरोधाभासी रूप से, कवि की खूबी और कमजोरी दोनों दिखाई देती हैं। साहित्य, लोककथाओं और वर्तमान यथार्थ जीवन तक में, एक विवाहित भारतीय युवती को अपने माता-पिता के घर (मायके) के प्रति जीवन भर लगाव रहता है, उसके मन में यह नरम कोना खुद उसके माँ बन जाने के बाद भी बरकरार रहता है। हँसी-खुशी के क्षणों में, एवं विशेष रूप से संकट के क्षणों में, वह अपने मायके से किसी न किसी के आगमन की अपेक्षा रखती है। हमें सती (शिव की पत्नी) की दुःखद मृत्यु का प्रसंग अच्छी तरह से याद है, जो आमंत्रित न किए जाने के बावजूद अपने मायके में हो रहे समारोह में शामिल होने का प्रलोभन नहीं त्याग पाई थीं। दूती यह जानती है कि विपदा के इन क्षणों में पद्मावती अपने मायके से आए व्यक्ति के समक्ष अपने मन की बात आसानी से रख देगी। और, मायके से कभी

कोई खाली हाथ नहीं आता है; इसलिए 'सिंहल से पधारी' यह बुजुर्ग महिला अपने साथ कई स्वादिष्ट व्यंजन लाती है।

उत्तम भोजन के वर्णन का अवसर जायसी कभी नहीं चूकते; और सांस्कृतिक प्रथाओं के अपने विशद ज्ञान के चलते, वे इस स्थान पर व्यंजनों (माठ, फीणी, लड्डू इत्यादि) का बिलकुल सटीक उल्लेख करते हैं। राजस्थान और उत्तरी भारत में आज भी माता-पिता अपनी विवाहित पुत्री के घर ये व्यंजन भेजते हैं।

लेकिन ठीक इसी जगह पर जायसी की जल्दबाजी भी नजर आती है। पद्मावती न केवल उससे अपने मन की भावनाओं को जाहिर करती है, बल्कि ऐसा करते हुए वह अपनी राजसी मर्यादा को भी ध्यान में नहीं रखती है। वह उस बुजुर्ग महिला की गोदी में सिमटकर जोर-जोर से रोती है। वह शिकायत करती है, 'अगर मुझे यही सब झेलना था, तो मेरे माता-पिता ने मुझे जन्म ही क्यों दिया? भगवान ने मुझे बचपन में ही क्यों नहीं मार दिया?' वह अपने आप को कोसती है, 'मैं कितनी बेहया हूँ, मेरे पति कारागार में यातनाएँ झेल रहे हैं और मैं महल में सुख भोग रही हूँ।'

लेकिन एक बार भी कवि का ध्यान इस ओर नहीं गया कि वे पद्मावती को यह शिकायत दर्ज कराते हुए दर्शाते कि दिल्ली के सुल्तान से हुए इस भीषण संघर्ष और उसके परिणामस्वरूप आई आपदा में उसके मायके की ओर से कोई सहायता क्यों नहीं आई।

काव्यात्मक संरचना की यह माँग है कि पद्मावती के विवाह के बाद कवि अपने महाकाव्य में सिंहल का जिक्र तक न करते और कुमुदिनी को अपना परिचय किसी और स्थान से जोड़कर देने देते। अन्यथा, सिंहल का जिक्र इस आख्यान में आरम्भ से लेकर अन्त तक होना चाहिए था।

जायसी 'संकट की बेला में मायके के किसी व्यक्ति की उपस्थिति' के भावनात्मक ज्वार को छोड़ना नहीं चाहते थे; लेकिन उनका ध्यान इस महाकाव्य की काव्यात्मक संरचना में विवाहोपरान्त सिंहल के जिक्र न होने के कारण उपजी असंगति की ओर नहीं गया।

दूती कुमुदिनी, अपने काम को बेहद सावधानी के साथ अंजाम देती है। सर्वप्रथम वह युवा स्त्री को कामक्रीड़ा जनित सुखों को भोगने की आवश्यकता

याद दिलाती है, 'जवानी बड़ी निर्दयी होती है, एक बार चली जाने पर फिर यह कभी वापस नहीं आती।' 'जवानी के गुजरते ही तुम्हारा शरीर मुड़े हुए कमान की तरह हो जाएगा।'

छरिकै जाइहि बान लै धनुक छाँड़ि तोहि हाथ। —593

दूती उसे यह सन्देश देती है कि 'अपनी जवानी को बर्बाद करने का क्या लाभ है? कामेच्छा को क्यों नजरअन्दाज करती हो? जब तक तुम जवान हो, तब तक इसका आनन्द क्यों नहीं लेतीं?'

पद्मावती इतनी समझदार अवश्य है कि 'कामेच्छा' को महिमामंडित करने की दूती की बात का सार समझ सके। वह क्रोधित होते हुए कहती है, 'कामक्रीड़ा का आनन्द! अवश्य; पर केवल अपने पति के साथ'। कुमुदिनी इससे कतई विचलित नहीं होती और बेहिचक उसे 'एक अलग स्वाद' लेने के बारे में कहती है, 'तुम कमल के पुष्प की तरह हो, अपनी सुगन्ध को किसी एक पुरुष तक ही क्यों सीमित रखती हो? किसी अन्य भँवरे की ओर ध्यान क्यों नहीं देतीं?' पद्मावती और अधिक घृणा से भर जाती है। अब कुमुदिनी रतनसेन पर आई आपदा की तुलना कुम्भलनेर के राजा देवपाल की 'शान-शौकत' के साथ करते हुए कहती है कि कुम्भलनेर के आगे वह चित्तौड़ को भूल जाएगी।

पद्मावती अब तक दूती को काफी बर्दाश्त कर चुकी थी, 'उस नीच आदमी के साथ मेरे प्रियतम की तुलना करने की तुम्हारी हिम्मत कैसे हुई?' राघव चेतन को याद करते हुए वह कहती है, 'तुम भी उसी की तरह अधम हो।' और वह दूती कुमुदिनी को अच्छी तरह से सबक सिखाने का आदेश देती है!

कुछ ही समय बाद उसे अलाउद्दीन की ओर से भेजी गई एक और दूती का सामना करना पड़ता है। देवपाल की ओर से भेजी गई दूती ब्राह्मण महिला बनकर आई थी, यह दूती एक जोगिन के रूप में आती है। इस कारण बहुत सरल है—ब्राह्मण और योगियों को सामान्य गृहस्थ परिवारों एवं राजमहलों तक में सुगमता से प्रवेश मिल जाता था।

दिल्ली से आई यह दूती एक कुटिल उद्देश्य के साथ आई थी। उसे पद्मावती को जोगिन बनाकर दिल्ली लाने का आदेश दिया गया था। वह

सुल्तान की हिरासत में बन्द रतनसेन की दुर्दशा का वर्णन करती है, और स्पष्ट रूप से पद्मावती को जोगिन बनने और साथ चलने के लिए कहती है। पद्मावती लगभग उसकी मीठी-मीठी बातों में आ ही जाती है, लेकिन उसकी सखियाँ उसे सावधान करते हुए गोरा और बादल से परामर्श और सहायता लेने की सलाह देती हैं।

पद्मावती को दिल्ली ले जाने में असफल दूती जाते-जाते एक ऐसी बात बोल जाती है, जो उस समय भी सच थी और आज भी सच है। राजनैतिक सत्ता की केन्द्र, राजधानी दिल्ली को उस समय 'ढीली' कहा जाता था, और इस शब्द का शाब्दिक अर्थ है—शिथिल होना। वह जोगिन दूती, पद्मावती से कहती है, 'ढीली केवल नाम की ढीली है, वास्तव में वह अपनी पकड़ कभी ढीली नहीं करती!'

ढीली नाउँ न जानहि ढीली। सुठि बँदि गाढ़ न निकसै कीली॥ —604

क्या सत्ता के सम्बन्ध में यह बात शाश्वत सत्य नहीं है?

दूती का प्रसंग कहानी को आगे बढ़ाता है, लेकिन वास्तव में यह जायसी की सांसारिक समझ को ही सामने लाता है।

जायसी युवावस्था का उत्सव मनाते हैं। हम जल्द ही देखेंगे कि वे स्वयं एक दुर्बल बुजुर्ग के रूप में जीवन व्यतीत करने के विचार मात्र से ही नफरत करते हैं। उन्होंने अपनी इस महान कृति की रचना प्रेम और कामेच्छा का उत्सव मनाने के लिए की है; वे उत्तम भोजन के भी शौकीन हैं; लेकिन वे ऐसे व्यक्ति नहीं थे जो विवेकहीन रूप से विषय वासनाओं और इन्द्रियों का गुलाम हो। वे सुखवादी नहीं हैं।

निश्चित रूप से उनकी महान कृति *पद्मावत* न तो सूफी रूपक है, और न ही सुखवाद की पैरवी करता हुआ ग्रन्थ। उनकी नायिका पद्मावती का कामेच्छा एवं रति-सुखों के प्रति एक स्वस्थ दृष्टिकोण है। प्यार, कामेच्छा और रतिक्रीड़ा के प्रति किसी भी तरह के पाखंडपूर्ण दृष्टिकोण से पूरी तरह से मुक्त पद्मावती को इन मामलों में किसी भी तरह का हेरफेर पसन्द नहीं है। इस सम्बन्ध में उसके विचारों का सार इन शब्दों में रखा जा सकता है :

'कामेच्छा और रति-सुख कतई पाप नहीं है, अपने शरीर पर शर्मिन्दा होने के बजाय इसे पोषित करना और इसका उत्सव मनाना चाहिए। लेकिन यह राजा या अन्य किसी शक्तिशाली व्यक्ति से धन हासिल करने जैसे घटिया उद्देश्यों के साथ नहीं किया जाना चाहिए। मैं उसी व्यक्ति के साथ काम एवं रतिक्रीड़ा का आनन्द लेना चाहूँगी, जिसे मैं वास्तव में प्रेम करती हूँ। मैं उसका दु:ख भी साझा करूँगी। मैं उन स्त्रियों में से नहीं हूँ, जो किसी व्यक्ति की सत्ता और शक्ति को ध्यान में रखते हुए उसके साथ शारीरिक सम्बन्ध बनाए और शक्तिहीन होते ही उसे ठुकरा दे।'

गोरा और बादल की वीरता

अपनी सखियों की सलाह पर पद्मावती रुष्ट योद्धा—गोरा और बादल से सम्पर्क करती है। हमें चित्तौड़ में राजा रतनसेन को कैद से मुक्त कराने के तरीकों के बारे में विचार करते हुए किसी व्यक्ति या युद्ध परिषद का कोई संकेत नहीं मिलता है। भाट विवरणों के अनुसार पद्मावती, गोरा और बादल से उस समय सम्पर्क करती है, जब रतनसेन स्वयं टूट जाता है (जटमल), अथवा वीरभान उससे छुटकारा पाने के प्रयास में होता है (हेमरतन) ।

इन विवरणों में जायसी की कोई रुचि नहीं है। किसी भी सूरत में उनका रतनसेन इस तरह का कायरतापूर्ण कृत्य नहीं करेगा। अपने द्वारा रचे गए पात्रों की स्थिरता बनाए रखने के अपने काव्य विवेक का अनुसरण करते हुए जायसी ने अपने महाकाव्य में इन विवरणों की पूरी तरह उपेक्षा की है।

योद्धा गोरा और बादल वास्तव में सम्मानित व्यक्ति थे। विलाप करती हुई रानी को अपने दरवाजे पर देखकर वे 'अभूतपूर्व' रूप से काँपने लगे थे। उन्हें सुल्तान के कुटिल इरादों के बारे में अपना सन्देह और रतनसेन

की डाँट याद आ गई। लेकिन अब महारानी पद्मावती स्वयं चलकर उनके दरवाजे तक आई हैं। वे 'अपने केशों से पद्मावती के चरणों की धूल को साफ' करते हैं और उन्हें आदेश देने के लिए कहते हैं।

जायसी की पद्मावती महज एक 'वांछनीय' स्त्री अथवा रोमांस की निष्क्रिय 'नायिका' भर नहीं है। वह बेहद गुणवती स्त्री है। उसने सिंहल में अपने प्रेमी रतनसेन को स्वयं को उसके योग्य साबित करने की चुनौती दी थी। यहाँ वह इन योद्धाओं से कुछ करने की याचना लेकर नहीं, बल्कि एक योजना के बारे में चर्चा करने आई है।

वह इतनी समझदार अवश्य थी कि सुल्तान के साथ आमने-सामने की लड़ाई में होने वाले सम्भावित नुकसान का अनुमान कर सके। लेकिन जो उसके दिमाग में था, वह भी कोई बहुत बुद्धिमत्तापूर्ण रास्ता नहीं था, 'मैं जोगिन के भेष में वहाँ जाऊँगी और अपने प्रियतम को कैद से मुक्त कराऊँगी, भले ही मैं स्वयं बन्दी बन जाऊँ।'

पिय जहँ बन्दि जोगिन होइ धावौं। हौं होइ बन्दि पियहि मोकरावौं॥

—609

अलाउद्दीन को और क्या चाहिए था। लेकिन, ठहरिए, उसे यह विश्वास था कि कैद से मुक्त होने के बाद उसका प्रियतम, सुल्तान पर भारी पड़ेगा। गम्भीर योद्धा और निष्ठावान सेवक होने के नाते गोरा और बादल उसे ऐसी कोई गलती करने देने के बारे में सोच भी नहीं सकते थे। हालाँकि पद्मावती का संकल्प भी एक मुद्दा था।

अब, योद्धा 'खून के आँसू' बहा रहे हैं। वे कहते हैं, 'राजा ने भी हमारी बात नहीं मानी थी, इसलिए हम नाराज होकर वहाँ से चले आए थे। उस तुर्क को तो महल में बन्दी बना लेना चाहिए था। लेकिन, अब इस बात का कोई फायदा नहीं। हम आपको एक जोगिन के रूप में कैसे जाने दे सकते हैं? बस बारिश के मौसम के खत्म होने तक प्रतीक्षा करें, आपका दु:ख भी खत्म हो जाएगा। हम अपने सूर्य को उसके ग्रहण से मुक्त करा लेंगे और उसे चन्द्रमा के पास ले आएँगे।'

पद्मावती उन दोनों योद्धाओं की प्रशंसा करते हुए उन्हें कई पौराणिक और महान नायकों के समान बताती है। रोचक बात यह है कि वह उनकी

तुलना हनुमान से करती है, जिन्होंने राम और लक्ष्मण को अहिरावण के चंगुल से मुक्त कराया था।

जस हनिवँत राघौ बँदि छोरी। तस तुम्ह छोरि मिलावहु जोरी॥ —611

इस कथा का जिक्र कृतिवास द्वारा रचित बांग्ला रामायण और अज्ञात लेखक द्वारा रचित आनन्द रामायण में है, जो कि तुलसीदास की रामचरितमानस के बाद लिखी गई हैं। इस कथा के अनुसार, युद्ध में अपने बेटे मेघनाद को खो देने के बाद रावण बहुत निराश होता है, और अपने भाई अहिरावण से मदद माँगता है, जो राम और लक्ष्मण को उनके शिविर से अपहृत करने में सफल हो जाता है। वह उन्हें देवी के समक्ष बलि के रूप में चढ़ाने का इरादा रखता है। केवल हनुमान ही इस स्थिति में मदद कर सकते हैं; वे अहिरावण के लोक में जाते हैं और राम और लक्ष्मण को मुक्त करा लाते हैं और देवी के समक्ष अहिरावण ही बलि के रूप में चढ़ जाता है।

यद्यपि इस कथा का जिक्र तुलसीदास कृत *रामचरितमानस* में नहीं मिलता है, लेकिन फिर भी उत्तर भारत में मंचित होने वाली रामलीलाओं में इस कथा का मंचन होता है।

गोरा और बादल पद्मावती को आश्वस्त करते हैं और उन दोनों के आत्मिक आनन्द की कामना करते हैं। गोरा-बादल इन शब्दों और रतनसेन के नाम को सुनकर पद्मावती 'सूरज को देखते कमल की तरह खिल उठती है। केसरिया रंग भरे ये शब्द उसके दिल को छू लेते हैं।'

सुनि सूरज कवँलहि जिय जागा। केसरि बरन बोल हियँ लागा॥ —612

गोरा और बादल की कामना विडम्बनापूर्ण और त्रासद है। केसरिया रंग आनन्द और रोमांस के साथ-साथ बलिदान का भी रंग है। इन शब्दों को सुनकर पद्मावती को होने वाली 'खुशी' जहाँ एक ओर गोरा के आसन्न बलिदान की परिचायक है, वहीं दूसरी ओर, रतनसेन और नागमती के साथ स्वयं उसके भी मिट जाने की सूचक है।

किंवदंतियों में गोरा और बादल का जिक्र हमेशा एक युगल के रूप में किया गया है, जिससे उनकी मित्रता और आपसी प्रेमपूर्ण सम्बन्धों का पता

चलता है। गोरा मध्यम आयु वर्ग के थे, और बादल, रिश्ते में उनके भतीजे थे, जिनका हाल ही में विवाह हुआ था। परन्तु वास्तव में वे आपस में गहरे मित्र थे। हाल ही में बादल का गौना हुआ था। अपने चाचा के साथ अभियान पर जाने के उसके निर्णय से पूरे परिवार में सनसनी फैल जाती है। उसकी माँ यशोदेवी और हाल ही में अपने पिता के घर से विदा होकर आई उसकी पत्नी सदमे में आ जाती है। उसकी माँ उसे दिल्ली के सुल्तान की भयावह ताकत के साथ-साथ अपनी नवविवाहिता पत्नी और सुदीर्घ वैवाहिक जीवन की याद दिलाती है। उसकी पत्नी को यह आशा होती है कि वह उसे अपने रूप-सौन्दर्य से लुभाने में सफल रहेगी और वह उसे अस्त्र-शस्त्रों से लड़े जाने वाले युद्ध के स्थान पर 'प्रेमयुद्ध' की चुनौती देती है।

नौजवान योद्धा बादल पर इसका कोई असर नहीं होता है। वह अपनी माँ से, जिनका नाम भगवान श्रीकृष्ण की माता से मिलता-जुलता है, से कहता है, 'सुल्तान की ताकत के बारे में ज्यादा मत सोचो। तुम यशोदा हो, और मैं आपका पुत्र किसी भी दुश्मन से निपटने में सक्षम हूँ और अपने लक्ष्य की प्राप्ति के लिए मैं कहीं भी जा सकता हूँ।' अपनी नवविवाहिता पत्नी से वह योद्धा कहता है, 'यह समय श्रृंगार का नहीं, वीर का है।'

भारतीय काव्यशास्त्र में नौ रसों का जिक्र मिलता है। श्रृंगार रस जहाँ कामुकता का प्रतीक है, वहीं वीर रस, साहस और वीरता का प्रतीक है। अपनी रानी को दिए वचन के समक्ष नवविवाहिता पत्नी की दलीलों का कोई मोल नहीं था।

पद्मावती की दिल्ली जाने की योजना का गोरा, बादल की नजर में कोई खास महत्त्व नहीं था। गोरा और बादल महान योद्धा हैं, लेकिन वे इतने समझदार अवश्य हैं कि अतिशयोक्तिपूर्ण दावों और कठोर वास्तविकताओं के बीच अन्तर को समझ सकें। भले ही वे किसी उचित उद्देश्य के लिए सहर्ष अपने जीवन को न्योछावर कर सकते हैं, लेकिन वे इतने नासमझ नहीं हैं कि मिथ्या अभिमान और परम्परा के नाम पर आत्महत्या करने का निर्णय लें। इस कठिन परिस्थिति में वे यह मानते हैं कि 'कम ताकत होने पर अपेक्षित परिणाम हासिल करने के लिए मनुष्य को साम-दाम-दंड-भेद का इस्तेमाल करना चाहिए। कभी उसे फूलों की तरह व्यवहार करना चाहिए तो कभी काँटों की तरह।'

पूरुख तहाँ करै छर जहँ बर कीन्हें न आँट।
जहाँ फूल तहाँ फूल होई जहाँ काँट तहाँ काँट॥ —621

अत्यन्त गोपनीय रूप से सोलह सौ पालकियों में सशस्त्र योद्धाओं को ले जाने की योजना बनाई जाती है। इनमें से एक पालकी में लोहार (कारागार को तोड़ने के लिए) बैठाया जाता है। यह सारी योजना इतनी गोपनीय रखी जाती है कि 'सूरज तक को खबर नहीं होती।' यह अफवाह फैला दी जाती है कि अन्ततः पद्मावती ने विवश होकर सुल्तान के समक्ष प्रस्तुत होने का फैसला किया है, और वह अपनी परिचारिकाओं और सहेलियों के साथ

दिल्ली जा रही है। 'शाही महिलाओं' के इस काफिले में गोरा और बादल के नेतृत्व में कुछ 'औपचारिक' रक्षक भी साथ जा रहे हैं।

काफिले के दिल्ली पहुँचने से थोड़ी देर पहले, गोरा उस जेल के प्रभारी को रिश्वत दे देता है, जहाँ रतनसेन को बन्दी बनाकर रखा गया है। वह व्यक्ति सुल्तान को यह समझाने के लिए सहमत हो जाता है कि वे कुछ देर के लिए पद्मावती को बन्दी बनाकर रखे गए रतनसेन से मिलने की अनुमति प्रदान कर दें, ताकि वह चित्तौड़ के किले की चाबी उसे सौंप सके। इस मुलाकात के बाद वह सुल्तान की मनवांछित जगह पर पहुँच जाएगी। सुल्तान ऐसा करने की अनुमति दे देता है।

जाहिर है, अलाउद्दीन, चित्तौड़ को प्रत्यक्ष रूप से अपने अधीन करने के लिए आतुर नहीं है। वह उम्मीद करता है कि पद्मावती उसके हरम में आ जाएगी और रतनसेन इस अपमान को झेलते हुए, चित्तौड़ के किले की चाबी लेकर उसके जागीरदार के रूप वापस लौट जाएगा।

मोटी रिश्वत मिल जाने के कारण कारागार के द्वारपाल 'शाही महिलाओं' को ले जा रही इन पालकियों की जाँच-पड़ताल करने की भी परवाह नहीं करते; और उन्हें कारागार परिसर में जाने देते हैं, और जायसी को लालच, रिश्वत और भ्रष्टाचार पर टिप्पणी करने का अवसर मिल जाता है, 'रिश्वत, लालच और पाप की वह नदी है, जिसमें हाथ डुबोने वाला व्यक्ति अपनी सारी प्रतिष्ठा खो बैठता है। रिश्वत माँगने और लेने वाले सेवक स्वयं 'सत्तारूढ़' हो जाते हैं और अपने मालिक को ही नुकसान पहुँचाते हैं।'

लोभ पाप कै नदी अँकोरा। सत्तु न रहै हाथ जस बोरा॥
जहँ अँकोर तहँ नेगिन्ह राजू। ठाकुर केर बिनासहिं काजू॥ —624

साथ गया लोहार, रतनसेन को बेड़ियों से मुक्त कर देता है, और राजा रतनसेन तत्काल युद्ध के लिए तत्पर होकर पालकियों में छिपे योद्धाओं में शामिल हो जाते हैं। बादल, गोरा से आग्रह करता है कि वह तुरन्त महाराज रतनसेन को लेकर चित्तौड़ की ओर प्रस्थान करे और वह यहाँ सुल्तान की सेना को रोकने का काम करेगा। गोरा इस प्रस्ताव पर राजी नहीं होता और कहता है, 'मैंने अपना जीवन जी लिया है और तुमने तो

अभी अपना जीवन आरम्भ ही किया है।' वह बादल को रतनसेन के साथ वापस भेज देता है और स्वयं वहाँ रुककर सुल्तान की सेना का सामना करता है।

गोरा प्रचंड वीरता का परिचय देता है। कोई भी योद्धा उसके समक्ष टिक नहीं पाता। अन्त में अलाउद्दीन का खास योद्धा सरजा, जो शेर पर सवार है और साँप को चाबुक की तरह लिये हुए है, गोरा पर काबू पाता है। गोरा वीरगति को प्राप्त होता है, लेकिन उसके पूर्व वह अपने लक्ष्य को प्राप्त कर लेता है। उसका राजा सुरक्षित रूप से चित्तौड़ की ओर बढ़ रहा है। जब उसके राजा को धोखे से बन्दी बनाया गया था तो उसका चेहरा 'काला' पड़ गया था। अब जबकि, उसने अपने राजा को मुक्त करा लिया है, वह अपने चेहरे को रक्त से धोता है और उसके चेहरे की रौनक वापस लौट आती है :

रतनसेनि तुम्ह बाँधा मसि गोरा के गात।
जब लग रुधिर न धोवौं तब लगि होउँ न रात॥ —634

हेमरतन और जटमल के आख्यानों में ये दोनों योद्धा—गोरा और बादल, ही केन्द्रीय पात्र हैं। गोरा की पत्नी उसकी पगड़ी को गोदी में लेकर सती हो जाती है। वह अपने जीवित बचे भतीजे के साथ कृतज्ञ राजा-रानी का आशीर्वाद ग्रहण करता है। जायसी की *पद्मावत* में भी जब बादल, रतनसेन के साथ चित्तौड़ वापस पहुँचता है, तो पद्मावती उसके प्रति कृतज्ञता व्यक्त करती है। अपने पति को पाने और उसके चरणों को स्पर्श करने के बाद, वह बादल की आरती उतारती है, "आपने मेरे सिंदूर की रक्षा की है।" वह परम्परागत तरीके से उसके अश्व की आरती उतारती है। दशहरे के त्योहार पर घर के हाथियों और घोड़ों की पूजा की जाती है। आज का दिन पद्मावती और पूरे चित्तौड़ के लिए दशहरे के समान है।

जायसी ने अपने आख्यान में पद्मावती को केन्द्रीय भूमिका में रखा है, लेकिन गोरा और बादल को भी भुलाया नहीं है। उनके आख्यान में गोरा रणभूमि में वीरगति को प्राप्त होता है और अपने सिर को 'वीरता के उदाहरण' के रूप में सुल्तान के समक्ष भेजता है। बादल, रतनसेन के साथ

वापस चित्तौड़ लौट जाता है :

गोरा परा खेत महँ सिर पहुँचावा बान।
बादिल लै गा राजहिं लै चितउर नियरान॥ —637

और आखिर यह सब समाप्त होता है

रतनसेन के सुरक्षित 'घर वापस' आने पर मनाए गए उत्सव में भाग लेने के बाद प्रेमी युगल अन्ततः एक-दूसरे के साथ हैं। अफसोस की बात है कि रतनसेन को मुक्त करने के प्रयासों के आरम्भ होने से लेकर अब तक, नागमती का कोई जिक्र नहीं है। अब वह रतनसेन के वीरगति को प्राप्त होने के बाद ही दृश्य में नजर आएगी।

युगल आपस में अपने कष्टों और पीड़ा की स्मृति साझा करते हैं। अपने भयानक अनुभव को साझा करते हुए रतनसेन, पद्मावती से कहता है, 'केवल तुमसे पुनः मिलने की आशा के कारण ही मैं उस भयंकर यातना, एकान्त और अपमान को सह सका।'

पद्मावती भी उसे दूती के माध्यम से भेजे गए देवपाल के प्रणय निवेदन के बारे में बताती है। वह दूती से कही अपनी बात याद करती है 'जिस तरह से लकड़ी में आग मौजूद रहती है, उसी तरह मेरे मन में मेरे पति समाये हैं।' रतनसेन आवेशित होकर तुरन्त देवपाल को सबक सिखाने के लिए निकल पड़ता है। वह अपने आप से कहता है, 'तुर्कों के चित्तौड़गढ़ पहुँचने के पूर्व यदि मैंने देवपाल को सबक न सिखाया तो मैं राजा रतनसेन कहलाने योग्य नहीं हूँ।'

जब लहि आइ तुरुक गढ़ बाजा। तब लगि धरि आनौं तौ राजा॥ —645

अपने नायक को अलाउद्दीन के हाथों पराजित होने से बचाने के लिए यह कवि का प्रयास है। उनकी पद्मावती, रतनसेन को देवपाल की हरकतों के बारे में बताने में एक दिन भी इन्तजार नहीं करती हैं। ऐतिहासिक तथ्य चाहे जो भी रहे हों, जायसी के आख्यान में, अलाउद्दीन, रतनसेन का पीछा करते हुए चित्तौड़ तक आने के लिए बाध्य है और होने वाले संघर्ष के नतीजे की सहज ही कल्पना की जा सकती है। अपने मार्मिक एवं विडम्बनापूर्ण काव्यात्मक प्रयास में वे रतनसेन की सम्मानजनक वीरगति के वृत्तान्त में पद्मावती को एक साधन की तरह प्रस्तुत करते हैं।

अगली सुबह रतनसेन की सेनाएँ कुम्भलनेर को घेर लेती हैं। सेनाओं की मुठभेड़ के स्थान पर देवपाल, रतनसेन को द्वंद्वयुद्ध की चुनौती देता है। (आख्यान को जल्द-से-जल्द समाप्त करने के लिए एक और प्रयास?) देवपाल, रतनसेन पर घातक प्रहार करता है, प्रतिउत्तर में रतनसेन भी देवपाल को मौत के घाट उतार देते हैं, लेकिन गम्भीर रूप से घायल रतनसेन भी ज्यादा देर तक जीवित नहीं रह पाते हैं।

रतनसेन को गम्भीर रूप से घायल अवस्था में चित्तौड़ वापस लाया जाता है।

रतनसेन चित्तौड़ को बादल के हवाले करते हैं और प्राण त्याग देते हैं।

अगले तीन छंदों में, जायसी ने पद्मावती और नागमती के अपने पति की चिता पर सती होने के संकल्प और उसकी तैयारियों का वर्णन किया है। इन तैयारियों के जरिए जायसी अपने पति के प्रति इन दोनों की निष्ठा और प्रेमभाव को दर्शाते हैं, 'वे पत्नियाँ, जो अपने पति के प्रेम को हासिल करने के लिए सदैव प्रतिस्पर्धा और झगड़ा करती रहीं, अब सती के रूप में एक साथ इस दुनिया को छोड़ेंगी।' लेकिन जैसा कि पहले भी बताया जा चुका है, जौहर का वर्णन सिर्फ तीन शब्दों में है (जौहर भईं स्त्री...) जायसी के जौहर वर्णन में किसी भी तरह से प्रशंसा का भाव नहीं है।

चिता जल उठती है और...

जिस समय वे सती हो रही होती हैं, शाह की सेनाएँ किले को घेर लेती हैं। लेकिन तब तक बहुत देर हो चुकी होती है। राम और सीता ओझल हो चुके हैं। शाह आता है और सारा वृत्तान्त सुनकर अफसोस व्यक्त करता है, 'मैं यह हश्र नहीं चाहता था, लेकिन कुछ कर न सका।' वह चिता में से एक मुट्ठी राख उठाता है (और कहना जारी रखता है)।

इच्छाएँ अब भी असन्तुष्ट और स्थायी बनी हुई हैं
लेकिन यह दुनिया केवल भ्रामक और क्षणिक है
मनुष्य तब तक असन्तुष्ट बना रहता है
जब तक कि जीवन समाप्त न हो जाए
और वह कब्र तक न पहुँच जाए।

युद्ध जारी रहता है। बादल भी वीरगति को प्राप्त होता है। पुरुष रणभूमि में वीरगति को प्राप्त करते हैं, स्त्रियाँ जौहर करती हैं। सुल्तान किले को तबाह कर देता है और चित्तौड़ पर इस्लाम का परचम लहरा जाता है।

ओइ सह गवन भईं जब ताईं। पातसाहि गढ़ छेंका आई॥
तब लगि सो औसर होइ बीता। भए अलोप राम औ सीता॥
आइ साहि सब सुना अखारा। होइ गा राति देवस जो बारा॥
छार उठाइ लीन्हि एक मूँठी। दीन्हि उड़ाइ पिरथिमी झूठी॥
जो लगि ऊपर छार न परई। तब लगि नाहिं जो तिस्ना मरई॥
सगरैं कटक उठाई माँटी। पुल बाँधा जहँ जहँ गढ़ घाटी॥
भा ढोवा भा जूझि असूझा। बादिल आइ पँवरि होइ जूझा॥
जौहर भईं इस्तिरी पुरुख भए संग्राम।
पातसाहि गढ़ चूरा चितउर भा इसलाम॥ —651

दरबार के विवरणों के अनुसार, यह स्वाभाविक रूप से उत्सव का क्षण है, लेकिन कवि ने इसे विनाशकारी विजय के रूप में व्यक्त किया है। जायसी का अलाउद्दीन अपराधबोध (क्षणिक ही सही) से ग्रसित है। वह अपनी कामवासना को इस तबाही के लिए जिम्मेदार मानता है। असल में तो यह साक्षात्कार कवि का है, लेकिन कवि इतना यथार्थपरक भी है कि इसके साथ ही युद्ध और चित्तौड़ पर अधिकार का वर्णन जारी रखे।

लेकिन, जायसी अलाउद्दीन के विजेता होने के बावजूद उसे हताशाग्रस्त दिखाकर इस विजय पर उत्सव मनाना तो असम्भव कर ही देते हैं।

अपने महान महाकाव्य का समापन वे जीत के जश्न के साथ नहीं बल्कि 'राम और सीता ओझल हो गए हैं' की दु:खद सूचना के साथ करते हैं।

इच्छाओं के विभिन्न पहलुओं की खोज करती इस कहानी का अन्त हमें कई शताब्दी पूर्व हुए राजा भर्तृहरि के कथन की याद दिलाती है। *पद्मावत* में भी उनका उल्लेख एक महान योगी के रूप में किया गया है। कवि होने के साथ-साथ वे महान भाषावैज्ञानिक भी थे। वे हमें एक शाश्वत सत्य की याद दिलाते हैं—'समय कभी नहीं बीतता, केवल हम बीत जाते हैं/इच्छाएँ कभी अशक्त नहीं होतीं, केवल हम अशक्त हो जाते हैं।'

कालो न यातो वयमेव याता: तृष्णा न जीर्णा वयमेव जीर्णा:।

जायसी का उपसंहार

सभी महान कवि जीवन के दो प्राथमिक तथ्यों की अवश्य पड़ताल करते हैं—प्रेम और मृत्यु। जैसा कि हमने देखा है, जायसी भी इसका अपवाद नहीं हैं। उन्होंने प्रेम और जीवन को अस्तित्व की क्षणभंगुरता के परिप्रेक्ष्य से जोड़ते हुए मृत्यु के सन्दर्भ में रखा है। कामुकता, प्रयत्न, इच्छाओं की पूर्ति, विनाश और मृत्यु के इस आख्यान के अन्तिम क्षणों का मार्मिक विवरण जायसी की काव्य प्रतिभा का परिचय देता है। उनके वर्णन के अन्त में हम जो सुनते हैं, वह ऐतिहासिक रूप से 'सत्य' हो भी सकता है और नहीं भी; लेकिन यह उनके काव्य की एक ऐसी सचाई है—जो वे आपके साथ साझा करना चाहते हैं, और वे इतने मार्मिक ढंग से ऐसा करते हैं कि किसी भी संवेदनशील पाठक की आँखों में आँसू आ जाएँ।

कहानी पूरी हो चुकी है और जायसी इस कहानी को लिखने के अपने उद्‌देश्य के बारे में कुछ कहना चाहते हैं। बल्कि वे अप्रत्याशित रूप से वृद्धावस्था के बारे में भी कुछ कहना चाहते हैं। आख्यान के अन्त में ये दो छंद उद्धृत हैं। 'सूफी रूपक' के रूप में प्रस्तुत तीसरे छंद को अध्येता बाद में जोड़ा गया मानते हैं।

लम्बे अन्तराल के बाद हीरामन को भी याद करते हुए, जायसी स्पष्ट रूप से अपने उद्‌देश्य को निम्नलिखित शब्दों में व्यक्त करते हैं :

'मुहम्मद ने यह कविता अपने रक्त और आँसुओं से लिखी है। जो भी इसे सुनेगा, वह स्वयं भी प्रेम की पीड़ा के गीत गाएगा। मैंने अपने रक्त की स्याही बनाई है और इसे अपने आँसुओं से भिगोया है। मैंने इस कविता की रचना अपने पीछे कुछ संकेत छोड़ने के उद्‌देश्य के साथ की है। अब रतनसेन जैसा राजा कहाँ है, हीरामन जैसा बुद्धिमान तोता कहाँ है, सुल्तान अलाउद्‌दीन कहाँ है, सुल्तान को पद्‌मावती के बारे में बताने वाला राघव चेतन कहाँ है

और स्वयं वह खूबसूरत रानी पद्मावती कहाँ है? इस दुनिया में और कुछ नहीं बस कहानी जीवित रहती है। धन्य हैं वे लोग जो यश और प्रतिष्ठा कमाते हैं, क्योंकि फूल के मुरझा जाने के बाद भी उसकी सुगन्ध बरकरार रहती है।'

"इस दुनिया में ऐसा कौन है, जो यश पाना नहीं चाहता, मुझे आशा है कि इस कहानी के पाठक मेरा नाम याद रखेंगे।"

मुहम्मद यहि कवि जोर सुनावा। सुना जो पेम पीर गा पावा॥
जोरी लाइ रकत कै लेई। गाढ़ी प्रीति नैन जल सोई॥
औ मन जानि कवित अस कीन्हा। मकु यह रहै जगत महँ चीन्हा॥
कहाँ सो रतनसेनि अस राजा। कहाँ सुवा असि बुधि उपराजा॥
कहाँ अलाउदीन सुलतानू। कहँ राघौ जेइँ कीन्ह बखानू॥
कहँ सुरूप पदुमावति रानी। कोइ न रहा जग रही कहानी॥
धनि सो पुरुख जस कीरति जासू। फूल मरै पै मरै न बासू॥

केइँ न जगत जस बेंचा केइँ न लीन्ह जस मोल।
जो यह पढ़ै कहानी हम सँवरै दुइ बोल॥ —652

क्या यहाँ आपको सूफीवाद या अन्य किसी 'वाद' में दीक्षित कराने का कोई भी संकेत नजर आया है? कवि भी अपने आप को एक महान सूफी के रूप में स्मरण कराना नहीं चाहते हैं। किसी तरह का चमत्कार दिखाने की मंशा का भी कोई संकेत नजर नहीं आता है। बिना किसी हिचक के वे अपनी 'इच्छा' बताते हैं, जो कि एक सार्वभौमिक इच्छा है। प्रत्येक व्यक्ति चाहता है कि उसे याद रखा जाए। *पद्मावत* के रचयिता कवि भी यही चाहते थे।

पद्मावत का अन्तिम छंद किसी सूफी रूपक के बारे में नहीं बल्कि वृद्धावस्था की भयावहता के बारे में है। कोई भी यह बात निश्चय के साथ नहीं कह सकता कि इस छंद की रचना कवि में वृद्ध हो जाने पर की थी, अथवा उन्होंने महज वृद्धावस्था की कल्पना करके इस छंद की रचना की थी।

'(मुहम्मद कहता है) अब वृद्धावस्था का समय है, युवावस्था पीछे छूट गई है। शरीर ताकतवर नहीं रह गया है, दृष्टि में धुँधलापन आ गया है, चेहरा पिचक गया है, दाँत टूट गए हैं, स्वर भर्रा गया है। स्पष्ट सोच

की जगह बुद्धिहीनता हावी है, गर्व से उन्नत सिर अब झुक गया है, कानों से सुनाई देना बन्द हो गया है, केश पूरी तरह सफेद हो गए हैं। युवावस्था बीत जाने के बाद शरीर जीवित तो है, लेकिन मरणासन्न है। युवावस्था ही जीवन है, इसके बीत जाने के बाद आप दूसरों पर निर्भर हो जाते हैं और निर्भरता मृत्यु के समान ही है।

"सिर हिलाता हुआ बूढ़ा आदमी वास्तव में उन लोगों को याद करके कोस रहा होता है जिन्होंने उसे लम्बे जीवन का आशीर्वाद दिया था।"

मुहमद बिरिध बएस अब भई। जोबन हुत सो अवस्था गई॥
बल जो गएउ कै खीन सरीरू। दिस्टि गई नैनन्ह दै नीरू॥
दसन गए कै तुचा कपोला। बैन गए दै अनरुचि बोला॥
बुद्धि गई हिरदै बौराई। गरब गएउ तरहुँड़ सिर नाई॥
सरवन गए ऊँच दै सुना। गारौ गएउ सीस भा धुना॥
भँवर गएउ केसन्ह दै भुवा। जोबन गएउ जियत जनु मुवा॥
तब लगि जीवन जोबन साथाँ। पुनि सो मींचु पराए हाथाँ॥
बिरिध जो सीस डोलावै सीस धुनै तेहि रीस।
बूढ़े आढ़े होहु तुम्ह केइँ यह दीन्ह असीस॥ —653

जर्जर, 'बदसूरत', विद्वान, और सम्मानित सूफी मलिक मुहम्मद जायसी युवावस्था का कवि था। उसने प्रेम और उसके रोमांच के गीत गाये थे। उसने जवानी के जोश और साहस के गीत गाये थे। उसने चुनौतियों को स्वीकार करने और किसी उचित उद्देश्य के लिए प्राण समर्पित करने की क्षमता के गीत गाये थे। उसने मित्रता और निष्ठा के भी गीत गाये थे।

वह लम्बा लेकिन शारीरिक रूप से अक्षम नहीं, बल्कि सार्थक जीवन जीना चाहता था। वह हमेशा के लिए स्मृतियों में जीवित रहना चाहता था, और ऐसा उसने *पद्मावत* की रचना करके किया।

निष्कर्ष : विकृतियों के लिए औषधि

तो सिवाय कहानी के कोई भी और कुछ भी पीछे नहीं छूटा। यह बात *पद्मावत* के रचयिता के लिए भी उतनी ही सच है जितनी उसके पात्रों के लिए। और हाँ, यह बात हम पाठकों के लिए भी उतनी ही सच है। लेकिन जैसा कि हम जानते हैं, फूल के मुरझा जाने के बाद भी उसकी महक बरकरार रहती है।

प्रसंगवश यह एक अच्छा विचार होगा कि हम अपने आप से पूछें कि *पद्मावत* को पढ़ने के बाद हमारे मन में किस प्रकार की महक का अनुभव हुआ है?

जहाँ तक जायसी का प्रश्न है, उन्होंने *पद्मावत* की रचना—मानुष प्रेम—को व्यक्त करने एवं इच्छाओं के नैतिक अनुसंधान के लिए है। रतनसेन और अलाउद्दीन, दोनों एक ही स्त्री को एक सी तीव्रता से पाने की अभिलाषा रखते हैं, लेकिन उन दोनों के तरीकों में अन्तर है।

रतनसेन अपनी पसन्द की स्त्री को पाने के लिए ताकत के इस्तेमाल के बारे में सोच भी नहीं सकता। पहले वह पद्मावती की सहमति और इच्छा सुनिश्चित करता है, फिर उसे पाने के लिए कठिन परिश्रम करता है—वह भी एक हमलावर के रूप में नहीं, बल्कि एक योगी—प्रेम योगी के रूप में। दूसरी ओर, अलाउद्दीन अपनी इच्छा की पूर्ति हेतु ताकत और हमले के अलावा और किसी तरीके के बारे में सोच भी नहीं सकता।

जायसी की पद्मावत इस बात को बहुत तीव्रता के साथ व्यक्त करती है, कि प्रेम में महिला की स्वीकृति और सहमति पाना सबसे ज्यादा महत्त्वपूर्ण है। हम उसे मजाक में नहीं ले सकते। परस्पर इच्छा और आदर के सम्बन्ध में, समस्त काम क्रीड़ाएँ और अभिव्यक्तियाँ प्राकृतिक हैं, नैतिक रूप से वैध

है और सौन्दर्यपरक रूप से सुखद है। सहमति और इच्छा की अनुपस्थिति में 'प्रेम' शब्द भी अवांछित ध्वनित होता है। किसी महिला का प्रेम प्राप्त करने का इच्छुक कोई पुरुष यदि उस महिला की सहमति के बिना उसे पाना चाहता है तो उसका प्रयास अलाउद्दीन की ही तरह अनैतिक और बदसूरत है।

यहाँ यह बात निरन्तर ध्यान में रखनी आवश्यक है कि जायसी का खिलजी कोई दैत्य नहीं है। पद्मावती को पाने का उसका जुनून उसकी राजनीतिक ताकत के नशे के साथ मिश्रित होकर उसे एक निश्चित सन्दर्भ में अनैतिक आचरण करने को प्रेरित करता है। लेकिन हमें यह भी ध्यान रखना है कि जायसी का अलाउद्दीन एक समर्थ शासक ही नहीं, बल्कि एक ऐसा राजा भी है जो किसी की भी सहायता उसकी धार्मिक पहचान को स्थापित किए बिना ही करता है। वह चित्तौड़ के प्रति राजपूत जागीरदारों की भावनाओं का भी सम्मान करता है। राजनीतिक शक्ति के बारे में उसकी अभिव्यक्तियाँ राम कथा के मुहावरों और स्मृतियों से सराबोर हैं।

ऐतिहासिक रूप से अलाउद्दीन को यह श्रेय दिया जाता है कि उसने भारत से मंगोल आक्रमणकारियों को खदेड़ा था। जायसी भी परोक्ष रूप से इसी तथ्य की ओर इशारा करते हैं। महाकाव्य के किसी भी अन्य पात्र की तरह उनका खिलजी भी उस काल से सम्बन्धित है। वह इस आख्यान में एक नकारात्मक भूमिका निभाने के लिए नियत है, लेकिन जायसी ने यह सावधानी बरती है कि अलाउद्दीन की नकारात्मक भूमिका को उसके सम्पूर्ण व्यक्तित्व पर हावी न होने दें। उन्होंने उसे किसी दैत्य या परग्रहवासी के रूप में चित्रित नहीं किया है।

जायसी ने स्पष्ट रूप से रतनसेन को अपना नायक बनाया है और उसे एक प्रेम योगी के रूप में चित्रित किया है। वे उसके पक्ष में उसकी सामाजिक पहचान के कारण नहीं, वरन् उसकी व्यक्तिगत साधना के कारण नजर आते हैं। वह भी उसी कालखंड से सम्बन्धित एक पात्र है। खास बात यह है कि जायसी ने उसे उस कालखंड तक ही सीमित न रखते हुए समय से परे भी दर्शाया है। वह एक राजा है, लेकिन फिर भी केवल दो स्त्रियों के साथ ही उसके सम्बन्ध हैं। सिंहल में, यदि वह राजा गन्धर्वसेन के विरुद्ध बल-प्रयोग करने का निश्चय करता, तो उसे दैवीय मदद प्राप्त

होने का भरोसा था, लेकिन इसके विपरीत वह प्रेम के मामले में बलप्रयोग को कतई उचित नहीं समझता। वह केवल अपनी प्रियतमा का प्रेम पाना नहीं चाहता है, वह उसके माता-पिता की सहमति भी विनम्रता और मनुहार द्वारा प्राप्त करना चाहता है।

जायसी का रतनसेन केवल अपनी वेशभूषा से ही योगी नहीं है, बल्कि प्रेम की इस प्रक्रिया में, वह सच में एक योगी बन जाता है। वह अपने आप के और प्रेमिका के प्रति तो निष्ठावान है ही, एक पति, गृहस्थ और राजा के रूप में भी अपने कर्तव्यों के प्रति प्रतिबद्ध है।

पद्मावती अपने जन्म से ही 'दिव्य' कन्या है। उसके जन्म का विवरण देते समय कवि परम आनन्द की अनुभूति करते हैं। दूसरी ओर रतनसेन एक साधारण इनसान हैं, जो अपनी साधना से मानवीय चरित्र के महान गुणों को अर्जित करते हैं। उसकी 'योग साधना' से प्रभावित होकर महानतम योगी महादेव, भी उसकी सहायता करते हैं और उसे सिद्धि-गुटिका अर्थात् रहस्यों की कुंजी प्रदान करते हैं।

रतनसेन का प्रेम-योग *पद्मावत* के पुरुष पाठकों के लिए विशेष रूप से शिक्षाप्रद है।

भारतीय परम्परा में, गृहस्थ जीवन का दृष्टिकोण बहुत विस्तृत है। यह धर्म, अर्थ, काम और मोक्ष नामक चार पुरुषार्थों में विश्वास रखता है। यह सदाचारपूर्वक आजीविका कमाते हुए जीवन का आनन्द लेने और अन्ततः मुक्ति के लिए प्रयास करने को कहता है। दूसरी ओर, एक ऐसा दृष्टिकोण भी है जो विशेष रूप से मोक्ष या निर्वाण प्राप्ति पर अपना ध्यान केन्द्रित करता है और जो सामान्य जीवनयापन करने वालों को हेय दृष्टि से शिक्षाप्रद है।

जायसी की *पद्मावत* लम्बे समय से चली आ रही इस बहस में एक गम्भीर और रचनात्मक हस्तक्षेप करती है। उनका रतनसेन योग साधना करता है ताकि वह अपनी मनवांछित स्त्री के प्रेम के योग्य हो सके। उसका योग स्वस्थ और नैतिक कामेच्छा के पक्ष में है, उसके विरुद्ध नहीं। उसका योग इस प्रश्न के साथ शुरू होता है—'जीवन का अर्थ ही क्या है, अगर आप प्रेम के पथ पर नहीं चलते हैं और सामने आने वाली चुनौतियों का सामना नहीं करते हैं?' और यह एहसास ही उसकी साधना

का निष्कर्ष है कि वास्तव में प्रेम ही किसी पुरुष या स्त्री को दिव्यता प्रदान करता है।

अपनी साधना का निष्कर्ष प्राप्त करने के बाद, प्रेम-योगी यथार्थ जीवन में लौट आता है और जिसकी चुनौतियों का सामना करने के लिए अब वह नैतिक और व्यावहारिक रूप से पहले से बेहतर तैयार है।

रतनसेन ने जिन प्रश्नों का सामना किया और उनके उत्तरों को खोजा, वह दसअसल जायसी के अपने अनुभव को दर्शाता है। कवि ने जायस नामक छोटे-से नगर में प्रेम के 'पहले दर्शन' प्राप्त किए थे, जो बाद में जायसी का 'आदि उद्यान'—अर्थात् स्वर्ग का उद्यान, बन गया। उन्होंने अपने जीवन और प्रेम की स्मृतियों की गहन एवं रचनात्मक अभिव्यक्ति हेतु *पद्मावत* की रचना की। एक उत्कृष्ट कवि होने के नाते, उन्होंने अपनी स्मृतियों और अनुभवों को एक महाकाव्य के रूप में परिणत कर दिया जो उनके जीवन और कालखंड से परे जाता है। उन्होंने *पद्मावत* की रचना इसलिए की ताकि उसके पाठक या श्रोता भी 'प्रेम की पीड़ा' के गीत गा सकें; और इस प्रक्रिया में सम्भवत: वे कवि को भी याद कर लें!

जायसी ने अपने महाकाव्य की कथावस्तु किंवदंतियों और मौखिक परम्पराओं से ग्रहण की, और उसे अपने उद्‌देश्य के अनुरूप विकसित किया। इन दंतकथाओं में उनके द्वारा किया गया एक 'नवाचार', उनके 'प्रेम कथन' को पूरी तरह से समझने हेतु बेहद आवश्यक है। जायसी ने देवपाल नामक चरित्र की कल्पना की है जो पद्मावती को प्राप्त करने के लिए दूती को उसके पास भेजता है। पद्मावती, देवपाल के प्रस्ताव को घृणास्पद बताते हुए अस्वीकृत कर देती है, जिससे प्रेमभावना की अखंडता के बारे में उसका दृष्टिकोण पता चलता है। प्रेमीयुगल मौकापरस्त नहीं हो सकते। जी हाँ, शरीर भी महत्त्वपूर्ण है, और शारीरिक सुख प्राप्त करने में कोई शर्मिन्दगी नहीं होनी चाहिए, लेकिन मनुष्य की निष्ठा और उसके सम्बन्धों की कीमत पर नहीं।

जायसी की यह उत्कृष्ट कृति आपको एक ऐसी यात्रा पर ले जाने की कोशिश है, जो अपने आप में सुखों का एक उद्यान और काव्यगत चुनौतियों का क्षेत्र है। और मैं आपको आश्वस्त करता हूँ कि इसके यात्रा के दौरान मैं कभी भी उस कालखंड और वर्तमान समय के मध्य के अन्तराल को नहीं

भूला। मैंने कहीं भी जायसी को 'राजनैतिक रूप से सही' ठहराने का प्रयास नहीं किया है। वस्तुत:, किसी भी अन्य इनसान की तरह जायसी भी अपने कालखंड से सम्बन्धित थे, और प्रेम, लैंगिक विभेद और सामाजिक अनुक्रम जैसे विषयों पर सोलहवीं सदी के किसी मनुष्य को इक्कीसवीं सदी के मानदंड के अनुरूप परखना किसी भी दृष्टि से जायज नहीं है।

मुख्य बात यह है कि जायसी अपने समय से परे एक कालजयी कवि हैं। सभी महान कवि, दार्शनिक और चिन्तक कालजयी ही होते हैं। इसीलिए वे महान कहे जाते हैं।

और यह हमें एक रोचक, या यों कहें कि चिन्ताजनक बात पर विचार करने का अवसर देता है। जैसा कि आप अब तक जान ही चुके हैं कि जायसी, जिन्होंने प्रत्येक बात (व्यंजनों से लेकर घोड़ों और शस्त्रों के प्रकार तक) का वर्णन पूरे विस्तार से किया है, वे स्त्रियों द्वारा सामूहिक आत्मबलिदान की प्रथा का वर्णन सिर्फ तीन शब्दों में करते हैं।

और आज हम अपने आसपास क्या देख रहे हैं? अच्छे-खासे शिक्षित और संस्कारी लोग भी 'परम्परा' के नाम पर 'जौहर' को महिमामंडित कर रहे हैं। यह बेहद दुर्भाग्य की बात है कि इन दिनों हमारे समाज में सिर्फ जायसी की *पद्मावत* को लेकर ही नहीं, इतिहास से जुड़े अन्य मुद्दों को लेकर भी *कालक्रम दोष एक महामारी के रूप में फैल रहा है। कालक्रम दोष प्रत्यक्ष रूप से दो विरोधाभासी तरीकों से काम करता है लेकिन वास्तव में वे तरीके एक-दूसरे के पूरक होते हैं और दोनों ही समान रूप से हानिकारक भी हैं। आप जौहर और सतीप्रथा का विवरण इस प्रकार से सुनते हैं जैसे वर्तमान समय में भी इसकी अनुशंसा की जा रही हो और आप यह सुन के नाराज भी होते हैं। इसके विपरीत, आप इसे इस तरह भी पढ़ते हैं जैसे इन प्रथाओं को वर्तमान समय में भी जारी रहना चाहिए और ऐसा न हो पाने पर आपको नाराजगी भी होती है।*

आइए, जायसी को सह-अभियुक्त न बनाएँ, यदि आज कोई 'कलाकार' बहुत सारे शब्दों और दृश्यों के फुटेज के साथ जौहर प्रथा पर ध्यान केन्द्रित करके उसका उत्सव मनाना चाहता है। हम उस कलाकार और उसके फैन क्लब को शुभकामना ही दे सकते हैं कि अपने वर्णन में थोड़ा सौन्दर्यबोध और नैतिक जिम्मेदारी ले आए।

यह जायसी की बेवकूफी ही होती यदि वे उपयुक्त अवसर पर किसी प्रथा (अच्छी या बुरी) का वर्णन न करते; और यह हमारे लिए भी अनन्त रूप से बेवकूफी की बात होगी कि हम जायसी के समय की मानसिकता की ओर वापस लौटें और वर्तमान समय में जौहर और सती प्रथा को महिमामंडित करें। इतिहासबोध हमें यह सिखाता है कि हम अतीत को पहचानें और उससे सबक लेते हुए अपने भविष्य को सँवारें। यदि हमारे पास भविष्यमूलक बोध और एक उपयुक्त नैतिक दृष्टिकोण नहीं है तो इतिहास का सत्यानाश होने में समय नहीं लगेगा!

इसी तरह *पद्मावत* की ऐतिहासिकता को लेकर जो वाद-विवाद चल रहा है, वह इतिहास के बोध को लेकर नहीं बल्कि उसके आतंक को लेकर है। जायसी की *पद्मावत* की इस बात के लिए सराहना की जानी चाहिए कि इसने एक दंतकथा को ऐतिहासिक विवरण से अधिक विश्वसनीय और महत्त्वपूर्ण बना दिया है। आम धारणा के विपरीत, हमें अपने दिमाग में यह बात हमेशा दोहराते रहनी चाहिए कि जायसी के लिए 'काल्पनिक' विवरण, 'ऐतिहासिक' विवरण की तुलना में कहीं अधिक महत्त्वपूर्ण था। इस महाकाव्य के दो-तिहाई से अधिक हिस्से में दंतकथाओं और काल्पनिकता का समावेश मिलता है। दिल्ली के सुल्तान का विवरण इस आख्यान में काफी देर से आया है। जायसी की नजरों में चित्तौड़ और दिल्ली से कहीं अधिक महत्त्वपूर्ण सिंहल है।

पद्मावत को लेकर हो रही ज्यादातर 'बहस' इस मूल तथ्य को पहचानने में असफल रही है। लोग यह समझने में भी असफल प्रतीत होते हैं कि इतिहास, वास्तविक लोगों और घटनाओं का विवरण होता है; लेकिन किसी व्यक्ति और समुदाय के जीवन में, कुछ ऐसी बातें, घटनाएँ और लोग होते हैं जो यथार्थ से भी अधिक यथार्थ होते हैं और इसी से अधिक महत्त्वपूर्ण भी। पद्मावती एक ऐतिहासिक चरित्र हो भी सकती है और नहीं भी; गम्भीर शोधकर्ता अब भी इस प्रश्न का उत्तर तलाश रहे हैं, लेकिन जायसी के महाकाव्य में, वह यथार्थ से कहीं बढ़कर है। वह केवल एक आदर्श सुन्दरी ही नहीं है, बल्कि एक परिपूर्ण इनसान भी है। उन लोगों की धारणा (असहमति के बावजूद) समझी जा सकती है, जो पद्मावती को ईश्वर या परम सत्य के रूप में देखते हैं।

जायसी का *पद्मावत* परम्परागत प्रेम, सामान्य कामेच्छा का एक महाकाव्य है, जो विशिष्टता एवं दिव्यता में रूपान्तरित होता है। जायसी का उद्देश्य सूफीमत का प्रसार अथवा राजपूत या हिन्दू गौरव का महिमामंडन नहीं, बल्कि उस प्रेम और कामेच्छा की व्याख्या है, जो मनुष्य को दिव्यता प्रदान करती है। यदि *पद्मावत* में किसी तरह का आध्यात्मिक सन्देश है, तो वह यह कि धर्म और सम्प्रदाय से परे आध्यात्मिकता को स्वीकार किया जाना चाहिए। *पद्मावत* कामेच्छा के बारे में बात करती है, जो आपको राम तक ले जाती है। यह जीवन का आनन्द उठाने (भोजन और व्यंजनों सहित) के बारे में बात करती है, लेकिन मानवता और नैतिकता की शर्त पर नहीं।

जायसी का ज्ञान भंडार बहुत विस्तृत है, लेकिन तुलसीदास के विपरीत, उनका ध्यान प्रेम और इच्छा के विभिन्न पहलुओं की खोज पर ही केन्द्रित हैं। वे उदार स्वभाव के हैं और निस्सन्देह, संकीर्ण सामाजिक दायरों को लाँघने की आवश्यकता को व्यक्त करते हैं, तथा प्रेम की रूपान्तरकारी शक्ति पर जोर देते हैं; लेकिन कबीर के विपरीत, वे कहीं भी इन दायरों पर प्रश्नचिह्न नहीं लगाते हैं।

जायसी का महाकाव्य एक ओर दैत्यों और दूसरी ओर देवताओं के बारे में नहीं है। पद्मावती को पाने से वंचित और अपमानित राजा देवपाल, कोई तुर्क नहीं है और किसी अज्ञात स्थान का नहीं है। और वास्तव में, एक परिपूर्ण इनसान और अप्रतिम सौन्दर्य की प्रतिमान—पद्मावती भी दोषमुक्त नहीं है। केवल राघव चेतन ही एकमात्र दुष्ट व्यक्ति है और केवल हीरामन ही ऐसा पात्र है जो किसी भी तरह के दोष से मुक्त है। लेकिन हीरामन मनुष्य नहीं है—यदि वह मनुष्य होता तो उसमें भी गुण-दोष का सम्मिश्रण होता। जैसे सभी मनुष्यों में होता है।

आपको सकारात्मक गुण और प्रवृत्ति अर्जित करने और इसे बनाए रखने के लिए कड़ी मेहनत करनी पड़ती है।

आइए, हम अपनी पूर्वधारणा और सोच को दरकिनार करते हुए एवं कवि की चिन्ताओं को ध्यान में रखते हुए पूर्ण संवेदनशीलता के साथ *पद्मावत* को पढ़ें। आइए, *पद्मावत* को प्रेम का उत्सव मनाने वाले कृति के रूप में पढ़ें। आइए, इस महाकाव्य को स्त्री तन और मन को अपने वश में करने वाली स्त्रीविरोधी सोच को तर्कसंगत ठहराने, औजार के रूप में प्रयोग करने से बचें।

इसे प्रेम और इच्छा; क्षणभंगुरता और मृत्यु; के बारे में एक रचनात्मक प्रयास के रूप में पढ़ें। सम्भवत: हमारे ऊपर भी *पद्मावत* अपना प्रभाव छोड़े और हमें—मानव प्रेम की बैकुंठी—दिव्य क्षमता का एहसास हो।

कवि जायसी अपनी शारीरिक विकृतियों से भलीभाँति परिचित थे और उन्होंने कविता का इस्तेमाल एक औषधि के रूप में किया। क्या हम अपनी आत्मा और मस्तिष्क की बढ़ती हुई विकृतियों का सामना करने के इच्छुक हैं? क्या हमारे पास कोई नैतिक और सौन्दर्यपरक औषधि है, अथवा हम सिर्फ एक खंडित सामाजिक मानस, मूर्खतापूर्ण सोच और हिंसक व्यवहार से भरा समाज बनने की ओर ही अग्रसर होते रहेंगे?

पद्मावत : मानुस पेम भएउ बैकुंठी के बारे में

जायसी के महान काव्य *पद्मावत* को पुरुषोत्तम अग्रवाल ने यहाँ ऐसे पठनीय और प्रांजल रूप में प्रस्तुत किया है जिसमें विद्वत्ता, सन्दर्भ-विश्लेषण और महाकाव्यात्मकता का अद्‌भुत संयोजन हुआ है। सभी महाकाव्यों में इतिहास, जातीय स्मृति, लोक-प्रचलित कथाओं और कल्पनाओं का मिश्रण होता है, *पद्मावत* में भी यह पर्याप्त हुआ है। पाठ और उसकी व्याख्या की मौजूदा पद्धतियों में यह रेखांकित किया जाना बहुत जरूरी है कि *पद्मावत* इतिहास नहीं है, वह कल्पना की एक दीप्तिमान और क्लासिक उपलब्धि है और उसे एक रचनात्मक, कवि-प्रतिभा की एक शानदार कृति के रूप में ही पढ़ा और सराहा जाना चाहिए।

यह महाकाव्य प्रेम और सौन्दर्य का अविस्मरणीय उत्सव रचता है और उन्हें सत्य के ऐसे आयामों के रूप में स्थापित करता है जिनकी जड़ें तथाकथित ऐतिहासिक तथ्यों से कहीं ज्यादा गहरी हैं। पुरुषोत्तम अग्रवाल ने एक महान कवि, उनके समय और उनकी रचनात्मक कल्पना को सही समीक्षात्मक परिप्रेक्ष्य में रखकर एक बड़ा काम किया है। यह समझना जरूरी है कि *पद्मावत* 'किन्हीं दो संघर्षरत शक्तियों में से किसी एक की प्रशंसा में लिखा गया' चारण-काव्य नहीं है, यह महाकाव्यात्मक विराटता से सम्पन्न एक आलंकारिक काव्य है, गहन मानवीय करुणा जिसका अभिन्न पक्ष है।

—अशोक वाजपेयी

आमतौर पर ऐसी किताब मुश्किल से ही मिलती है जिसमें गहन विश्लेषण भी हो और वह पढ़ने में आसान भी हो। यह एक दुर्लभ संयोजन है। लेकिन पुरुषोत्तम अग्रवाल ने *पद्मावत* पर अपनी इस गहन अन्तर्दृष्टिपूर्ण मीमांसा में इसे बड़ी सहजता से हासिल कर लिया है। मलिक मुहम्मद जायसी के महाकाव्य *पद्मावत* के सामाजिक वातावरण का चित्रण और विश्लेषण वे अत्यंत पारदर्शी भाषा में

करते हैं। वे हमें बताते हैं कि कैसे फारसी कविता की शास्त्रीय शैली 'मसनवी', अवधी भाषा के दोहे और चौपाई, अल्लाह और उनके पैगम्बर की तारीफ़ और भगवान शिव और पार्वती के चमत्कार एक ही अफ़साने के अभिन्न अंग हैं। वे हमें दिखाते हैं कि कैसे इतिहास, पौराणिक कथाएँ, कल्पना और फंतासी मिलकर एक सम्पूर्ण महाकाव्य का निर्माण करती हैं। पुरुषोत्तम अग्रवाल परम्परा और आधुनिकता को समान भाव से बरतते हैं। उनका दिल प्रेमी का है, और दिमाग विद्वान का।

—जावेद अख़्तर

बहुत कम साहित्यकार, इतिहास की समझ रखते हैं, और उससे भी कम इतिहासकार ऐसे होंगे जो साहित्य को ठीक से समझते हों। इस महान, बल्कि कुछ हद तक उपेक्षित महाकाव्य के इस बेहतरीन अध्ययन में पुरुषोत्तम अग्रवाल साहित्य और इतिहास, अतीत और वर्तमान, राजनीति और भावनाओं के बीच एक समेकित पुल बनाते हैं। रोमांचित और मग्न मन से मैंने इस पुस्तक को एक ही बैठक में पढ़ डाला। इसके अध्ययन से मैंने कई छोटी बातें सीखीं और एक बड़ा सबक भी; वह यह कि आरम्भिक आधुनिक काव्य, अपने सौन्दर्य और ऐतिहासिक सत्य के लिहाज से उत्तर-आधुनिक सिनेमा से कहीं बेहतर है।

—रामचन्द्र गुहा

यह पुस्तक एक स्पष्ट, सरल, सूचनाप्रद, आडम्बरहीन पाठ के जरिये, बिना किसी पांडित्य-प्रदर्शन के, जैसे हाथ पकड़कर आपको जायसी काव्य की सैर कराती है। ... टिप्पणियाँ एकदम सटीक हैं और बीच-बीच में *पद्मावत* के अंशों की अर्थ-सहित प्रस्तुति एक ऐसे महाकाव्य का परिचय देती है, जिसे अभी भी सुधी पाठकों तक पहुँचना बाकी है।

—विजय तंखा, *ट्रिब्यून* में

पुरुषोत्तम अग्रवाल ने जिज्ञासु पाठकों के लिए इस अल्पज्ञात काव्य के बारे में विशद जानकारी प्रदान की है। उन्होंने जायसी के कार्य को इसके उचित सन्दर्भ में स्थापित किया है।

—अंजना बसु, द *स्टेट्समैन* में